ডাঃ সতীশ গোয়েল

যৌন সমস্যা আৰু সমাধান

প্ৰকাশক ঃ

ডায়মণ্ড পকেট বুকচ প্ৰাঃ লিঃ

X-30, ওখলা ইণ্ডাষ্ট্ৰিয়েল এৰিয়া (ফেজ-2)

নূতন দিল্লী-110 020

ফোন ঃ 41611861 ফ্যাক্স ঃ 011-41611866

ই-মেল ঃ mverma@nde.vsnl.net.in

ৱেবচাইট ঃ www.diamondpocketbooks.com

মুদ্ৰক ঃ

আদৰ্শ প্ৰিণ্টাৰ্চ

চাহদৰা, দিল্লী-110 032

Jouna Samasya Aaru Samadhan : Dr. Satish Goel

সূচীপত্ৰ

i) ভূমিকা 7

ii) স্ত্ৰী আৰু পুৰুষ 11

iii) কামাঙ্গৰ পৰিচয় 15

iv) পুৰুষ জননেন্দ্ৰিয়ৰা ৰচনা 18

v) স্ত্ৰী জননেন্দ্ৰিয়ৰ ৰচনা 24

vi) বীৰ্য আৰু শুক্ৰৰ পাৰ্থক্য 30

বীৰ্য উৎপন্ন কৰাৰ অৱস্হা, বীৰ্যৰ পৰিচয়, বীৰ্যৰ গন্ধ, পাতল তৰল পদাৰ্থ

vii) প্ৰেম, কামবাসনা আৰু বশীকৰণ 36

viii) সম্ভোগত বাধা 44

ix) যৌন বিকাৰ আৰু যোগাসন 47

উপযোগী আসন,-উত্থানপদাসন, ভুজঙ্গাসন, পৱন মুক্তাসন, হৃদয়স্তম্ভাসন, যানাসন, নাভি আসন, স্হিত উৰ্দ্ধপাদ বিস্তৃতাসন, মৃগাসন, যোগাসন, জানুশিৰাসন, সুপ্ত বগ্ৰাসন, মৎসাসন, ধনুৰাসন, চক্ৰাসন, খগাসন, সৰ্বাঙ্গাসন, উটপক্ষী আসন, পাদহস্তাসন, উৎকটাসন, গোমুখাসন, হস্তাপাদগুপ্তাসন, নাভিপীড়াসন, বজ্ৰাসন, উষ্টাসন, সিদ্ধাসন, পদ্মাসন, স্বস্তিকাসন, পৰ্বতাসন, তুলাসন, হংশসন, হস্তপদ বিসৃতাসন।

x) স্বপ্নদোষ 70

কাৰণ. লক্ষণ. পৰিণাম. লাভ-ক্ষতি. চিকিৎসা.-আয়ুৰ্বেদিক চিকিৎসা. ইউনানী চিকিৎসা. এলোপাথিক চিকিৎসা. হোমিওপাথিক চিকিৎসা. স্বপ্নদোষ ঃ ভাৰতীয় দৃষ্টিকোণ

xi) হস্তমৈথুন 84

সাধাৰণ পৰিচয়, হস্তমৈথুনৰ লাভ-ক্ষতি, পৰিচয় লক্ষণ. কাৰণ, স্বাভাবিক মৈথুন, হস্তমৈথুনৰ দোষ. পৰিণম. আনুসঙ্গিক চিকিৎসা, আয়ুৰ্বেদিক আৰু ইউনানী চিকিৎসা, এলোপাথিক চিকিৎসা, হোমিওপাথিক চিকিৎসা।

xii) শীঘ্ৰ পতন 95

পৰিচয়. কাৰণ, লক্ষণ. পথ্য, আহাৰ,
শীঘ্ৰ পতন কিয় হয় ? চিকিৎসা।
স্ত্ৰীৰ স্খলিত কৰাৰ যোগ

xiii) নপুংসকতা 101

পৰিচয়. কাৰণ, লক্ষণ. মানসিক নপুসংকতা. পথ্য নপুংসকতা আৰু মৈথুন. অস্থায়ী নপুংসকতা, স্তম্ভন, চুম্বন, মৈথুনৰ ভ্ৰান্তি, নপুংসকতাৰ চিকিৎসা, চিকিৎসা বিধি, ঔষধ. মুখ্য ঔষধ, এলোপাথিক চিকিৎসা. হোমিওপাথিক চিকিৎসা

xiv) ধাতু দৌৰ্বল্য আৰু চিফিলিচ 117

পৰিচয়, কাৰণ. লক্ষণ. পথ্য. আনুষঙ্গিক চিকিৎসা, চিকিৎসা-এলোপাথিক, আয়ুৰ্বেদিক, ইউনানী

xv) গনোৰিয়া 123

পৰিচয়. কাৰণ. লক্ষণ. পৰিণাম, পথ্য, চিকিৎসা. আয়ুৰ্বেদিক ঔষধ, ইউনানী চিকিৎসা. হোমিওপাথিক চিকিৎসা।

xvi) প্ৰমেহ 130

কাৰণ, লক্ষণ, প্ৰমেহ আৰু শীঘ্ৰপতনৰ মাজত পাৰ্থক্য, প্ৰমেহ আৰু স্বপ্নদোষৰ মাজত পাৰ্থক্য, পথ্য, চিকিৎসা

xvii) লিঙ্গ আৰু অণ্ডকোষৰ ৰোগ 136

লিঙ্গৰ অগ্ৰভাগ উখহা, লিঙ্গছালৰোগ, অণ্ডশোধ, পৌৰুষ গ্ৰন্থি শোধ, পৌৰুষ গ্ৰন্থি বৃদ্ধি।

xviii) পুৰুষ যৌনৰোগৰ ঘৰুৱা চিকিৎসা পুৰুষত্ব হ্ৰাসৰ চিকিৎসা স্বপ্নদোষ, শীঘ্ৰপতন 142

xiv) স্ত্ৰী যৌন-ৰোগৰ ঘৰুৱা চিকিৎসা 145

মাহেকীয়া বিকাৰ, মাহেকীয়া বন্ধ হোৱা শ্বেত প্ৰদৰ, বন্ধ্যাত্ব, গৰ্ভৱতীৰ ৰোগ, প্ৰসৱ, হিষ্টেৰিয়া ইত্যাদি

xx) মাহেকীয়া 154

ভূমিকা

কাম-প্ৰবৃত্তি মানুহৰ স্বাভাৱিক প্ৰবৃত্তি। তাৰ পৰিণাম হল এইটো যে মানুহৰ মাজত এই কাম প্ৰবৃত্তি কেতিয়াও কম নহয়, শেষও নহয়। সচাকৈয়ে মানুহৰ শৰীৰত এটা জীৱনী শক্তি আছে। সেই জীৱনী শক্তিৰ অধিকাংশ কাম নাইবা যৌনক্ৰিয়াৰ ৰূপত ফলিত হয়। মানুহৰ কামশক্তি পূৰাপুৰি তাৰ স্নায়ুমণ্ডল আৰু নলীকাবিহীন গ্ৰন্থিৰ ওপৰত নিৰ্ভৰ কৰে। সেইকাৰণে সেই স্নায়ুমণ্ডলৰ নিৰোগ আৰু শক্তিশালী হৈ থকা একান্ত জৰুৰী। তাৰ মসৃণতা আৰু ক্ৰিয়াশিলতাক সদায় বজাই থকা উচিত।

যৌনসম্বন্ধীয় অধিক ৰোগ কামাঙ্গৰ ক্ষুব্ধ হোৱাৰ কাৰণেই সৃষ্টি হয়। অত্যাধিক স্বপ্নদোষ, প্ৰমেহ, শীঘ্ৰ পতন ইত্যাদি এই ধৰণৰে ৰোগ। যৌনাঙ্গৈলে সদায় বিশুদ্ধ আৰু পৰিস্কাৰ তেজ যোৱা অত্যন্ত জৰুৰী।

যৌনৰোগৰ আৰু এটা কাৰণও আছে। মানুহৰ মেৰুদণ্ডৰ পৰা বাহিৰ হোৱা এটা স্নায়ু আছে যি মানুহৰ কামক্ৰিয়াক নিয়ন্ত্ৰণ কৰে। তালৈ কোনো বিকাৰ বা দুৰ্বলতা আহিলে যৌন ৰোগ আৰম্ভ হয়।

যৌনৰোগৰ তৃতীয় কাৰণ হ'ল মস্তিস্কৰ দুৰ্ব্বলতা, মনৰ ভ্ৰম, যি কেতিয়াবা কেতিয়াবা ভয়ানক ভাবে কাম বিকাৰৰ সৃষ্টি কৰে। এই মানসিক দুৰ্বলতা মস্তিস্কৰ দুৰ্বলতাৰ কাৰণে সৃষ্টি হয়। ইয়াক নিয়ন্ত্ৰণ কৰা অত্যন্ত জৰুৰী কাৰণ শাৰীৰিক দুৰ্ব্বলতাৰ তুলনাত মানসিক দুৰ্বলতাই বেচি ক্ষতি কৰে। মানসিক বিকাৰক দূৰ নকৰি যৌন বিকাৰ দূৰ কৰা সম্ভৱ নহয়।

খোৱা-বোৱা আৰু ঘূৰা ফিৰাৰো কামবিকাৰৰ ওপৰত প্ৰভাৱ

পৰে। মানুহৰ জীৱনত পৰিৱেশ আৰু পৰিস্থিতিৰ সৰ্বাধিক যোগদান থাকে।

আজি গোটেই পৃথিৱী যৌন-ৰোগত পীড়িত হৈছে। আনদেশৰ কথা আমি কৰনোৱাৰো, কিন্তু আমাৰ দেশ ভাৰততে এতিয়া দহ কোটি মানুহ যৌন ৰোগত পীড়িত হৈছে। এওঁলোকৰ ভিতৰত 6 কোটি পুৰুষ আৰু 4 কোটি স্ত্ৰী ৰোগিনী। এই সংখ্যা দুটা কিমান সত্য বা ভুল তাকলৈ তৰ্ক-বিতৰ্ক নকৰিলেও এইটো নিশ্চিত যে ভাৰতত যৌন-ৰোগগ্ৰস্ত মানুহৰ সংখ্যা পাশ্চাত্য উন্নত দেশবোৰৰ তুলনাত অত্যন্ত বেচি। এই বৃদ্ধি এটা কাৰণ হল আধা-চিকিৎসা জ্ঞান থকা তথাকথিত ডাক্তৰে টকাৰ লোভত অনেকক যৌন-ৰোগী কৰি তুলিছে যিকসলৰ চিকিৎসাৰ কোনো সীমা নাই যাৰ ফলত লাখলাখ মানুহৰ জীৱন সংকটজনক হৈ পৰিছে। এই সংখ্যাবৃদ্ধিৰ কাণৰ হল যিভুক্তভোগী তেওঁলোকে লাজতে নিজৰ ৰোগৰ কথা প্ৰকাশ কৰিবলৈ নিবিচাৰে।

গুপ্ত-ৰোগ বা যৌন ৰোগত আক্ৰান্ত প্ৰায় শীঘ্ৰপতন, বীৰ্যৰ ক্ষণতা অৰ্থাৎ বীৰ্য পাতল হোৱা, ধাতু নষ্ট হোৱা, প্ৰমেহ, ধাতু দুৰ্ব্বলতা, স্বপ্ন দোষ, পুৰুষত্বশক্তি হ্ৰাস ইত্যাদি ৰোগত আক্ৰান্ত হয়। এইটো মানি ল'ব লাগিব যে এই ধৰণৰ ৰোগী সকলৰ জননেন্দ্ৰিয়ত অত্যাধিক তেজ জমা হয়। তাৰ ফলত, সাধাৰণ স্নায়ুমণ্ডলৰ লগত স্থানীয় স্নায়ুমণ্ডলও সূক্ষ্মগ্ৰাহী হৈ পৰে। সেই কাৰণে, এইধৰণৰ ৰোগীসকলৰ কাৰণে এইটো নিতান্ত জৰুৰী যে তেওঁলোকৰ জননেন্দ্ৰিয়ক শান্তৰখা উচিত, যিমান সম্ভৱ হয় সিমান সম্ভৱ তেওঁলোকক উত্তেজিত হোৱাৰ পৰা দৰত ৰখা উচিত।

ৰোগী যদি কু-অভ্যাসৰ জালত পৰি যায়, তেওঁৰ আচৰণ যদি ঠিক নহয়, তেওঁ যদি অতি বেচি সম্ভোগত আসক্ত হয়, আটাইতকৈ আগতে তেওঁক এই কু-অভ্যাসবোৰৰ পৰা আঁতৰত ৰাখিব লাগিব। তেওঁৰ বাহিৰ ভিতৰ দুয়োটা দিশত শান্ত ৰাখিব লাগিব আৰু এনেকুৱা

ঔষধ খুৱাব লাগিব যাতে এই ৰোগৰ পৰা তেওঁ আৰোগ্য হয়।

ৰোগীৰ সাধাৰণ স্বাস্থ্য যদি ভাল নহয়, তেওঁৰ যদি কোষ্ঠ-কাঠিন্য থাকে, হজম ঠিক নহয়, ভোক নালাগে বা এজন স্বাস্থ্যবান মানুহৰ অবস্থাবোৰ নাথাকে, তেন্তে তেওঁৰ যৌনৰোগ চিকিৎসাৰ আগতে এই ৰোগবোৰৰ চিকিৎসা কৰিব লাগিব।

সাধাৰণ স্বাস্থ্যৰ পতন, অৰুচি, বদহজম, পেটত গেচ হোৱা, পতন ইত্যাদি ৰোগবোৰৰ চিকিৎসা কৰাৰ পিচত যৌনৰোগৰ চিকিৎসা কৰা নিতান্ত উচিত।

নপুংসকতাৰ চিকিৎসাত প্ৰধানঅঙ্গৰ পুষ্টিৰ পিনে লক্ষ্য কৰা একন্ত আৱশ্যক। যিবোৰ অঙ্গ দুৰ্বল, সে বোৰ অঙ্গক দেখা শুনা কৰা আবশ্যক। তাৰ কাৰণে শক্তিশালী ঔষধৰ তুলনাত পুষ্টিকৰ আহাৰ গ্ৰহণ কৰা বেচি লাভজনক হয়।

ৰোগীৰ হজমশক্তি বৃদ্ধি কৰা আৰু কোষ্ঠকাঠিন্য দৰ কৰা নিশ্চয় সফলতা পোৱা উচিত।

যৌন ৰোগৰ ইতিহাস অনেক পুৰণি। সৃষ্টিৰ সময়ৰ পৰা নহলেও তাৰ কিছুদিনৰ পিচৰপৰা সূত্ৰপাত হৈছিল বুলি কলে ভুল নহ'ব। সাধাৰণতে সমাজৰ তল শ্ৰেণীৰ মানুহেই এই ৰোগ আক্ৰান্ত হৈ আহিছে। ইয়াৰ কাৰণ তেওঁলোকৰ নিৰক্ষৰতা, কু-শিক্ষা, খোৱা, বোৱা আৰু জীবন ধৰণৰ নিকৃস্ট ধৰণ। গাঁৱৰ তুলনাত চহৰত যৌনৰোগ বেচি পৰিলক্ষিত হয়। তাৰ কাৰণ হল চহৰৰ দূৰিত পৰিবেশ।

যৌনৰোগ কেৱল সাধাৰণ মানুহৰেই হব সেইটো নহয়। ইয়াত আমি কিছুমান নাম উল্লেখ কৰিছো, যিসকলে এই পৃথিৱীত কোনো ক্ষেত্ৰত উচ্চ স্থানত উপনীত হৈ প্ৰসিদ্ধি লাভ কৰিছিল। তেওঁলোক আছিল জুলিয়াচ চীজাৰ, নেপোলিয়নক বোনাপাৰ্ট, চিকদৰ অস্টম হেনৰী, মহাৰানী এলিজাবেথ (প্ৰথম), মহাৰানী ভিক্টোৰিয়া আৰু তেওঁ পুত্ৰ। এই সকল প্ৰখ্যাত ব্যক্তি বেচ বিলাসী আছিল। সেই

কাৰণে অসংযমী জীৱন যাপন কৰাৰ কাৰণেই তেওঁলোক যৌন ৰোগত আক্ৰান্ত হৈ পৰিছিল।

এইটোও জনা গৈছে যে চাব উইন্স্টন চাৰ্চিলৰ পিতৃৰ মৃত্যু যৌনৰোগৰ কাৰণেই হৈছিল। খোপাঁচা, এডিমেড গোলকুদও যৌনৰোগৰ ৰোগী আছিল। জেমচ জায়চৰ নিচিনা প্ৰসিদ্ধ ব্যক্তিও যৌনৰোগত ভুগিছিল। আৰু সঠিক ইণ্ডোনেচিয়াৰ ৰোমাণ্টিক প্ৰকৃতিৰ ৰাষ্ট্ৰপতি চুকাৰ্নো ও যৌন ৰোগী আছিল আৰু তেওঁৰ কাৰণে অনেক পুৰুষে যৌন ৰোগত ভুগিব লগীয়া হৈছিল। সেইবোৰ অন্য কাহিনী। ইতি অমিনৰ সেই আগৰ প্ৰতিপত্তিও নাই, আগৰ সেই গৰিমাও নাছিল, তথাপি তেওঁৰ জীৱন কালত যিমান বেচি শক্তিশালী আছিল তাতকৈও ভয়ংকৰ যৌনৰোগী আছিল। এই ধৰণৰ অনেক উদাহৰণ আছে এই পৃথিৱীত। এই পৃথিৱীত অনেক সংখ্যাৰ লোক আজি যৌনৰোগত গ্ৰস্ত হৈ আছে।

এই কিতাপখনৰ উদ্দেশ্য হল পাঠকক এই বিষয়ত সচেতন কৰি তোলা। তেওঁলোকৰ সঠিক পথ দেখুওৱা। যদিও এই কিতাপখনত আমি যৌনৰোগক উল্লেখ কৰাৰ লগে লগে ৰোগবোৰৰ সাধাৰণ চিকিৎসাৰ কথাও উল্লেখ কৰিছো। তথাপি সেইবোৰৰ ওপৰত ভিত্তি কৰি কোনো ভিত্তি কৰি নিজৰ ৰোগৰ সম্বন্ধে জ্ঞান আহৰণ কৰি কোনো সুযোগ চিকিৎসকৰ ওচৰতলৈ গৈ নিজৰ অৱস্থা সম্বন্ধে বৰ্ণনা কৰিব আৰু তেওঁৰ পৰামৰ্শ খাব। এই কিতাপখনে ৰোগীৰ কাৰণে পথ প্ৰদৰ্শকৰ কাম কৰিব পাৰে, চিকিৎসকৰ নহয়–এই কথাযাৰ পাঠকসকলে সদায় মনত ৰখা উচিত। নমস্কাৰ।

ডাঃ সতীশ গোয়েল

স্ত্ৰী আৰু পুৰুষ

স্ত্ৰী আৰু পুৰুষ দুয়ো মানৱজাতিৰ অঙ্গ। স্ত্ৰী আৰু পুৰুষৰ শাৰীৰিক গঠন আৰু স্বভাৱ ইত্যাদিৰ ভিতৰত অনেক পাৰ্থক্য আছে। সাধাৰণতে, স্ত্ৰীৰ মুখ অত্যন্ত কোমল আৰু গোফ-দাড়ি বিহীন হয়। ইয়াৰ ঠিক বিপৰীতে পুৰুষৰ মুখ কঠোৰ আৰু গাত গোঁফ দাড়ি ভৰা থাকে। স্ত্ৰী প্ৰকৃতগতভাৱে কোমল হয়। স্ত্ৰীৰ গলতৰ স্বৰও মৃদু হয় আৰু তেওঁৰ শৰীৰৰ অঙ্গ প্ৰত্যঙ্গও সৰু সৰু হয়। কোনো কোনো মহিলাৰ ইয়াৰ ব্যতিক্ৰম হলেও সাধাৰণতে স্ত্ৰী-পুৰুষৰ মাজত এই পাৰ্থক্যকণ থাকে।

পুৰুষ সকলে উপৰোক্ত স্ত্ৰী সকলাৰ কোমলতা, মৃদুভাষিতাক বৰ পছন্দ কৰে কিন্তু তাৰ বিপৰীতে মহিলা সকলে কঠোৰ অঙ্গৰ দাড়ি গোফ থকা আৰু বলীষ্ঠ মাংসপেশীৰ পুৰুষ সকলক বেচি পছন্দ কৰে। বিপৰীত লিঙ্গৰ প্ৰতি স্ত্ৰী-পুৰুষৰ এই ৰুচি কেৱলমাত্ৰ শৰীৰেই নহয়, তেওঁলোকৰ মন আৰু স্বভাৱৰ বিষয়তও লক্ষ্য কৰা যায়। স্ত্ৰী সকল লাজকুৰীয়া আৰু সংকোচী প্ৰকৃতিৰ হয় আৰু তাৰ বিপৰীত দিশত পুৰুষ সকল সংকোচ বিহীন আৰু সাহসী হয়। অৱশ্যে ইয়াৰ ব্যতিক্ৰম সকলো ঠাইতে দেখা পোৱা যায়।

এই বিপৰীত আকাঙ্ক্ষাৰ এটা মূল কাৰণ হল এইটো যে যাৰ যিটো বস্তুৰ অভাৱ থাকে তেওঁ সেই বস্তুটোৰ প্ৰতি লালায়িত হৈ থাকে। পুৰুষসকলে যদি এইটোভাবি থাকে যে একমাত্ৰপুৰুষেই স্ত্ৰীৰ কাৰণে পগলা হয় সেইটো ভুল কাৰণ আচলতে স্ত্ৰীসকলও পুৰুষ প্ৰতি মোহিত হৈ থাকে। দুয়োজনৰ মনত পৰস্পৰৰ প্ৰতি পৰস্পৰৰ গভীৰ

ইচ্ছা আৰু কামনা থাকে। এই বস্তুটোক স্বীকাৰ কৰি লোৱা হৈছে যে. প্ৰাণীজগতত বিশেষকৈ মানুহৰ ভিতৰত স্ত্ৰী হৈছে হৃদয় আৰু পুৰুষ হৈছে মস্তিস্ক। স্ত্ৰী-পুৰুষৰৰ এজনে আনজনৰ ওপৰত নিৰ্ভৰ কৰি থাকে। তেওঁলোক দুজন হৈছে বিদ্যুতৰ 'পজিটিভ' আৰু 'নিগেটিভ' তৰঙ্গৰ নিচিনা। এটা তৰঙ্গই আকৰ্ষণ কৰিলে আনটো হল তৰঙ্গ অপকৰ্ষণ।

এই পৃথিৱীত সকলো জাতিৰ ভিতৰত স্ত্ৰী-পুৰুষৰ প্ৰেম একেধৰণৰ নহয়। আফ্ৰিকাৰ হাবচী সম্প্ৰদায়ত পুৰুষ আৰু স্ত্ৰী দুয়ো সাধাৰণতে কুৎসিত হয় কিন্তু তেওঁলোকৰ স্ত্ৰী আৰু পুৰুষৰ মাজত পাৰস্পৰিক প্ৰেম আৰু উৰ্চ্চগাৰ সৰ্বোত্তম উদাহৰণ দেখা যায়। তাৰ বিপৰীত হ'ল ফ্ৰাঁস যাক পৃথিৱীৰ ভিতৰত সৌন্দৰ্য্য আৰু শৃঙ্গাৰৰ দেশ হিচাপে স্বীকৃতি দিয়া হৈছে সেই ফ্ৰাঁসত এই ধৰণৰ প্ৰেম আৰু উৎসাহৰ উদাহৰণ অতি কম দেখা যায়।

প্ৰচীন ভাৰতীয় ঋষিমুনি সকলৰ মতে পুৰুষৰ তুলনাত স্ত্ৰীৰ মাজত পুৰুষৰ প্ৰতি আৰ্কষণ আঠগুণ বেচি। কিন্তু আমাৰ সমাজ হৈছে পুৰুষ প্ৰধান আৰু সেই কাৰণে আমাৰ সমাজে নিজৰ কাৰণে এনেকুৱা কিছুমান নিয়ম বান্ধি দিছে যে, যি কাৰণত আজি স্ত্ৰী সকল পুৰুষৰ ওপৰত নিৰ্ভৰশীল হৈ আছে আৰু তেওঁলোক শাৰীৰিক আৰু আৰ্থিক দৃষ্টিত পুৰুষৰ অধীন হৈ থাকিব লগা হয়। ইয়াৰ এটা পৰিণাম হৈছে এইটো যে এপিনে অনেক মহিলা পতিব্ৰতা আৰু সতী-সাধবী হোৱাৰ কাৰণে আজীৱন বৈধব্যৰ দুঃখ সহ্য কৰি যাব লগীয়া হয় আৰু তাৰ বিপৰতী পিনে এনেকুৱা অনেক মহিলা আছে যি বিলাক সমাজৰ ক্ৰোধৰ চিকাৰ হৈ বেশ্যাবৃত্তি কৰি নিজৰ পেটৰ অগ্নিৰ নিৰ্বাপিত কৰি লগা হয়। ইয়াৰ ঠিক বিপৰীতে আমাৰ সমাজত পুৰুষবিলাকে নিজৰ ইচ্ছা মতে স্ত্ৰীসকলৰ শৰীৰক ভোগ কৰে। প্ৰচীন কালত এই বস্তুটোক 'নিয়োগ' নাম দিছিল। এই কাৰণেই সেই

সময়ত সন্তান সকলৰ মাকৰ সম্পত্তি হিচাপে গন্য কৰা হৈছিল, বাপেকৰ নহয়।

আৰম্ভণিতে স্ত্রী-পৰুষৰ এই নৈসৰ্গিক প্ৰবৃত্তিৰ কাৰণে সমাজত কোনো ধৰণৰ স্বীকৃতি নাছিল। পিচত যি যি ভাৱে সমাজৰ নীতি-নিয়ম আৰু ৰীতিৰ প্ৰচলন হবলৈ ধৰিলে সেইভাবে এটা সময় আহিল যেতিয়া স্ত্রী-পুৰুষৰ সৰ্ব প্ৰধান অঙ্গ আৰু তেওঁলোকৰ গুপ্তাঙ্গ হিচাপে প্ৰচলিত হবলৈ ধৰিলে।

এনেকুবা এটা সময় আহিছিল যেতিয়া ধাৰ্মিক অন্ধ বিশ্বাসৰ কাৰণে মানুহক কিছুমান বন্ধনে বান্ধি পেলালে। তেওঁৰ জীৱনৰ লক্ষ্য দুৰ্গম হৈ পৰিল। এই কঠোৰ বন্ধনৰ সাধাৰণ সীমা পাৰ হ'বৰ কাৰণে মানুহৰ এই নৈসৰ্গিক প্ৰবৃত্তিয়ে লাহে লাহে ব্যাভিচাৰৰ ৰূপ ধাৰণ কৰিলে। কেতিয়াবা কেতিয়াবা এই ব্যভিচাৰক সামাজিক স্বীকৃতি আৰু সংৰক্ষণ দিয়া হল। ভৈৰবীচক্ৰ আৰু ৰাতি-নিমন্ত্ৰণ নাইবা এনেধৰণৰ অন্যান্য সমাৰোহৰ সৃষ্টি হল। উদাহৰণ স্বৰূপে, বেবিলস্থিনৰ নাৰীসকলৰ দেৱীৰ মন্দিৰত নাৰী পুৰুষবিলাকৰ সঙ্গিনী হব লগীয়া হৈছিল। এইটো আছিল তেওঁলোকৰ ধৰ্ম-বিশ্বাস। ভাৰতৰ মন্দিৰতো দেবদাসী থকা এই ধৰণৰে আছিল।

বেশ্যাবৃত্তি অৰ্থ্যাৎ পুৰুষৰ পৰা টকা লৈ তাৰ পৰিবৰ্ত্তে সহবাসৰ স্বীকৃতি দিয়াৰ বিষয়ে এজন পাশ্চাত্য বিদ্বান ডাক্তৰ এলিচৰ মতামত হল এইটো ভবা নিতান্ত ভুল যে বেশ্যা বৃত্তি কৰা এজনী স্ত্রীয়ে টকাৰ বিনিময়ত নিজৰ শৰীৰক বেচিছে। নিজৰ স্বামীৰ দ্বাৰা নিজৰ শৰীৰক উপভোগ কৰাৰ কাম তো সকলো পত্নীয়েই কৰি থাকে। তাৰ বিনিময়ত পত্নী সকলে পায় থাকিবলৈ ঘৰ, পিন্ধিবলৈ কাপোৰ, অলংকাৰ, খাদ্য আৰু জীৱনৰ সুৰক্ষা আচাৰ আচৰণৰ দৃষ্টি কোনৰ পৰা বেশ্যা বিলাকৰ এই বৃত্তি, বিনা মূলীয়াকৈ পোৱা সম্ভোগক যিমান বেয়া বুলি দেখা যায়, বেশ্যা হৈছে এনে এজনী স্ত্রী যাক আমাৰ

সমাজে বিভিন্ন পুৰুষৰ ওচৰত অতি সহজে নিজৰ শৰীৰটোক সঁপি দিবলৈ বাধ্য কৰাইছে।

প্ৰাচীন ভাৰতত এনেকুৱা স্ত্ৰী বিলাকক সমাজৰ এটা গুৰুত্বপূৰ্ণ সদস্যা হিচাপে ধৰা হৈছিল যাক তলৰ তলৰ শ্ৰেণীৰ স্ত্ৰীবুলি নধৰিছিল। মন্দিৰৰ দেৱদাসীবোৰক পবিত্ৰ বুলি ধৰা হৈছিল। কোনো কোনো বেদ-ভাষ্য কাৰণে এই স্ত্ৰীবিলাক বেদ-বিহিত বুলি অভিহিত কৰিছে যিসকলৰমাজত সায়নৰ নাম প্ৰসিদ্ধ। যৰ্জুবেদত থকা 'পুংশ্চলি শব্দৰ অৰ্থ এজন বেদ ভাষ্যকাৰে 'ব্যাভিচাৰিনী' বুলি কৈছে। তৈত্যৰীয় ব্ৰাহ্মণত ইয়াৰ বিতং আলোচনা কৰিছে। যিহেতু এই বিষয়টো অত্যন্ত তৰ্কসাপেক্ষ, তাক আমি সমৰ্থন নকৰো। ভাৰতৰ নাট্যশাস্ত্ৰত থকা 'জামাজীৱ' শব্দটোৰ অৰ্থ হল স্ত্ৰীৰ দ্বাৰা অৰ্জিত জীবিকা। বাল্মীকি ৰচিত ৰামায়ণতো ইয়াৰ উল্লেখ আছে যে ৰামৰ ৰাজতিলক হোৱাৰ সময়ত সমাৰোহলৈ বেশ্যাবিলাককো নিমন্ত্ৰণ কৰা হৈছিল। তেওঁলোকক মাঙ্গলিক সামগ্ৰী হিচাপে ধৰা হৈছিল। ৰামৰ শোভাযাত্ৰাত বেশ্যা বিলাকেও যোগদান কৰিছিল। তন্ত্ৰ যুগৰ কথা যদি বাদও দিওঁ, তেনেহলে বৌদ্ধ গ্ৰন্থ অম্ৰপালী নামৰ এজনী বেশ্যাৰ নাম উল্লেখ আছে। তেনেকৈ জৈন গ্ৰন্থতো বেশ্যাবোৰৰ উল্লেখ আছে। পিচত বেশ্যাবোৰ আমাৰ সাহিত্যৰ এটা অবিভাজ্য আৰু অবিচ্ছিন্ন অঙ্গ হৈ পৰিছিল। জ্যোতিষ শাস্ত্ৰ কোনো হৈলে যাত্ৰা কৰাৰ সময়ত বেশ্যা বিলাকৰ মুখদৰ্শনক অত্যন্ত শুভ বুলি মনা হয়।

মোগল আৰু ইংৰাজৰ প্ৰতিপত্তিৰ সময়ত এই ধৰণৰ প্ৰবৃত্তিৰ উল্লেখ কৰা সময়ৰ অপব্যয় হব। মুছলমান আৰু খৃষ্টান সাহিত্যত বেশ্যা বিলাকৰ উল্লেখ আছে যাক সবিশেষে বৰ্ণনা নকৰাই ভাল।

ইয়াত ভালপোসন্দেহ নাই যে, এই যুগত পৃথিৱীৰ সকলো দেশত যৌন-ৰোগ হয়। বিজেতা জাতিৰ নেতাবোৰ দেশজয়ৰ কাৰণে যিবোৰ দেশলৈ গৈছে তাতেই এই ৰোগবোৰ এৰি থৈ গৈছে। স্ত্ৰী সকলৰ

ভিতৰত এটা বিশেষত্ব আছে যে তেওঁলোকে আত্মাক শৰীৰৰ অধীনত ৰখাৰ বিষয়ে পুৰুষ সকলৰ তুলনাত অনেক বেচি পটু। বুদ্ধিৰ আদেশত তেওঁলোকৰ বিশ্বাস প্ৰায়েই কম।

স্ত্ৰী আৰু পুৰুষৰ কাৰ্য্যক্ষেত যিমানেই পৃথক হওক তেওঁ লোকৰ দুজনৰ মাজত অনেক বিষয়ত মিল আছে। তেওঁলোকৰ দুয়োজনৰ কামবোৰ গুৰুত্বপূৰ্ণ আৰু জৰুৰী। স্ত্ৰী-পুৰুষ এজনৰ পৰা আনজন পৃথক হৈ থাকিলে তেওঁলোক অপূৰ্ণ হৈ থাকে। তেওঁলোক একেলগে থাকিলেহে সেই পূৰ্ণতা সম্পূৰ্ণ হয়। এইটোৱেই সৃষ্টি যি অনাদি কালৰ পৰা চলি আহিছে আৰু অনন্ত কাললৈ চলি থাকিব। দুজনৰ ভিতৰত এজন অকলে থাকিব নোৱাৰে।

কামাঙ্গৰ পৰিচয়

প্ৰতিজন পুৰুষ আৰু নাৰী এটা বিশেষ অবস্থাত উপনীত হলে কামাঙ্গৰ দ্বাৰা প্ৰভাৱিত হোৱা নাইবা শাৰীৰিক ৰচনা তন্ত্ৰ আৰু যাৰ লগত কাম-বাসনাৰ সম্পৰ্ক থকা যিবোৰ অঙ্গ কাম-তৃপ্তিত প্ৰধান আৰু সহায়ক অঙ্গ সেইবোৰৰ বিষয়ে জ্ঞান থকা অত্যন্ত জৰুৰী। এই জ্ঞানৰ অভাৱত মানুহে কেতিয়াবা মাৰাত্মক ভুল কৰে যাক পিচত সংশোধন কৰা অতি কঠিন। সেই কাৰণে এইটো আমাৰ সকলোৰে নৈতিক কৰ্ত্তব্য যে আমি যথাসময়ত এইবোৰৰ বিষয়ে জ্ঞান আমি আমাৰ সন্তান বিলাকক দিও।

প্ৰতিজন মানুহৰ লৰালিকালৰ পৰাই তেওঁৰ শৰীৰত অলপ অলপকৈ পৰিবৰ্ত্তন হবলৈ ধৰে। লৰা আৰু ছোৱালীৰ লৰালি কালৰ মাজত অলপ পাৰ্থক্য আছে। ছোৱালীৰ কিশোৰ অবস্থা 12 বছৰৰ পৰা আৰম্ভ হয় আৰু লৰা 14 বা 15 বছৰৰ পৰা আৰম্ভ হয়।

এই সময়ত লৰাবোৰৰ দাড়ি-গোফ, কাঁযলতিৰ তলত আৰু লিঙ্গৰ ওচৰত চুটি চুটি চুলি গজিবলৈ আৰম্ভ কৰে। এই বয়সত ছোৱালীবোৰৰ

বক্ষ (পিয়াহ) ডাঙৰ হবলৈ ধৰে। সিহতৰ কাযলটিত আৰু যোনি ওচৰে-পাজৰে চুলি গজিবলৈ আৰম্ভ কৰে। এই বয়সত হোৱা লগে লগে ছোৱালীবোৰ লাজকুৰীয়া হবলৈ ধৰে।

এইটো হৈছে সেই সময় যেতিয়া ছোৱালীৰ শান্তি হয় অৰ্থাৎ প্ৰথম মাহেকীয়া আৰম্ভ হয়। এই মাহেকীয়া আঠাইশ দিনৰ পিচে পিচে হয়। শৰীৰৰ, স্হান আৰু স্বভাৱ অনুযায়ী আৰু বংশগত পৰম্পৰা অনুযায়ী এই সময়টোৰ মাজত সামান্য ব্যতিক্ৰমও পৰিলক্ষিত হয়।

এই লক্ষণবোৰক পুৰুষ আৰু স্ত্ৰীৰ যুব অৱস্হাত পদাৰ্পন কৰাৰ লক্ষণ হিচাপে গণ্য কৰা হয়। এই সময়ত লৰা আৰু ছোৱালী মাজত চঞ্চলতা দেখা যায়।

এই বয়সত অৰ্থাৎ ডেকা আৰু গাভৰু হোৱাৰ লগে লগে এজনে আন জনক কামৰ দৃষ্টিৰে চায়, এজনে আন জনক স্পৰ্শ কৰিবলৈ একে লগে খেলিবলৈ লালায়িত হৈ উঠে। সিহতে এজনে আনজনক কেৰাহিকৈ চাবলৈ, একান্তে কথা পাতিবলৈ বৰ ইচ্ছা কৰে আৰু লাহে লাহে উভয়ে উভয়ৰ লগত সম্ভোগ কৰাৰ কথা সিহতৰ মনলৈ আহে। এই পৰিস্হিতি এইবোৰ চেস্টা আৰু স্ক্ৰিয়াৰ প্ৰত্যক্ষ প্ৰভাৱ সিহতৰ চিন্তাশক্তি ওপৰত পৰে। সিহতৰ মস্তিস্কই তৎক্ষনাত এই বিষয়ত সিহঁতৰ গুপ্তাঙ্গৰ খবৰ দিয়ে আৰু পৰিণাম স্বৰূপে এইবোৰ অঙ্গ হঠাৎ উত্তেজিত হবলৈ আৰম্ভ কৰে।

ওপৰত যিবোৰ ক্ৰিয়াক বৰ্ণনা কৰা হ'ল সেইবোৰৰ মুঠ সংখ্যা আঠ। শাস্ত্ৰত এই আঠটাক কামৰ অৱস্হা কোৱা হয়। নিজে নজনাৈক যিবোৰ ডেকা আৰু গাভৰু এইবোৰৰ প্ৰভাৱত পৰে, সিহতৰ শৰীৰৰ ওপৰত বেয়া প্ৰভাৱ পৰে। কেতিয়াবা কেতিয়াবা ইয়াৰ গহনতা বৃদ্ধি হলে ডেকা-গাভৰু হ'ত বিষয় ডেকাবোৰৰ নিজে নিজেই স্খলিত হয় যাৰ ফলত সিহত শাৰীৰিক ভাবে দুৰ্ব্বল হয়, সিহতৰ স্মৰণশক্তি নস্ট হয়, আৰু শেযত সিহত যৌনৰোগৰ দ্বাৰা

আক্ৰান্ত হয়। ইয়াতেই যৌন ৰোগৰ সূত্ৰপাত হয়।

যিবোৰ ডেকা গাভৰুৱে নিজৰ কাম বাসনাক নিয়ন্ত্ৰণ কৰিব নোৱাৰি কৃত্ৰিম বা অপ্ৰাকৃতিক ভাৱে নিজৰ কাম-বাসনাৰ তৃপ্তি পাবলৈ আৰম্ভ কৰে, তাৰ প্ৰভাৱ সিহতৰ ওপৰত ভাল নহয়। এই প্ৰভাৱ বৰ অনিষ্টকাৰী হয়। গাভৰুৰ ক্ষেত্ৰতএই প্ৰভাৱত সিহঁত গৰ্ভৱতী হব পাৰে। যিটো অবস্থা অতি ঘৃণনীয় আৰু মাৰাত্মক হয়। যিবোৰ স্ত্ৰী-পুৰুষ আগৰ পৰাই দুৰ্ব্বল আৰু অসুস্থ, বিশেষকৈ সংক্ৰামক ৰোগত ভুক্তভোগী, সহবাসৰ সময়ত দুয়ো ৰোগৰ দ্বাৰা আক্ৰান্ত হয়। এইটোও এক প্ৰকাৰৰ দুস্প্ৰভাৱ।

কুমাৰী নাইবা অবিবাহিতা ছোৱালী/স্ত্ৰী গৰ্ভৱতী হোৱাটো আমাব সমাজত ঘৃণাৰ দৃষ্টিৰে চোৱা হয়। ইয়াৰ পৰিণাম এইটো হয়। যে সেই যুৱতীয়ে নিজে বা অভিভাবকে তেওঁৰ গৰ্ভপাত কৰাব লাগিব। গৰ্ভপাত আনে নজনাকৈ কৰিব লাগিব। গৰ্ভপাত কৰোতে যদি লেডী ডাক্তৰ অনভিজ্ঞ হয় তেন্তে হিতে বিপৰীত হ'ব পাৰে। গৰ্ভৱতী ছোৱালীজনীৰ প্ৰাণ পৰ্যন্ত যাব পাৰে। এনেকুৱাও হব পাৰে যে তেওঁ চিৰদিনলৈ বন্ধ্যা হব পাৰে।

আজিৰ পাশ্চাত্য শিক্ষাৰ প্ৰভাৱত কলেজ আৰু বিশ্ববিদ্যালয়ৰ হোস্টেলবোৰত এই ধৰণৰ যৌনাচাৰ প্ৰায়েই দেখা যায়। ডেকা গাভৰুৰ স্বচ্ছন্দভাবে ঘূৰি ফুৰা যৌনাচাৰৰ কাৰণে ভাল নে বেয়া সেইটো লৈ এতিয়া মতভেদ সৃষ্টি হৈছে। অনেকে কয় কয় ডেকা গাভৰুৱে স্বচ্ছন্দে ঘূৰি ফুৰাটো ভাল আৰু আনেকে কয় ভাল নহয়।

স্বচ্ছন্দে ঘূৰি ফুৰিবলৈ বাৰু অনুমতি দিয়া হল কিন্তু সিহতক কামাঙ্গ, বাসনা আৰু যৌন বিক্ৰিয়াৰ সম্পৰ্কে জ্ঞান যদি নাথাকে সেই অনুমতিয়ে সিহতৰ দাৰুণ ক্ষতি কৰিব। গতিকে সিহতক জ্ঞান দিয়া নিতান্ত উচিত যাতে সিহতৰ জীৱনত সাৱধান হয়।

পুৰুষ জননেন্দ্ৰিয়াৰ ৰচনা

এইটো সকলোৱে জানে যে পুৰুষৰ প্ৰধান জননেন্দ্ৰিয়টো তেওঁলোকৰ শৰীৰৰ বাহিৰত থাকে আৰু নাৰীৰ জননেন্দ্ৰিয়টো শৰীৰৰ ভিতৰত থাকে। যদিও স্ত্ৰী আৰু পুৰুষ দুয়োজনৰ শৰীৰৰ কোনো কোনো অংশ এনেকুৱা হয় যি শৰীৰৰ বাহিৰৰ অংশৰ লগত সম্পৰ্ক ৰাখে আকৌ শৰীৰৰ কোনো কোনো অংশই ভিতৰৰ অংশৰ লগত সম্পৰ্ক ৰাখে। এই অঙ্গবোৰৰ বিষয়ে দুয়োজনৰ ভাল জ্ঞান থকা উচিত।

যৌনৰ লগত নিকট সম্বন্ধ থকা অঙ্গ হল ঃ

লিঙ্গ আৰু অণ্ডকোষ ঃ এই দুটা শৰীৰৰ বাহিৰত থাকে।

শুক্ৰাশয় আৰু শুক্ৰবাহী নলী ঃ এই দুটা শৰীৰৰ ভিতৰত থাকে।

তলত আমি এই অঙ্গবোলৰৰ বিষয়ে সবিশেষে আলোচনা কৰিছো।

লিঙ্গ ঃ লিঙ্গ হল পুৰুষৰ আটাইতকৈ বেচি গুৰুত্বপূৰ্ণ অঙ্গ। যৌনৰ সম্পৰ্কত ইয়াক একমাত্ৰ অঙ্গ হিচাপে গণ্য কৰা হয়। লিঙ্গৰ শাস্ত্ৰীয় আৰু চিকিৎসা জগতত নাম হৈছে 'শিশ্ন'। পুৰুষৰ লিঙ্গ তেওঁৰ দুই উৰুৰ সংযোগ স্হলত থাকে। ইয়াৰ দৈৰ্ঘ্য 6 ইঞ্চিৰ পৰা 4 ইঞ্চি পৰ্য্যন্ত হব পাৰে। দেশ কাল, ঋতু আৰু শৰীৰৰ গঠনৰ ভিত্তিত লিঙ্গৰ দৈৰ্ঘ্য ডাঙৰ আৰু চুটি হব পাৰে।

সাধাৰণতে লিঙ্গ স্বাভাৱিক অবস্হাত থাকোতে চুটি হৈ থাকে কিন্তু উত্তেজিত হলে ডাঙৰ আৰু দীঘল হয়, প্ৰায় দুগুণ দীঘল হয়। তেতিয়া লিঙ্গলৈ দৃঢ়তাও আহি যায়। যাক উত্থিত অবস্হা কোৱা হয়। বীৰ্যপাত নকৰি পুৰুষ লিঙ্গ যিমান সময় স্ত্ৰীৰ যোনিৰ ভিতৰত সোমাই মৈথুন কৰি থাকে সেই সময় খিনি দুয়োৰে কাৰণে অতি আনন্দৰ সময়।

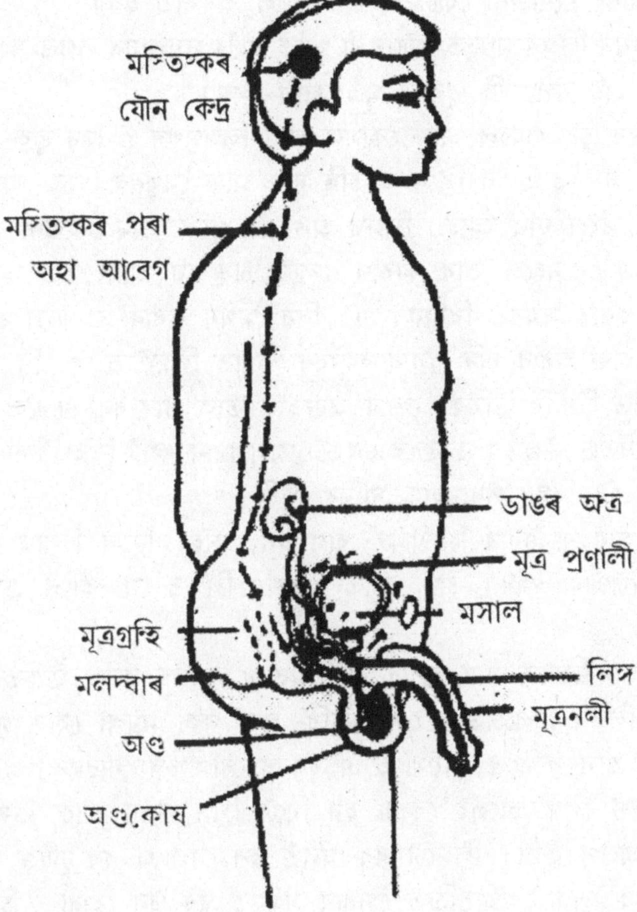
মস্তিস্কৰ
যৌন কেন্দ্ৰ
মস্তিস্কৰ পৰা
অহা আবেগ
ডাঙৰ অন্ত্ৰ
মূত্ৰ প্ৰণালী
মসাল
মূত্ৰগ্ৰন্থি
লিঙ্গ
মলদ্বাৰ
মূত্ৰনলী
অণ্ড
অণ্ডকোষ

গতিকে পুৰুষৰ উচিত যেন তেওঁৰ সোনকালে শীঘ্ৰ পতন নহয় আৰু যথাসাধ্য মৈথুন কৰি থাকিব লাগে। এইখিনিতে এটা সংকেত দিও সোনকালে বীৰ্যপাত নহবলৈ ঘনেঘনে মৈথুন কৰিব নালাগে অৰ্থাৎ লাহে লাহে কৰিব লাগে। কাৰণ ঘনেঘনে কৰিলে পুৰুষৰ উত্তেজনা বেচি আৰু উত্তেজনা বেচিহলে সোনকালে বীৰ্যপাত হব।

পুৰুষৰ লিঙ্গৰ মাজত এটা নলী থাকে যিটো মূত্ৰাশয়ৰ লগত সংলগ্ন থাকে। এই নলীয়েদি পুৰুযে মূত্ৰ ত্যাগ কৰে।

লিঙ্গৰ ত্বক পাতল আৰু কোমল হয়। লিঙ্গমুখৰ ওপৰৰ ত্বক চেল মৈথুনৰ সময়ত ওপৰ পিনে আঁতৰি যায় আৰু মৈথুনৰ পিচত আকৌ আগৰ ঠাইলৈ ঘূৰি আহে। লিঙ্গৰ আগভাগ গুৰিত যদি লেতেৰা বস্তু জমা হয় তেনেহলে তাৰ কাৰণে চেলচটা টান হয় আৰু তাৰ ফলত প্ৰসাৱ কৰাৰ সময়ত বিষায়। এই বিষ মৈথুন কৰাৰ সময়তো হয়। কোনো সৰু লৰাৰ যদি প্ৰস্ৰাৱ কৰিবৰ সময়ত লিঙ্গটোত পোৰণি হয়, সি বিৰত চিক্ৰঁৰি উঠিব। তেনে অৱস্হাত তাক ডাক্তৰৰ ওচৰলৈ লৈ যোৱা নিতান্ত উচিত। ডাক্তৰে চেলচটা অলপমান কাটি দিলে চিৰদিনৰ কাৰণে এই বিষৰ পৰা হাত সাৰিব পাৰি।

যি মানুহৰ এধাৰ চিফিলিচ ৰোগ হয়, সেই মানুহৰ লিঙ্গৰ চেল পিচত টোটোৰা পৰে। তাৰ ফলত পুৰুষৰ লিঙ্গত সোনকালে উত্থান নহয়।

মাক-দেউতাকে সৰু লৰাক গা ধোঁৱাওতে লক্ষ কৰা উচিত যে লৰাৰ লিঙ্গৰ চেলচটাতল ওপৰ কৰি তাত থকা ময়লা বোৰ গুচাব লাগে। এনে কৰিলে ভৱিষ্যতে এইধৰণৰ ৰোগ হব নোৱাৰে।

আদৰ্শ লিঙ্গ তাকেই কোৱা হয় যিটো লিঙ্গ পোন আৰু ওপৰৰ পিনে অলপ উঠা। লিঙ্গটো বৰদীঘলও হব নেলাগে বৰ চুটিও হ'ব নালাগে। লিঙ্গটো উত্তেজিত হোৱাৰ সময়ত বৰ টান হোৱা উচিত। লিঙ্গ যিমান টান হয় স্ত্ৰীয়ে মৈথুনৰ সময়ত সিমান সুখ আৰু তৃপ্তি

পায়। লিঙ্গটো আগপিনে অলপ জোঙা হব লাগে তাৰ গুৰিটো শকত হোৱা উচিত। মূত্ৰমাৰ্গৰ মুখ বেচি বহল হোৱা ভাল নহয়।

লিঙ্গ উত্তেজিত হোৱাৰ সময়ত তাক অলপ বেকা দেখায় তাৰ কাৰণে চিন্তাৰ কোনো কৰাণ নাই। এই ধাৰণাটো সম্পৰ্ণ ভুল যে লিঙ্গ একেবাৰে পোন হব লাগে। কিছুমান তথাকথিত ডাক্তৰে নিজৰ ঔষধ বিক্ৰীৰ কাৰণে কয় যে লিঙ্গ সদায় পোন হৈ থাকিব লাগে আৰ, বেকা হলে জানিব লাগিব যে লৰালি কালত কু অভ্যাস আৰু কু-সঙ্গতিৰ কাৰণে লিঙ্গ টো বেকা হল আৰু তাক পোন কৰিবলৈ অনেকদিন ঔষধ খাব আৰু লিঙ্গত মালিচ কৰিব লাগিব। গতিকে আপুনি টকা খোৱা ডাক্তৰৰ কথা নুশুনিব।

স্খলন অৰ্থাৎ বীৰ্যপাত ঃ ৰতিক্ৰিয়া বা সম্ভোগৰ সময়ত যি বীৰ্য স্খলিত হয়, সেই সময়টো ৰতিক্ৰিয়াৰ উচ্চতম অনুকূলৰ সময় আৰু এবাৰ বীৰ্যপাত হলে ৰতিক্ৰিয়া সমাপ্ত হৈ যায়। যেতিয়া যৌন আবেগ চৰম সীমাত উপনীত হয় তেতিয়া মূত্ৰাশয় আৰু শুক্ৰাশয়ৰ অনিচ্ছুক মাংসপেশী একে লগে আতৰি যায়। তাৰ ফলত শুক্ৰ দ্ৰুত গতিত পিচি ধাৰাৰ ৰূপত বাহিৰ হৈ আহি মূত্ৰাশয় সহিত মূত্ৰমাৰ্গৰ দুৱাৰত গৈ আঘাত কৰে। এই সময়ত মূত্ৰাশয় অনিচ্ছুক মাংসতন্ত্ৰৰ মাজতো বিস্ফোৰণ হয় যাৰ ফলত সকলো নাড়ীৰ পৰা মূত্ৰাশয় নিৰ্মিত তৰল পদাৰ্থৰ সোঁত বাহিৰ হৈ আহে। তীব্ৰবেগেৰে বাহিৰ হৈ অহা এইদুই প্ৰকাৰৰ সোঁতে পিচৰ দেৱালত আঘাত কৰি বাৰে বাৰে প্ৰত্যাবৰ্ত্তিত হৈ বাহিৰ হৈ আহে। ইয়াতেই ফলস্বৰূপে, লিঙ্গ আৰু তাৰ ওচৰে পাঁজৰে থকা মাংস তন্তু পূৰ্ণ ক্ৰিয়াশীতলতাৰ লগত সংকুচিত হবলৈ ধৰে আৰু মুহূৰ্ত্তৰ ভিতৰতে বীৰ্যৰ এই সোঁত মুখ্য পৰা 13 ঘন সেঃ লিঃ বীৰ্য বাহিৰ হয়। প্ৰতি ঘন চেংলিটাৰ বীৰ্যত প্ৰায় 6 কোটি শুক্ৰাণু থাকে।

এই প্ৰকৰণত লিঙ্গৰ ভূমিকা প্ৰধান হোৱাৰ কাৰণে আমি তাৰ

বিস্তাৰিত ব্যাখ্যা কৰিছে। এইবাৰ আমি আন তিনি অঙ্গৰ বৰ্ণনা সংক্ষেপে কৰিছো।

অণ্ডকোষ ঃ অণ্ডকোষ এটা ফলৰ আকাৰত লিঙ্গৰ বাহিৰ অংশৰ তলত লিঙ্গৰ গুৰিৰ লগত ওলমি থাকে। অণ্ডকোষৰ আকাৰ হাঁহৰ কনীৰ নিচিনা। গতিকে ইয়াক 'অণ্ড' কোৱা হয়। এটা অণ্ড কোষৰ ভিতৰত দুটা গোটা বস্ত্ত থাকে। গতিকে যিটো মোনাৰ ভিতৰত দুটা বস্ত্ত থাকে তাক অণ্ডকোষ কোৱা হয়।

এই অণ্ডকোষত শুক্ৰাণুৰ নিৰ্মাণ হয়। স্ত্ৰীৰ মাহেকীয়া শেষ হোৱাৰ পিচত পুৰুষে যেতিয়া তেওঁৰ তলত সম্ভোগ কৰে আৰু নিজৰ লিঙ্গ যোনিত প্ৰবেশ কৰায়, তেতিয়া সেই সময়ত পুৰুষৰ লিঙ্গ ৰ পৰা বীৰ্য বাহিৰ হৈ বীৰ্য অৰ্থাৎ শুক্ৰ স্ত্ৰীৰ গৰ্ভত 'ডিম্ব'ৰ লগত সম্পৰ্ক স্হাপন কৰি লয় আৰু তাৰ ফলত স্ত্ৰী গৰ্ভৱতী হয়।

এই অণ্ডকোষত পুৰুষ যৌন গ্ৰন্হিৰস উৎপন্ন হয় আৰু ই ৰস যেতিয়া শুক্ৰাণুৰ লগত মিহলি হয়, তেতিয়া ই বীৰ্যৰ ৰূপ ধাৰণ কৰে। যিপুৰুষৰ গাত যিমান বেচি বীৰ্য থাকিব তাৰ ভিতৰত বেচি শক্তি থাকিব।

অণ্ডকোষৰ মোনাটো কোচখাই সৰুও হব পাৰে ডাঙৰও হব পাৰে। গতিকে শীতকালত অণ্ডকোষ কোচখাই থাকে আৰু গ্ৰীষ্ম কালত ডাঙৰ হৈ ওলমি থাকে।

যি পুৰুষৰ নিবীৰ্য হয়, তেওঁৰ এই মোনাটো ঢিলা হৈ ওলমি থাকে।

অণ্ডকোষৰ এই অণ্ড ধাৰক ৰজ্জু' দ্বাৰাই বেকাভাবে ওলমি থাকে। এই অণ্ড গ্ৰন্হিকেই শুক্ৰগ্ৰন্হি কোৱা হয়। প্ৰত্যেক অণ্ডগ্ৰন্হিত প্ৰায় এহেজাৰ পাতল আৰু বেঁকা হৈ থকা নলী থাকে। এইবোৰ নলীৰ দৈৰ্ঘ্য দুইৰ পৰাতিনি ফুট দীঘল হয়। বাস্তৱত এই অণ্ড গ্ৰন্হিবোৰ হৈছে এই নলীৰেই পুঞ্জ...। প্ৰতিটো অণ্ডগ্ৰন্হিৰ দৈৰ্ঘ্য প্ৰায় দেৰ ইঞ্চি,

প্ৰস্হ এক ইঞ্চিতওকৈ অলপ কম।

শুক্ৰাশয় ঃ এই অঙ্গ মূত্ৰাশয় আৰু মলাশয়ৰ মাজত থাকে। এই বাদটো দুই প্ৰকাৰৰ হয়। ইয়াৰ তলতৰ পৰা এটা নলী বাহিৰ হয় যাক শুক্ৰনলী কোৱা হয়। ইয়াৰ ওপৰ ভাগটো অলপ ডাঙৰ হয়। তলৰ ভাগ পৌৰুষ গ্ৰন্হিৰ ওচৰত থাকে।

মূত্ৰনলী মূত্ৰাশয়ৰ পৰা বাহিৰ হৈ পৌৰুয গ্ৰন্হিয়েদি গৈ লিঙ্গৰ মাজেদি যায় আৰু লিঙ্গৰ মুখত গোটা তামোলৰ আকাৰ থকা ভাগটোৰ মাজলৈ যায় মূত্ৰনলীৰ দুটাকাম আছে। প্ৰস্ৰাৱ কৰাৰ সময়ত সেইটো এই বাটেদি বাহিৰ হয় আৰু দ্বিতীয় কামটো হল বীৰ্য স্খলনও এই বাটটোৰেদি হয়।

শুক্ৰবাহী নলী ঃ এই নলীডাল কেতিয়া বা সৰু আৰু কেতিয়াবা ডাঙৰ হয়। ই পৌৰুষ গ্ৰন্হিয়েদি মূত্ৰনলীৰ মাজৰ গ্ৰন্হি পৰ্য্যন্ত যায়।

পুৰুষ যেতিয়া কামোত্তেজিত হৈ, তেতিয়া শুক্ৰাণু অণ্ডকেষৰ পৰা বাহিৰ হৈ শুক্ৰ নলীত একত্ৰ হয়। এইটো তাৰ পৰা শুক্ৰাশয়লৈ যায়। শুক্ৰাণু অণ্ডকোষত উৎপন্ন হয় আৰু বীৰ্যৰ উৎপত্তি শুক্ৰাশয়ত হয়। শুক্ৰশয়ত যেতিয়া শুক্ৰাণু বীযৰ লগত মিহলি হয়। তেতিয়া সম্ভোগ ক্ৰিয়াৰ সময়ত এই ঠাইৰ পৰা বীৰ্য স্খলিত হৈ থাকে আৰু মূলনলীৰ মাধ্যমত বাহিৰলৈ লৈ ওলাই আহে।

এই শুক্ৰাণু স্ত্ৰীৰ গৰ্ভৰ 'ডিম্ব গ্ৰন্হিৰ' লগত মিহলি হৈ গৰ্ভধাৰণ কৰায়। এই ভাবে নবজাত শিশুৰ নিৰ্বানৰ ৰচনা প্ৰক্ৰিয়া আৰম্ভ হয়।

স্ত্ৰী জননেন্দ্ৰিয়ৰ ৰচনা

পুৰুষ জননেন্দ্ৰিয়ৰ ব্যাখ্যাত এইটো স্পষ্টকৈ কোৱা হৈছে যে পুৰুষৰ অধিকাংশ জননেন্দ্ৰিয় শৰীৰৰ বাহিৰত থাকে কিন্তু তাৰ ঠিক বিপৰীত স্ত্ৰীৰ অধিকাংশ জননেন্দ্ৰিয় তেওঁৰ শৰীৰৰ ভিতৰত থাকে। স্ত্ৰীৰ প্ৰজননেন্দ্ৰিয়বোৰক পাঁচটা ভাগত ভাগ কৰিব পাৰি। এই পাঁচটা ভাগেই মুখ্য, অৱশ্যে অধ্যয়নৰ সুবিধাৰ কাৰণে তাৰ সংখ্যা বঢ়াবও পাৰি।

স্ত্ৰীৰ শৰীৰত যৌনক্ৰিয়াৰ লগত সম্পৰ্ক থকা যি পাঁচটা মুখ্য অঙ্গ আছে। সেই কেইটা হল যোনি, ভগনাসা, গৰ্ভাশয় ডিম্ব প্ৰণালী আৰু ডিম্বাশয়। সেই পাঁচটা অঙ্গৰ সংক্ষিপ্ত বিবৰণ তলত দিয়া হৈছে ঃ-

যোনি ঃ পুৰুষৰ লিঙ্গৰ নিচিনাকৈ স্ত্ৰীৰ যোনি স্ত্ৰীৰ দুটা উৰুৰ ঠিক মাজত মূত্ৰনলীৰ তলত থাকে। সম্ভোগ কৰিবৰ সময়ত পুৰুষে নিজৰ লিঙ্গটোক স্ত্ৰীৰ যোনিৰ ভিতৰত সুমুৱাব লাগে। যোনিদ্বাৰৰ পৰা গভাশয় পৰ্য্যন্ত যিটো বাট থাকে তাক যোনি নলীকা কোৱা হয়। ইয়াৰ দৈৰ্ঘ্য প্ৰায় 4-5 ইঞ্চি হয়। অৱশ্যে কমাব বা বঢ়াব ও পৰা হয়। সেই কাৰণে সম্ভোগৰ মূহুৰ্ত্তৰ পুৰুষৰ লিঙ্গক নিজৰ ভিতৰত ধাৰণ কৰিবলৈ আৰু তাতোকৈও কঠিন মুহূৰ্ত্ত প্ৰসৱৰ সময়ত যোনিৰ অভ্যন্তৰৰ বিস্তাৰ অত্যন্ত বেচি হয়।

ভগনাশা ঃ ইয়াৰ আন এটা নাম 'ভঙ্গাকুৰ'। ই যোন আৰু মূত্ৰমাৰ্গৰ সোঁ মাজত থাকে। ইয়াক দেখিবলৈ এটা মটৰ মাহৰ নিচিনা। পুৰুষৰ লিঙ্গৰ নিচিনা স্ত্ৰীৰ এই অঙ্গটো স্বাভাৱিক অৱস্থাত কোমল হয় কিন্তু যেতিয়া স্ত্ৰী কামোত্তেজিত হৈ উঠে তেতিয়া পুৰুষৰ লিঙ্গৰ নিচিনা স্ত্ৰীৰ এই অঙ্গটোও টান হয়। কামোত্তেজনাৰা সময়ত স্ত্ৰীৰ চকুত এটা বিশেষ ধৰণৰ মাদকতা পৰিলক্ষিত হয়।

স্ত্ৰীক কামোত্তেজিত কৰিবলৈ পুৰুষৰ ৰতিক্ৰিয়াৰ আগতে স্ত্ৰীৰ

কামোত্তেজক অঙ্গত ভালকৈ অৰ্থাৎ কোমলকৈ হাত বুলাব লাগে। ভগনাসাত হাত বুলালে স্ত্ৰী সহজেই কামোত্তেজিত হয়। উল্লেখনীয় যে পুৰুষতকৈ নাৰীৰ উত্তেজিত হবলৈ বেচি সময় লাগে। পুৰুষে হাত বুলুৱা কামটো একেৰাহে কৰি থাকে। তেন্তে স্ত্ৰী সোনকালে কামোত্তেজিতহয়। স্ত্ৰীক অতি সোনকালে উত্তেজিত কৰাৰ উত্তম উপায় হল প্ৰথমতে পুৰুষে লিঙ্গটো নিজৰ হাতেৰে ধৰি যোনিত মাত্ৰ আধা ইঞ্চিমান সুমুৱাই কেবাবাৰো ঘঁহাই থাকিব লাগে। তাৰ পিচত গোটেই লিঙ্গটো সুমুৱাৰ পূৰ্ব মুহূৰ্ত্তত স্ত্ৰীক তেওঁৰ লিঙ্গটোক হাতেৰে খামোচ মাৰি ধৰিবলৈ দিব লাগে। খামোচমাৰি ধৰি থাকোতে পুৰুষে তৰ্জনী আঙুলিটোৰ মূৰটোৰে যোনিৰ ভিতৰত ওপৰত থকা স্ত্ৰীৰ আটাইতকৈ স্পৰ্শ কাতৰ ঠাইডোখৰক সুৰসুৰাই দিব লাগে। সুৰসুৰাই দিয়া মাত্ৰকে স্ত্ৰী ইমান উত্তেজিত হ'ব যে সেই মুহূৰ্ত্তত যোনিত গোটেই লিঙ্গটো নুসুমুৱালে তেওঁ পগলা হৈ যাব।

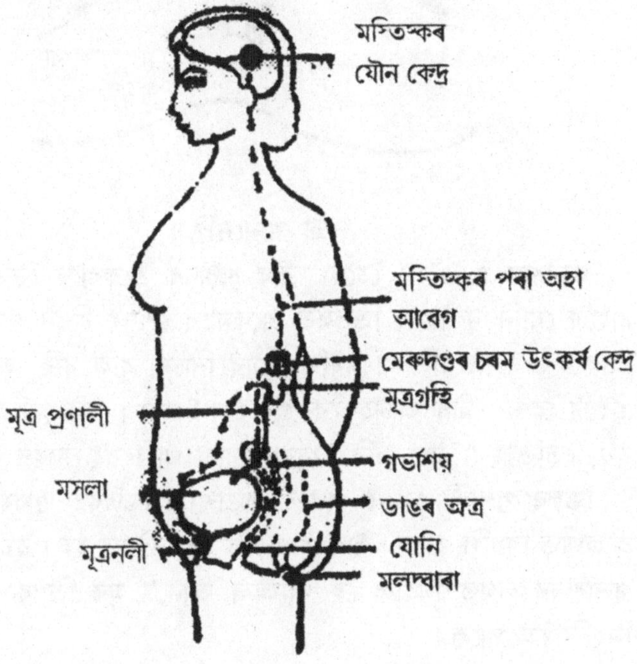

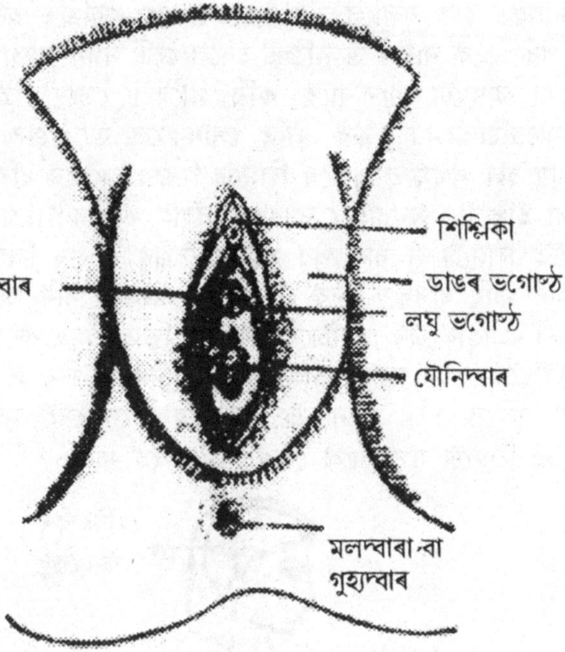

স্ত্ৰী জননেন্দ্ৰিয়

গভাশয় ঃ এইটো হৈছে স্ত্ৰীৰ শৰীৰৰ একেবাৰে ভিতৰৰ অঙ্গ। এইটো যোনি নলীকাৰ ভিতৰত একেবাৰে শেষৰ পিনে থাকে। ইয়াৰ আকাৰ এটা নাচপতি বা মধুৰি আমৰ নিচিনা বুলি ধৰি লোৱা হৈছে। এইটো হৈছে স্ত্ৰীৰ আটাইতকৈ গুৰুত্বপূৰ্ণ অঙ্গ। স্ত্ৰী যেতিয়া গৰ্ভৱতী হয়, তেতিয়া 9 মাহ ধৰি কেচুৱা ইয়াত থাকিয়েই ডাঙৰ হয়।

ডিম্ব প্ৰণালী ঃ এই প্ৰণালী গভাশয়ৰ ভিতৰত ওপৰৰ পিন দু-ই কাষত বিয়পি থাকে। ইদা প্ৰায় পাঁচ ইঞ্চি দীঘল হব। ইয়াৰ এটা মূৰ গৰ্ভাশয়ৰ লগত মিহলি হৈ থাকিলে আনটো মূৰ ডিম্বাশয়ৰ লগত মিহলি হৈ থাকে।

ডিম্বাশয় ঃ ডিম্বাশয় সংখ্যাত দুটা হয় আৰু এটা ডিম্ব প্ৰণালীৰ দুই পিনে লাগি থাকে। ইয়াত অনেক ডিম্বকোষ থাকে। ইয়াত ৰজ ডিম্বৰ ৰচনা হয়। যিভাবে পুৰুষৰ ডিম্বকোযত শুক্ৰৰ নিৰ্মাণ হয়। তেনে ধৰণেই স্ত্ৰীৰ ডিম্বকোযত ৰজৰ নিৰ্মাণ হয়। গৰ্ভধাৰণৰ কাৰণে ডিম্ব কোষত নিৰ্মিত ডিম্ব আৰু অণ্ডকোযত নিৰ্মিত শুক্ৰাণুৰ গুৰুত্ব বিৰাট। এইবোৰৰ অভাৱত শিশুৰ ৰচনা সম্ভৱ নহয়।

সংক্ষেপতে স্ত্ৰীৰ জননেন্দ্ৰিয়ৰ ব্যাখ্যা এনে ধৰণৰ নাৰীৰ গুপ্তাঙ্গৰ গঠন বৰ জটিল। খালি চকুৰে মাত্ৰ যোনি মূল আৰু মহাভোগোষ্ঠকেই দেখা যায়। মহাভাগোষ্ঠৰ ভিতৰত লঘূ ভগোষ্ঠ থাকে। এই দুটাৰ মাজত অলপ খালি ঠাই থাকে। ইয়াক যোনি ভাগৰ দুৱাৰ কোৱা হয়। এইদুৱাৰৰ ভিতৰত এখন পৰ্দা থাকে। এই পৰ্দাৰ মাজত এটা ফুটা থাকে, যিটো বাটেদি স্ত্ৰীৰ মাহেকীয়া তেজ বাহিৰ হৈ আছে। সাধাৰণতে, এই পৰ্দাখন প্ৰথম বাৰ ৰতিক্ৰিয়াৰ সময়ত ফাটি যায়। ইয়াকেই কৌমাৰ্যভঙ্গৰ লক্ষণ বুলি মানিলোৱা হয়। কিন্তু কেতিয়াবা কেতিয়াবা এই পৰ্দাখন আন কাৰণতো ফাটি থাকে। ইয়াৰ ঠিক বিপৰীত কোনোকোনো স্ত্ৰীৰ এই পৰ্দাখন শল্য চিকিৎসা কৰি কটাব লগীয়া হয়।

যোনিমাৰ্গৰ ওপৰত মূত্ৰমাৰ্গ থাকে। মূত্ৰচিছদ্ৰ পৰা প্ৰায় এক ইঞ্চি মান দূৰত্বত যোনি লিঙ্গ নামৰ এটা ওপৰলৈ উঠা অঙ্গ থাকে যাৰ বৰ্ণনা আমি ইয়াৰ আগতে 'ভগনাসাৰ ৰূপত কৰিছিলো। ইয়াৰ আকাৰ পুৰুষৰ লিঙ্গৰ আনেকখিনি মিলে। কোনো কোনো স্ত্ৰীৰ এই লিঙ্গ অলপ দীঘল হোৱাও দেখা যায়।

যোনিমাৰ্গৰ ভিতৰৰ পিনে গৰ্ভাশয় থাকে। ইয়াক আগতে উল্লেখ কৰা হৈছে। ইয়াৰ আকাৰ নাচপতি বা মধুৰীআমৰ নিচিনা। ইয়াৰ পাতল মুখ যোনিমাৰ্গত আৰু বাকী অংশটো বাহিৰত থাকে। যোনি মাৰ্গটো গভাশয়ৰ লগত চাৰিওপনিৰ পৰা জুৰি থাকে। গৰ্ভাশয়ৰ

ওপৰেদি দুডাল নাড়ী বীজকোষ পৰ্য্যন্ত যায়। বীজকোষৰ পৰা প্ৰতিমাহত এটাকৈ ৰজোগোল পকা অৱস্থাত বাহিৰলৈ ওলায় আৰু সেই নলীৰ মাজেদি গৰ্ভাশয় পৰ্য্যন্ত যায়। এই ৰজোগোললাৰ লগত পুৰুষ বীৰ্জৰ অনুৰ লগত মিহলি হলেই স্ত্ৰী গৰ্ভৱতী হয়। দুয়োটা বস্তু মিহলি নহলে ৰজোগোল পৰি যায়।

বৈজ্ঞানিক সকলৰ অভিমত যে কেতিয়াবা কেতিয়াবা বীৰ্য কীট আঠ দিন পৰ্য্যন্ত যোনি মাৰ্গত জীৱিত থাকে। এই গৰ্ভাশয়ত প্ৰৱিস্ট হৈ ৰজো-গোলাৰ লগত যুক্ত গৰ্ভধাৰণ হব নোৱাৰে। সম্ভোগৰ মূহুৰ্ত্তত যেতিয়া পুৰুষৰ তীব্ৰবেগত বীৰ্যস্খলন হয় তেতিয়া স্ত্ৰীৰ গাত তৃপ্তি হলে গৰ্ভাশয়ৰ মুখখন পদুমফুলৰ দৰে ফুলি উঠে। হৈ সময়ত বীৰ্জৰ লগে লগে শুক্ৰাণুও গৰ্ভাশয়লৈ গুচি যায়। তাত উপস্হিত হৈ সেইবোৰ ৰজোগোলৰ লগত যুক্তহোৱাৰ পিচত স্ত্ৰী গৰ্ভৱতী হয়।

এইটো উল্লেখ যোগ্য যে এমাহত কেৱল মাত্ৰ এটা ৰজোগোল পৰিপক্ক হয়। ইয়াৰ সময় ৰজোদৰ্শনৰ দহ-পোন্ধৰ দিন। গতিকে, এই দিনবোৰ বাদ দি স্ত্ৰী পুৰুষৰ ভিতৰত সম্ভোগ হলে গৰ্ভধাৰণৰ কোনো সম্ভাৱনাই নাথাকে।

মাহেকীয়াৰ কেইদিনমান আগতে এটা বীজকোষ ফুলি উঠে। এইটোৱেই হল ৰজোগুণ পৰিপক্ক হোৱা সময়। এবাৰ বাওঁপিনে আৰু পিচৰ াৰ সোঁ পিনে ৰজোগোল পকে। তাৰ পিচত এই বীৰ্য বাহক নলীৰ দ্বাৰ গৰ্ভাশয়লৈ আহে। এই নলী দুই পিনৰ গৰ্ভাশয়ৰ পৰা বাহিৰ হৈ সেই পিনৰ বীৰ্যকোষ লগত মিহলি হয়। নলীৰ এই মূৰটো খোলা থাকে। যিপিনে ৰজোগোল পৰিপক্ক হয় সেই পিনৰ পৰা বীৰ্যকো বাহিৰলৈ ওলাই আহে আৰু নলীৰ আভ্যন্তৰিন গতিৰ কাৰণে গৰ্ভাশয়লৈ ঠেলি দিয়া হয়।

স্ত্ৰীজননেন্দ্ৰিয়ৰ স্তন দুটাৰ লগত গভীৰ সম্বন্ধ থাকে। প্ৰায়েই দেখা যায় যে বিভিন্ন স্ত্ৰীৰ স্তনৰ আকাৰ বিভিন্ন ধৰণৰ হয়।

কিছুমান স্ত্রীৰ স্তন বৰ দীঘল হয়। সাধাৰণতে. স্ত্রী সকলৰ সোঁ আৰু বাওঁফালৰ দুয়োটা স্তন সমান আকাৰৰ হয়। আৰম্ভনিতে স্ত্রী সকলাৰ স্তন অলপ টান হয় নিশ্চয় কিন্তু এবাৰ গৰ্ভধাৰণ কৰাৰ পিচত আপোনা আপুনি স্তন কোমল হৈ পৰে। কোনো কোনো স্ত্রীৰ স্তনত মাহেকীয়া হোৱাৰ আগতে অলপ বিষ হয়। কিন্তু যেতিয়া তেওঁৰ মাহেকীয়া বন্ধ হৈ যায় তেতিয়া স্তন সংকুচিত হৈ পৰে। গৰ্ভধাৰাণ কৰাৰ পাঁচমাহ পৰ্য্যন্ত স্ত্রী সকলৰ স্তনৰ আকাৰ বাঢ়ি থাকে। পিচত এই বাঢ়ি থকাটো অলপ কম হয় কিন্তু প্ৰসৱৰ সময়ত স্তন আকৌ ডাঙৰ হয়। কেচুৱাই যেতিয়া মাকৰ পিয়াহ খাবলৈ আৰম্ভ কৰে। তেতিয়া মাকৰ পিয়াহ দুটা তিনিগুণ পৰ্য্যন্ত ডাঙৰ হয়।

শাৰৰিক ৰচনা প্ৰক্ৰিয়াৰ ওপৰত সূক্ষ্মভাৱে বিচাৰ কৰি আমি জানিব পাৰিছো যে চৰাই আৰু মাছবোৰৰমাজত মলমূত্ৰ আৰু গৰ্ভাশয়ৰ বাট এটা কিন্তু মানুহৰ মাজত নাৰীৰ তিনিটা বেলেগ বেলেগ বাট ৰৈছে। পুৰুষৰ গভাশয় নাথাকে, সেই কাৰণে পুৰুষৰ মল আৰু মূত্ৰ মাৰ্গ থাকে। পুৰুষৰ বীৰ্য তেওঁৰ মূত্ৰ পথেদিয়েই প্ৰবাহিত হয়। গতিকে, পুৰুষৰ দুটা পথ থাকে।

বীৰ্য এটা তৰল পদাৰ্থ। এই বস্তটো চকুৰ পানীৰ নিচিনা। ই তৰলও নহয়, টানিও নহয় কিন্তু স্বচ্ছ। ইয়াৰ এটা গোন্ধ আছে, যাক ভাল গোন্ধ বুলি কব নোৱাৰি।

মল নাইবা মূত্ৰ শৰীৰৰ পৰা বাহিৰ হোৱা অনিবাৰ্য্য বীৰ্যৰক্ষেত্ৰত এইটো নাখাটে। যদি মলমূত্ৰ বাহিৰ হবলৈ বন্ধহৈ যায় তেন্তে প্ৰাণ সংকটত পৰে কিন্তু বীৰ্য বাহিৰ নহলে শৰীৰৰ কোনো ক্ষতি নহয়, বীৰ্য বাহিৰ নহলে মানুহ নমৰে।

কামোত্তেজনাৰ সময়ত স্ত্রী আৰু পুৰুষ দুজনৰ ইন্দ্ৰিয়ৰ পৰা এক ধৰণৰ স্ৰাৱ বাহিৰ হয়। যদি তেওঁলোকৰ কোনো এজনৰ যৌন ৰোগ থাকে, দুইটা স্ৰাৱ মিহলি হোৱাৰ কাৰেণ দুয়ো-যৌন ৰোগত আক্ৰান্ত

হৈ পৰিব।

গতিকে, এইটো জৰুৰী যে স্ত্ৰী পুৰুষৰ ভিতৰত যদি কোনো এজনৰ যৌন ৰোগ হয় তেন্তে উভয়ে সম্ভোগ একেবাৰে বাদ দিব লাগিব। বাদ দিলে নিজৰ আৰু সমাজৰ মঙ্গল হব। যদি বাদ নিদিয়ে তাৰ প্ৰতিক্ৰিয়া সন্তানৰ ওপৰত পৰিব আৰু সিহতৰো ভৱিষ্যতে যৌন ৰোগ হ'ব পাৰে। সুস্থ সমাজৰ কাৰণে সুস্থ দম্পতি হোৱা একান্ত আৱশ্যক।

বীৰ্য আৰু শুক্ৰৰ পাৰ্থক্য

সাধাৰণতে, বীৰ্য আৰু শুক্ৰ শব্দ দুটাই মানুহৰ মনত ভ্ৰমৰ সৃষ্টি কৰে। কোনো কোনো মানুহে এই দুটা বস্তুক একে বস্তু বুলি আৰু কোনো কোনোৱে বেলেগ বস্তু বুলি ভাবে। তলত আমি এই দুটা বস্তুৰ অৰ্থ আৰু মাজত থকা পাৰ্থক্যক আলোচনা কৰিছোঁ।

সম্ভোগৰ সময়ত পুৰুষৰ যেতিয়া স্খলন হওঁ হওঁ অৱস্থা হয়, তেতিয়া শুক্ৰ প্ৰণালী আৰু শুক্ৰাশয়ত উৰেন মিশ্ৰিত কনা আহে। ইয়াত মূত্ৰাশয়ী গ্ৰন্থিৰ সৃষ্টি হোৱা 'সপৰ্মিন যুক্ত' তৰল আৰু শিশ্নমূল গ্ৰন্থি আৰু মূত্ৰমাৰ্গৰ গ্ৰন্থিৰ তৰল স্ৰাৱ মিহলি হয়। এইভাৱে স্ত্ৰীৰ যোনিত স্খলিত হোৱা এই সামূহিক তৰল পদাৰ্থকে বীৰ্যকোৱা হয়।

শুক্ৰগ্ৰন্থি অৰ্থাৎ ডিম্ব গ্ৰন্থিত তৈয়াৰ হোৱা পদাৰ্থক শুক্ৰ কোৱা হয়।

প্ৰচীন বৈজ্ঞানিক সকলৰ এই ধাৰণাটো এতিয়া প্ৰচলিত হৈ আছে যে চল্লিশ টোপাল তেজৰ পৰা এক টোপাল বীৰ্য হয়। যেনেকৈ গাখীৰৰ ভিতৰত মাখন লুকাই থাকে, ঠিক সেই ধৰনে বীৰ্যও গোটেই শৰীৰটোৰ ভিতৰত লুকাই থাকে। গাখীৰক ঘুটি যেনেকৈ মাখন বাহিৰ কৰা হয়, কি সেই মতে সম্ভোগ ক্ৰিয়াৰ দ্বাৰ শৰীৰ মন্থন হৈ বীৰ্য বাহিৰ হয়।

কিন্তু আধুনিক বৈজ্ঞানিক সকলে এই প্ৰচীন বৈজ্ঞানিক সকলৰ মতটো ভুল বুলি প্ৰমাণ কৰিছে। আধুনিক শৰীৰ বিজ্ঞান অনুযায়ী বীৰ্য শৰীৰক মন্থন কৰি বাহিৰ কৰা নহয়, এটোপাল বীৰ্য চল্লিশ টোপাল তেজৰ সমাষ্ট নহয়। তেওঁলোকৰ বক্তব্য হ'ল বীৰ্য হল অণ্ড গ্ৰন্থি, শুক্ৰাশয়, পৌৰুষ গ্ৰন্থি আৰু কাউপাৰ গ্ৰন্থিৰ স্ৰাৱ।

ভাৰতত এটা কমা প্ৰচীন কালৰে মানি অহা হৈছে যে প্ৰাণী জীৱৰ বীৰ্যত অনেক ধৰণৰ প্ৰাণীৰ উৎপন্ন কৰাৰ ক্ষমতা আৰু শক্তি আছে গতিকে বীৰ্য এটা স্বাভাৱিক আৰু অসাধাৰণ শক্তিশালী বস্তু।

আধুনিক ৰসায়ণবিজ্ঞানৱিদ সকলাৰ মত অনুযায়ী বীৰ্যত তিনি শতাংশ প্ৰোটিনৰ অক্সাইড, পাঁচ ভাগ লাইমৰ ফস্ফেট, চাৰিভাগ চৰ্বি, অলপ পৰিানৰ ফচফৰাচ আৰু অলপমান ফস্ফেট থাকে। তাৰ বাহিৰেও তাত আশীৰ পৰা নব্বে ভাগ পানী থাকে।

লিঙ্গক স্বাভাৱিক আৰু অস্বাভাৱিকভাবে অনেক সময় ঘঁহিলে তাৰ পৰা টোপাল টোপাল বীৰ্য বাহিৰ হয় আৰু সেই বীৰ্য পানীতকৈ বেচি গধূৰ আৰু গাঢ় আৰু তেলীয়া। গতিকে বীৰ্য কাপোৰত পৰিলে শুকোৱাৰ পিচত সেই ঠাই ডোখৰ টান হয়।

সাধাৰণ মানুহৰ মনত এই প্ৰশ্নটো বাৰে বাৰে উঠে যে এবাৰ মৈথুন কৰিলে কিমান বীৰ্য নস্ট হয় ?। বৈজ্ঞানিক স্কুলৰ ধাৰণা এবাৰ মৈথুন কলি প্ৰায় পোন্ধৰ গ্ৰাম বীৰ্য লিঙ্গৰ পৰা বাহিৰ হৈ যায়। এই পোন্ধৰ গ্ৰামৰ ভিতৰত গাঢ় আঠগ্ৰামবিশুদ্ধ বীৰ্য থাকে বাকী খিনি সেই ৰঙৰ শ্বেত পদাৰ্থ হয় যি প্ৰোস্টেট ইত্যাদি গ্ৰন্থিত তৈয়াৰ হয় আৰু তাৰ পিচত মৈথুৰ সময়ত বিশুদ্ধ বীৰ্যৰ লগত মিহলি হয়।

অনুবীক্ষণ যন্ত্ৰেৰে পৰীক্ষা কৰি জানিব পৰা গৈছে যে বীৰ্যৰ ভিতৰত লাখ লাখ অতিক্ষুদ্ৰ ক্ষুদ্ৰ পোক থাকে। বীৰ্যৰ এইবোৰ পোকক শুক্ৰ কীট, শুক্ৰাণু বা বীৰ্যাণু কোৱা হয়। বৈজ্ঞানিক সকলৰ মত হ'ল যে যি পুৰুষ যিমান বলবান আৰু নীৰোগ হয় তেওঁৰ বীৰ্যত

সিমান বেচি সংখ্যাৰ শুক্ৰকীট বা বীৰ্যাণু থাকে। দুৰ্বল আৰু ৰোগী পুৰুষৰ বীৰ্যত এই কীটাণুৰ সংখ্যা অলপ কম। তাৰ বাহিৰেও, বীৰ্য-কীটাণু পাতল আৰু দুৰ্বল ও হয়। মাছে যিভাৱে পানীত সাতুৰি ঘূৰি ফুৰে, তেনেকৈয়ে বীৰ্যৰ কীটাণুও বীৰ্যৰ ভিতৰত সাতুৰি ঘূৰি ফুৰে। ইহতৰ আকাৰ অতি ক্ষুদ্ৰ আৰু সেই কাৰণে মানুহে খালি চকুৰে দেখা নাপায়।

সবল পুৰুষৰ বীৰ্যত এই কীটাণু অত্যন্ত শক্তিশালী হয়। তাৰ গতিও তীব্ৰ কিন্তু দুৰ্বল মানুহৰ বীৰ্য কীটাণু দুৰ্ব্বল এক ইঞ্চিৰ দহ হাজাৰ ভাগৰ প্ৰভাগ আৰু প্ৰস্থও ঠিক সেই অনপাতেই হয়। ইয়াৰ নেজৰ দৈৰ্ঘ্য এক ইঞ্চিৰ তিনি হাজাৰ ভাগৰ এভাগ বুলি ধৰি লোৱা হৈছে। এই সকলো বীৰ্য-কীট সজীৱ আৰু প্ৰত্যেকটো বীৰ্যকীট পোনামাছে পানীত সাতুৰি থকাৰ দৰে বীৰ্যৰ বিতৰত সাতুৰি থাকে। পাশ্চাত্য দেশৰ ডাক্তৰ সকলৰ অভিমত হল এবাৰ মৈথুনত এক কোটি আশী লাখৰ পৰা বাইশ কোটি যাঠি লাখ পৰ্যন্ত কীটাণু বাহিৰ হয়। ইহতৰ ভিতৰত মাত্ৰ এটা মাত্ৰ শুক্ৰাণুয়ে স্ত্ৰীক গৰ্ভৱতী কৰিব পাৰে।

বীৰ্য উৎপন্ন কৰাৰ অৱস্থা

এই সম্বন্ধে বৈজ্ঞানিকৰ মত ভিন্ন ভিন্ন। কোনো বৈজ্ঞানিকে ভাবে শৰীৰলৈ যৌৱন আহিলেই বীৰ্য উৎপন্ন হয়। কোনো কোনো বৈজ্ঞানিকৰ ইয়াৰ বিপৰীত ধাৰণ যে কিশোৰ অৱস্থাত পদাৰ্পন কৰাৰ লগে লগে। [illegible] খাত বীৰ্য উৎপন্ন হবলৈ আৰম্ভ কৰে। ভাৰতীয় চিকিৎসা পদ্ধতি অনুযায়ী বালক অৱস্থাতেই মানুহৰ মাজত বীৰ্য উৎপন্ন হবলৈ আৰম্ভ কৰে। ভাৰতীয় চিকিৎসা পদ্ধতি অনুযায়ী বালক অৱস্থাতেই মানুহৰ মাজত বীৰ্য উৎপন্ন আৰম্ভ হয় আৰু আমৰণ পৰ্যন্ত পুৰুষৰ

তাত বিভিন্ন মাত্ৰাৰ বীৰ্য উৎপন্ন হৈ থাকে।

এটা ফুল কলি হৈ থাকোতে তাৰ সুগন্ধ বাহিৰ নহয়। ফুলটো ফুলাৰ পিচতহে তাৰ সুগন্ধ বাহিৰ হয়। ঠিক তেনেকৈয়ে বালক বিলাকৰ মাজতো বীৰ্য উৎপন্ন হয়। বাল্য অৱস্থাত বীৰ্য পৰিপক্ক নোহোৱাৰ কাৰণে বা বালকৰ সৌম্য স্বভাৱৰ কাৰণেও বীৰ্যক নিজৰ শৰৰৰ ভিতৰতে জমা কৰি থয়। এই কাৰণেই, এই পৰিস্থিতিত বালকৰ শৰীৰ দিনেদিনে বাঢ়ি থাকে। চৈধ্য পোন্ধৰ বছৰ আয়ু আৰু যি বয়সত তাৰ বীৰ্য স্ফলিত হবলৈ আৰম্ভ কৰে, তেতিয়াৰ পৰাই বালকৰ শৰীৰৰ এই বৃদ্ধিত বাধা আহি যায়।

বীৰ্যৰ পৰিচয়

বিশুদ্ধ বীৰ্যৰ পোক সবল আৰু দ্ৰুতগামী। এইবোৰ পোকে সন্তান জন্ম দিব পাৰে। ভাল বীৰ্য মৈথুনৰ সময়ত লাহে লাহে আৰু জোকাৰ মাৰি মাৰি বাহিৰ হয়। ভাল বীৰ্য লগা ঠাইত টান হৈ পৰে যেন কাপোৰত মাৰ দিয়া হৈছে।

বিশুদ্ধ বীৰ্য গাঢ় আৰু তাৰ ওজন আছে। ই বগা পাথৰৰ দৰে বগা, পাতল আৰু ইয়াৰ পৰা এটা মধুৰ হে গন্ধ বাহিৰ হয়।

ঠিক ইয়াৰ বিপৰীতত দুষিত বীৰ্যৰ কীটানু দুৰ্ব্বল, পাতল তাৰ গতিও ধীৰ। এইবোৰ কীটানু সন্তানৰ জন্ম দিয়াত বেচি সক্ষম নহয়। এই বীৰ্য মৈথুনৰ সময়ত পানীৰ নিচিনাকৈ বৈ আহে। দুষিত বীৰ্যই কাপোৰত দাগ লগাব নোৱাৰে। ইয়াৰ ওজন ও কম। ইয়াৰ যদি পানীত পেলাই দিয়া হয়, ই পানীত ডুব নাখায়। এই বীৰ্য ওলাই আহোতে লিঙ্গটো অলপ বিষায়। এই বীৰ্য পাতল হয়। অতি বেচি মৈথুন কৰিলে লিঙ্গৰ পৰা ৰঙা ৰঙৰ বীৰ্যৰ বাহিৰ হয়।

বীৰ্যৰ গন্ধ

বীৰ্যৰ এটা বিশেষ ধৰণৰ গোন্ধ থাকে। কোনো কোনো বৈজ্ঞানিকে কয় এই গোন্ধটো নাকত লাগে যেনে পিয়াজ কাটিলে তাৰ গোন্ধটো

যেনেকৈ নাকট লাগে। বিশেষকৈ প্ৰাচ্যৰ মানুহে বেচি পিয়াজ নহৰু খোৱাৰ কাৰণে তেওঁৰ লোকৰ বীৰ্যত এই বিশেষত্বটো থাকে।

বীৰ্যৰ গোন্ধৰ ওপৰত কোনো দেশৰ জল-বায়ুৰ প্ৰভাৱ পৰে। যদি পুৰুষ ৰোগী হয় তেওঁৰ বীৰ্যত এটা দুৰ্গন্ধ থাকে। কোনো কোনো বিশেষজ্ঞৰ মতে অধিকাংশ মানুহৰ বীৰ্যৰ গোন্ধ চৈৰ্ধ্য পোন্ধৰ মিনিটৰ পৰা এঘণ্টা পৰ্য্যন্ত থাকিব পাৰে। তথাপিও এই বিষয়ত নিশ্চিত কৰি কোনো কথা কব নোৱাৰি। এই বিষয়টোৰ ওপৰত এতিয়াও অনুসন্ধান চলি আছে।

যদি পুৰুষৰ নিৰোগী হয় আৰু তেওঁ তেওঁৰ পত্নীয়ে ঘৃণা নকৰা বস্তুবোৰ খায় তেন্তে তেওঁৰ বীৰ্যৰ গোন্ধটো পত্নীৰ বৰ ভাল লাগিব। কিন্তু এজন পুৰুষে আন এজন পুৰুষৰ বীৰ্য শুঙিলে সুগন্ধ নাপায়, দুৰ্গন্ধহে পায়। মৈথুনৰ ওপৰতো বীৰ্যৰ গোন্ধৰ প্ৰভাৱ পাৰে। স্ত্ৰীয়ে যদি পত্নীৰ বীৰ্যৰ গোন্ধটো নাকত লাগিলে ভাল পায়, দম্পতিয়ে মৈথুন কৰি থাকোতে উত্তেজিত হৈ পৰে আৰু বীৰ্যপাত হোৱাৰ কিছু সময়ৰ পিচত দুয়ো আকৌ সম্ভোগ কৰিবলৈ ইচছা কৰে।

মানুহৰ মনত যেতিয়া উত্তেজনাৰ সৃষ্টি হয়, তেতিয়া তেওঁৰ বীৰ্যৰ গোন্ধ নাকত বৰ বেচিকৈ লাগে, কিন্তু পেশী সঞ্চালনৰ পিচত যি বীৰ্য বাহিৰ হয় সেই বীৰ্য দুয়ো দম্পতিৰ বৰ প্ৰিয় হৈ উঠে।

সাধাৰণতে, সবল পুৰুষৰ বীৰ্যৰ গোন্ধ স্ত্ৰীয়ে বৰ ভাল পায়।

পাশ্চাত্য দেশত কেতিয়াবা কেতিয়াবা এনে হোৱাৰ কথা কানত পৰে যে বীৰ্যৰ গন্ধক কেন্দ্ৰ কৰি দম্পতিৰ বিবাহ বিচেছদ ও হয়। তাত পত্নীয়ে আদালতত স্বামীৰ বীৰ্যৰ গোন্ধৰ বিৰুদ্ধে অভিযোগ কৰি বিবাহ বিচেছদও পায়। এনেকুৱা বিবাহ-বিচেছদৰ ক্ষেত্ৰত শুনা যায় আদালতত স্ত্ৰীয়ে অভিযোগ কৰে যে তেওঁৰ স্বামীৰ বীৰ্য ইমান দুৰ্গন্ধময় যে তেওঁৰ লগত মৈথুনত লিপ্ত হোৱাৰ আকাঙ্ক্ষা মনৰ পৰা একেবাৰে গুচি যায়। গতিকে এনে ধৰণৰ পৰিস্থিতিত পত্নীৰ মানলিক

সন্তুলন নষ্ট হয়।

মোটৰ ওপৰত এইটো ক'ব লাগিব দম্পতিৰ মাজত পুৰুষৰ বীৰ্যৰ বেচি প্ৰভাৱ আছে। গতিকে পুৰুষে নিজৰ বীৰ্য সম্বন্ধে সতৰ্ক থকা উচিত যাতে নিজৰ বীৰ্যক তেওঁ কেতিয়াও পাতল আৰু দুষিত হবলৈ নিদিয়ে। তেওঁ এনে কোনো বস্তু খোৱা উচিত নহয় যাক খালে তেওঁৰ বীৰ্যত বেয়া গোন্ধৰ সূত্ৰপাত হয়। সুগন্ধি বীৰ্য সুখী দাম্পত্য জীৱনৰ ভিত্তি স্বৰূপ হয়।

পাতল তৰল পদাৰ্থ

কেতিয়াবা কেতিয়াবা কোনো কোনো পুৰুষৰ লিঙ্গৰ পৰা মৈথুন ক্ৰিয়া কৰাৰ সময়ত বা মৈথুনৰ আগতে লিঙ্গৰ পৰা পানীৰ নিচিনা এটা তৰল পদাৰ্থ বাহিৰ হয়। এইটো বীৰ্য নেকি? এই প্ৰশ্নটো অনেক পুৰুষ মনত উদ্ভৱ হয় আৰু তাৰ সঠিক উতৰ মনত উদ্ভৱ নোহোৱাৰ কাৰণে কিদুমান অবান্তৰ চিন্তা মনলৈ আহে তেওঁ লোকে মনত প্ৰকৃত শান্তি নাপায়। কিন্তু শান্তি নোপোৱাৰ কোনো কাৰণ নাই যিহেতু সেই পাতল তৰল পদাৰ্থ বীৰ্য নহয়।

এই তৰল পদাৰ্থত শুক্ৰাণু নাথাকে। এই তৰল পদাৰ্থ হল স্থানীয় গ্ৰন্থিৰ স্বাভাৱিক ৰস। এই পদাৰ্থটো হৈছে মূত্ৰাশয় গ্ৰন্থি আৰু লিঙ্গ গ্ৰন্থিৰ ৰস। পশুবোৰৰ ভিতৰতো এইবোৰ পৰিলক্ষিত হয়।

গতিকে, পুৰুষৰ লিঙ্গৰ পৰা যদি এই ধৰণৰ তৰল পদাৰ্থ বাহিৰ হয়, তেওঁ নিশ্চিত হয় যে সেইবোৰ বীৰ্য নহয়। সেইবোৰ হৈছে মূত্ৰাশয় গ্ৰন্থি আৰু লিঙ্গ গ্ৰন্থিৰ ৰস।

প্ৰেম, কাম-বাসনা আৰু বশীকৰণ

মানুহৰ মনত নিজৰ চিত্তক আনন্দিত কৰিবলৈ কিছুমান ভাৱনা সৃষ্টি হয়। সাধাৰণতে ইয়াক 'প্ৰেম' কোৱা হয়। মানুহে যদি সচাসচিকৈ প্ৰেমৰ অনুভূতি পায় তেন্তে তেওঁ ভৌতিক জীৱনৰ পৰা ক্ৰমশঃ দূৰলৈ আতৰি যাব।

কোনো কোনো বৈজ্ঞানিকৰ মতে, মানৱ-বিকাশৰ ইতিহাস কাম-বিকাশৰ লগে লগে আৰম্ভ হয়। বালক-বালিকা বিলাক এই বিষয়টোৰ পৰা আতৰত থাকে। বালিক-বালিকাহঁত সৰল, নিদোষ আৰু পোনপটিয়া হয়। সেই কৰণে সিহত বিপৰীত লিঙ্গৰ হলেও গৰ্ব কৰি এজনে আন জনৰ লগত বন্ধুত্ব কৰি থাকে। সিহতৰ লগত কোনো লিঙ্গ সম্বন্ধীয় সম্পৰ্ক নাথাকে। কিন্তু যেতিয়াই সিহতৰ মাজলৈ শাৰীৰিক আকৰ্ষণৰ অনুভূতি আহি যায়, তেতিয়া সিহতে তাক অস্বীকাৰ কৰি তাৰ পৰা নিজকে ৰক্ষা কৰিব নোৱাৰে।

এইটো স্বাভাৱিক কথা যে যদি বালক-বালিকৰ ওচৰত কোনো প্ৰভাৱ নপৰে। যিহেতু কাম-চেস্টা খোলাখুলিভাবে সম্ভৱ নহয়, বস্তুটো বালক-বালিকা বিলাকৰ ওচৰত গোপনেই থাকি যায়। এই কাৰণে সিহত যেতিয়া ডাঙৰ হয়, তেতিয়া সিহতৰ ভিতৰতো উত্তেজনাৰা আভাস আৰম্ভ হয়। সেই পৰিস্হিতিত সিহতে মনে মনে হস্তমৈথুন আৰম্ভ কৰে আৰু সুযোগ সুবিধা পালে বিপৰীত লিঙ্গৰ লগত যৌন-ক্ৰিয়াও কৰি নিজৰ বাসনা পূৰ্ণ কৰে। এইটোৱেই হৈছে কাম-বিকাশৰ প্ৰাথমিক পথ।

আৰম্ভনিতে বালক আৰু বা কাৰ ভিতৰত যি প্ৰেমজাগি উঠে

সেই প্ৰেম কামৰহিত কিন্তু বয়স বাঢ়ি যোৱাৰলগে লগে কাম বাসনাৰ সমাবেশ আৰম্ভ হয়। বালক-বালিকাৰ সৰ্বপ্ৰথম নিস্কাম প্ৰেম নিজৰ মাকৰ প্ৰতি হয়। নিজৰ বাইভনী আৰু ককাই-ভাইৰ প্ৰতিও প্ৰেমৰ সৃষ্টি হয়। কিন্তু মাকৰ প্ৰতি প্ৰেমটো সম্পূৰ্ণ বেলেগ। লৰাছোৱালী ডাঙৰ হোৱাৰ লগেলগে, সিহত স্বতন্ত্ৰ হবলৈ ধৰে আৰু মাকৰ আবশ্যকতা লাহে লাহে কম অনুভৱ কৰে। মাতৃপ্ৰেমৰ এই ভাব কাম-প্ৰেমে পৰিবৰ্ত্তিত হৈ নতুন ৰূপ ধাৰণ কৰে। এইটো হৈছে সেই অবস্থা যেতিয়া সিহত পূৰ্ণৰূপত যুবক আৰু যুৱতী হৈ বিবাহ বন্ধনত মেৰ খাই পৰস্পৰৰ মাজত জীৱনৰ আনন্দ উপভোগ কৰে। সিহতে পৰস্পৰক সাবটি ধৰি চুমা খায় আনন্দ লাভ কৰে। তাৰ পিচত এই আনন্দটোৱেই সেই চৰম সীমাত উপনীত হয় যেতিয়া সিহত দুজনৰ ভিতৰত কাম বাসনতা অত্যন্ত উত্তেজিত অবস্থাত থাকে।

যুৱক আৰু যুৱতীয়ে যেতিয়া ভৌতিক ৰূপত নিজৰ ইচ্ছাক বাস্তৱত ৰূপ দিয়ে তেতিয়া সিহঁতে নিজক এখন নতুন পৃথিৱীত থকাৰ আনন্দ পায়। সিহঁতে এনেকৈ আনন্দৰ অনুভূতি কৰি কাম বাসনাৰ মধ্যত উপনীত হয়। তেতিয়া সিহঁতে সকলো সময়ত এজনে আন জনক চিন্তা কৰে। সিহতৰ শক্তি আৰু আকাংখা সদায় নিজৰ দুজনৰ ভিতৰতে কেন্দ্ৰীভূত হৈ পৰে। সিহতৰ হৃদয় স্পন্দন অত্যন্ত দ্ৰুত হৈ পৰে। সিহতে মনতে ভৱিষ্যতৰ ৰঙীন ছবি আকিবলৈ আৰম্ভ কৰে।

যেতিয়া কোনো মানুহ কামোত্তেজিত হৈ উঠে তেতিয়া তেওঁৰ শৰীৰৰ ৰক্ত সঞ্চাৰ পৰিবৰ্ত্তিত হৈ পৰে। মহিলা সকলৰ গুপ্তাংঙ্গত এক বিশেষ প্ৰকাশৰ অস্হিৰতা আৰু খজুৱতি আৰম্ভ হয়। যেতিয়া বাসনা শান্ত হৈ পৰে, তেতিয়া উত্তেজনা স্বাভাবিক গতিত আকৌ আগৰ অবস্হালৈ আহে। তেতিয়া শৰীৰ অলপমান শান্ত অৱস্হালৈ আহি যায়। যেতিয়া কোনো মানুহে গভীৰভাৱে কিবা এটা চিন্তা কৰি থাকে, তেতিয়া তাৰ মস্তিস্কত ৰক্ত সঞ্চাৰ বৃদ্ধি হয়। টোপনি আহাৰ

সময়ত ৰক্ত সঞ্চাৰ শান্ত হৈ পৰে।

মানুহৰ জীৱনত ৰক্ত সঞ্চাৰৰ গুৰুত্ব অপৰিসীম। মানুহ যেতিয়া ৰাতি কামোত্তেজিত হয়, তেতিয়া ৰক্ত সঞ্চাৰও বৃদ্ধি হয় আৰু কাম বাসনা শান্ত হৈ পৰিলে ৰক্তসঞ্চাৰৰ মন আনন্দত ভৰি উঠে। কামোত্তেজনাক জীৱনৰ সকলো কামতকৈ বেচি গুৰুত্বপূৰ্ণ বুলি মানি লোৱা হৈছে। ইয়াত মস্তিস্কৰ বিকাশ হয়।

এই কাৰণেই নপুংসকতাক অভিশাপ বুলি মানি লোৱা হয়। নপুংসক যুৱক-যুৱতীক এই পৃথিৱীত হেয় দৃস্টিত দেখা হয়। বয়স যিমান সম্ভৱ, সময়ৰ আগতে কামোত্তেজনাৰ ওপৰত নিয়ন্ত্ৰণক ৰক্ষনাবেক্ষন কৰা উচিত। শক্তিক সঞ্চাৰ কৰা উচিত যাতে প্ৰয়োজন হলে শাৰীৰিক আৰু মানসিক শক্তিয়ে আপোনাক সাহায্য কৰিব পাৰে। যিবোৰ মানুহৰ তেজৰ অভাৱ আছে নাইবা যাৰ হৃদয় দুৰ্বল, তেওঁলোকেও কাম-বাসনাৰ ওপৰত নিয়ন্ত্ৰণ থকা উচিত।

কামোত্তেজনাক শান্ত কৰাৰ পায় কি? হস্তমৈথুনৰ অত্যন্ত ক্ষতিকাৰক আৰু তাত মানুহৰ মাজত প্ৰেম-ভাবনাৰ বিকাশ একেবাৰে নহয়। দ্বিতীয় উপায় হল সমলৈঙ্গিক বিপৰীত ৰতি। এইটো হৈছে আটাইতকৈ ঘৃণনীয়, বৰ্জিত আৰু নিন্দনীয়। কেৱল সিমানেই নহয়, এনে কৰিলে বিশেষকৈ কামাঙ্গৰ অনেক ক্ষতি হয়। আৰু এটা উপায় হৈছে বেশ্যাগমন। এইটো নিজৰ শৰীৰৰ কাৰণে যিমান ক্ষতিকাৰক, সামাজিক মান-সন্মানৰ প্ৰতিও অত্যন্ত ক্ষতিকাৰক। ইয়াৰ ভিতৰত প্ৰেমৰ বিন্দুমাত্ৰও স্হান নাই। এই তিনিটা, উপায়ৰ মাজত প্ৰেম-ভাবনাৰ কোনো স্হানেই নাই, ইয়াক কেৱল পশুত্ব কোৱা হয়। এইবোৰৰ পৰা মুক্তি পোৱাৰ একমাত্ৰ উপায় হল বিবাহ আৰু পত্নীৰ লগত সহবাস। মানসিক উত্তেজনা আৰু আনন্দৰ কাৰেণ যিটো বস্তুৰ প্ৰয়োজন সেইটো হ'ল কাম আনন্দৰ কাৰণে স্ত্ৰী-পুৰুষৰ মাজত পাৰস্পৰিক বশীকৰণও বিভিন্ন প্ৰকাৰে যুক্ত হৈ আহিছে।

ইতালী, ৰোম আৰু ইউনান আদি দেশবোৰত এই ধৰণৰ বশীকৰণ বিভিন্ন প্ৰকাৰৰ কাহিনী শুনা যায় আৰু পঢ়িবলৈ পোৱা যায়।

খোৱা-বোৱা বস্তুৰ ভিতৰত বশীকৰণৰ বস্তুৰ প্ৰয়োগ প্ৰাচীন কালৰ পৰাই প্ৰচলিত হৈ আহিছে। দুজন অপৰিচিত মানুহেও যদি এই ধৰণৰ বস্তু খায় তেন্তে তেওঁলোক পৰস্পৰৰ প্ৰেমত পৰি গল হেতেন। ইয়াৰ কাৰণে কেতিয়াবা কেতিয়াবা বিষকো প্ৰয়োগ কৰা হয়। সাধৰণতে, ধুতুৰাৰ ৰস খুৱাই স্ত্ৰীৰ চকুলৈ গভীৰ টোপনি অনাই বা আধা অজ্ঞান কৰি তেওঁৰ অঙ্গ ভোগ কৰাৰ পুৰুষৰ ক্বিদুমাত্ৰও অসুবিধা নহৈছিল।

ইতালী আৰু ইউনানত এই ধৰণে বস্তু প্ৰয়োগ কৰা হয়। তাত প্ৰাচীন কালৰ বসন্তৰ ছিটাৰ নিচিনা কামোত্তেজক ঔষধৰ প্ৰভাৱ তেজত মিহলি কৰি দিয়া হৈছিল। সদ্য জন্ম হোৱা গৰু পোৱালীৰ মূৰৰ ছাল ইউনানী মানুহে পুৰি তাৰ ছাই নিজৰ প্ৰেমিকৰ তেজৰ লগত মিহলি কৰি আন মানুহক খুৱাইছিল। লুকু লাচ এই নিচিনা এটা বস্তু খায়েই পগলা হৈছিল আৰু পিচত নিজৰ প্ৰাণটো দিছিল। এই ধৰণৰ সমস্যাৰ মুখামুখি ৰোমৰ বিখ্যাত কৱি লুটিৱাচৰো হৈছিল। তেঁৱো নিজৰ প্ৰাণ বিসৰ্জন দিব লগীয়া হৈছিল। এপুলিয়াচে অত্যন্ত ধনী যুৱতী পুডেন্টিলাক প্ৰেমৰ ঔযধ খুৱাই নিজৰ তলতীয়া কৰিছিল। সেই ঔষধ মাছৰ কনী, পাৰৰ তেজ আৰ, এটা বিশেষ চৰাইৰ জিভা খন মিহলি কৰি তৈয়াৰ কৰা হৈছিল।

ফ্ৰাঁসত এতিয়াও এই অন্ধ বিশ্বাসটো প্ৰচলিত আছে যদি কোনো মানুহে ঈগল চৰাইৰ মূৰটো নিজৰ বুকুৰ লগত লগায় থয়, তেওঁ প্ৰেমিক (প্ৰেমিকাৰ অন্তৰখন জয় কৰিব পাৰে। প্ৰেমিকাক শিয়ালৰ নেজৰ নোম খুৱালেও প্ৰেমিকা বশীভূত হৈ পৰে। হৰিণীৰ হৃদয়, গাধ, ঘোঁৰা আৰু মূৰগীৰ কনী আৰু যুৱতীৰ মাহেকীয়াৰ তেজেৰে তৈয়াৰ কৰা ঔষধ কাৰোবাক খুৱালেও তাক সহজেই বশীভূত কৰিব পাৰি।

বোচনিয়াৰ মানুহে নিজৰ প্ৰেমিক/প্ৰেমিকাক বশ কৰিবলৈ এনেকুৱা এটা আঙঠি তৈয়াৰ কৰিছিল, যাৰ ভিতৰেদি সেই ব্যক্তি বিশেষক চালে তাক সহজেই বশীভূত কৰিব পাৰি।

ঠিক এই ধৰণে বশীভূত কৰাৰ প্ৰভাৱক নষ্ট কৰাৰ ঔষধ চাৰ্ভিয়া বাসীয়ে জানিছিল। কোনোবা এজোপা গছৰ শিপা আছিল। এই গছজোপাক 'প্ৰেম বৃক্ষ' হিচাপে জানিছিল। আৰব দেশত ইয়াক 'কামুন মলুকী' আৰু ফ্ৰান্সত 'নাচনা' কোৱা হয়। ইউৰোপীয় তুৰ্কীৰ উষ্ণ প্ৰদেশত এই গছ জোপা য'তে ততে গজে। ৰোমৰ খেতিয়ক সকাৰ জীয়েক বিলাকে বশীশৰণৰ প্ৰভাৱ সৃষ্টি কৰাৰ নাইবা বশী কৰণৰ প্ৰভাৱক নষ্ট কৰাৰ উপায় বৰ ভালকৈ জানিছিল।

তুৰ্কীৰ বশীকৰণ বৰ মাৰাত্মক। যদি কোনো পুৰুষে কোনো স্ত্ৰীক বশ কৰিব খোজে আৰু স্ত্ৰীয়ে তাৰ বিৰোধিতা কৰে, তেনেহলে সেই পুৰুষে পিনে একেৰাহে চাই থাকে। এইভাবে সেই পুৰুষে নিজৰ দৃস্টি সেই স্ত্ৰীৰ ওপৰত নিবদ্ধ কৰি দিয়ে। তেওঁ নিজৰ বাওঁ হাতৰ মুঠিটোক ইমান টানকৈ ধৰে যে তেওঁৰ হাতৰ পৰা তেজ ওলাবলৈ ধৰে। তেওঁ এনে কৰাৰ ফলত সেই স্ত্ৰী তেওঁৰ বশীভূত হৈ পৰে। যদি পুৰুষ প্ৰথম চেস্টা সফল নহয়, তেওঁ দুই তিনিবাৰ চেস্টা কৰাৰ ফলত সফল হয় আৰু সেই স্ত্ৰীক নিজৰ বশীভূত কৰে।

মৰক্কোৰ বাসিন্দা সকলৰ এইটো দৃঢ় বিশ্বাস যে গৰু পোৱালীৰ ছালত এক বিশেষ প্ৰকাৰৰ গছৰ শিপাৰ ধোঁৱা দি সেই ছালখনক যদি প্ৰেমিকাৰ পোছাকৰ ওপৰত ৰাখে তেনেহলে সেই স্ত্ৰী বশীভূত হৈ পৰে। চিৰিয়াৰ প্ৰেমিকাসকলে নিজৰ মূৰত লগোৱা ফুল তেওঁৰ প্ৰেমিকৰ বশীভূত হব বুলি বিশ্বাস কৰে।

প্ৰচীন ভাৰতীয় কাম শাস্ত্ৰতো বশীকৰণৰ বিভিন্ন প্ৰয়োগৰ উল্লেখ আছে। এখন গ্ৰন্থ হল 'অনঙ্গ ৰং'। এই গ্ৰন্থখনত এটা প্ৰয়োগৰ কথা লিখা আছে যে লজ্জাৱতী গছৰ গুটি, মূলহটী, গৰুৰ ঘিউ, পদুম গছৰ

শিপা আৰু নিজৰ বাৰ্য–এইবোৰ একেলগে মিহলি কৰি কপালত ফোঁট খালে নিজৰ প্ৰেমিক বা প্ৰেমিকা বশীভূত হৈ পৰিব।

আচাৰ্য্য বাৎসায়নে এঠাইত লিখিছে বগা তাকৰ গুৰি, মজিষ্ঠ, ৰুচ, মোথা আৰু কুঠ মাহেকীয়া তেজ এইবোৰ মিহলি কৰি কপালত তাৰে ফোঁট ললেও প্ৰেমিক/প্ৰেমিকাক বশীভূত কৰিব পাৰে। মহাষ্টমীৰ দিনামাজ-নিশা যদি কোনো শ্মশানলৈ গৈ মানুহৰ তাৰ ছাইৰে কাজল তৈয়াৰ কৰি নিজৰ চকুত লগায় তেনেহলে কোনো মানুহৰ পিনে চালেই তেওঁক বশীভূত কৰিব পাৰে। গোচোনা, কেশৰ আৰু মৈনচিলৰ কাজল চকুত লগাই আনৰ পিনে চোৱাৰ লগেলগে বশীকৰণ হৈ পৰে। তালিচ পাত, তগৰ আৰু কুটকক পিহি পাটৰ কাপোৰেৰে মেৰিয়াই আৰু সৰিয়হ তেলত তিয়াই যদি কাজল তৈয়াৰ কৰা যায় তেনেহলে সেই কাজল চকুত লগাই যাৰ পনে চাব তৎক্ষনাত তেওঁ আপোনাৰ বশ হ'ব। খঞ্জন চৰাইৰ অন্ত্ৰ বাহিৰ কৰি তাক ধুই নিজৰ বীৰ্জৰ লগত পাত্ৰ এটাত ভৰাই সাত দিন মুখবন্ধ কৰি ৰখাৰ পিচত গুলীৰ আকাৰ কৰি বনাই যি মানুহক খুৱাব তেঁওৱেই আপোনাৰ বশ হব।

মৈথুনৰ পিচত নিজৰ বীযক হাতত লৈ স্ত্ৰী বাওঁ ভৰিৰ তলুৱাত লগাই দিলে সেই স্ত্ৰী আপোনাৰ বশীভূত হব। কৰ্পূৰক মৌজোলত মিহলি কৰি লিঙ্গত লগাই কোনো পুৰুষে সম্ভোগ কৰিলে তেন্তে স্ত্ৰী সদায় আপোনাৰ দাসী হৈ থাকিব।

এই ধৰণে বশীকৰণৰ অনেক মন্ত্ৰও এই কিতাপখনত দিয়া আছে। 'পঞ্চসাধক' নামৰ এখন কিতাপত উল্লেখ আছে যে পদুমফুল তগৰ আৰু বগা কাউৰীৰ এটা ভৰি কাটি টুকুৰা টুকুৰ কৰি গুৰি কৰি সেই গুৰি কোনো মানুহৰ মূৰত দিলে তেওঁ আপোনাৰ বশ হৈ যাব। বশীকৰণৰ কৰাণে বিভিন্ন মন্ত্ৰৰও উল্লেখ আছে। এই ধৰণৰ প্ৰয়োগৰ উল্লেখ কম বেচিকৈ অন্যান্য কিতাপতো উল্লেখ কৰা আছে।

আনন্দ সৎ

মানুহৰ মাজত যৌনৰ ইচ্ছা অতি স্বাভাবিক আৰু তাৰ সন্তুষ্টি

হলে মানুহে এক অসীম আনন্দ লাভ কৰে। গতিকে মানুহক এই পৰামৰ্শ দিয়া হৈছে-যে তেওঁলোক যেন সেই সীমা ৰেখাৰ ভিতৰেই থাকে যেতিয়ালৈকে তেওঁলোকৰ কাম-বাসনা পূৰ্ণ কৰাৰ কামত কোনো বাধা আহি থিয় নহয়হি। এই কাৰণেই ভাৰতীয় জীৱন পৰম্পৰাগত সন্তান নিৰোধ কৃত্ৰিম উপায়েৰে নকৰিৰ প্ৰাকৃতিক উপায়ে কৰা হৈছিল।

ভাৰতীয় জীৱন পদ্ধতি আধ্যাত্মিক বিকাশৰ জীৱনৰ চৰম লক্ষ্য হিচাপে মানে। তাৰ কাৰণে শৰীৰ আৰু আত্মাৰ উন্নতি নিতান্ত আৱশ্যক আৰু অনিবাৰ্য্য শাৰীৰিক উন্নতিৰ লগত অৰ্থ আৰু কামৰ যথেস্ট সম্পৰ্ক আছে। এই অৰ্থ আৰু কামক মৰ্যাদাৰ বন্ধনে ৰাখিবৰ কাৰণে জীৱনৰ এশবছৰৰ কমপক্ষে তিনি-চতুৰ্থাংশ ভোগৰ প্ৰতি অৰ্পন কি দিয়া অতি আবশ্যক বুলি কোৱা হৈছে। ব্ৰহ্মচাৰ্য্য আৰু ত্যাগৰ তিনি চতুৰ্থাংশ হল ব্ৰহ্মচাৰ্য্য, বানপ্ৰস্হ আৰু সন্ন্যাস। বাকী এক-চতুৰ্থাংশ ভাগ গাৰ্হস্থ্য জীৱন, অৰ্থ আৰু কামৰ উপভোগৰ কৰিলে।

মানুহেই হৈছে এনেকুৱা প্ৰাণী যি ভোক নালাগিলেও খায় আৰু সময়ৰ দিশওটোৰ প্ৰতি একো হিচাপ নাৰখি যেতিয়াই মন যায় তেতিয়াই মৈথুনত লিপ্ত হয়। এইভাবে আৰু অনেক কাম আছে যাক মানুহৰ প্ৰয়োজন নোহোৱা সত্ত্বেও কৰি লয়। এ সকলো কাম অস্বাভাৱিক হোৱাৰ কাৰণে শাৰীৰিক আৰু মানসিক স্বাস্হ্যৰ প্ৰতি অতি ক্ষতিকাৰক হয়, কৃত্ৰিম উপায়বোৰক ব্যৱহাৰ কৰাৰ কাৰণে মানুহৰ মনৰ পৰা সন্তান জন্ম হোৱাৰ ভয়ৰ বিষয়টো যদি বাহিৰ কৰি দিয়া হয়, তেন্তে কাম-বাসনা নিৰংকুশ আৰু মৰ্যাদাহীন পৰিব আৰু তেতিয়া আৰু কোনো সন্দেহ নাকিব। এইটো মানুহে কৈয়েই থাকে যে যেনেকৈ ভোক গুচাবলৈ খাদ্য যিমান আবশ্যক, সেই ভাবেই কামেচ্ছাৰ তৃপ্তিৰ কাৰণেও মৈথুনও অত্যন্ত জৰুৰী। এইটোও কোৱা হয় যে

মৈথুন কৰাৰ ইচ্ছাক জোৰ কৰি বাধা দিবলৈ চেষ্টা কৰিলে মানুহৰ মন আৰু শৰীৰৰ ওপৰৰ তাৰ বিপৰীত প্ৰভাৱ পৰে।

মানুহ আৰু জন্তুৰ ভিতৰত এইটোৱেই পাৰ্থক্য যে জন্তুৱে কামেচ্ছাৰ তৃপ্তিত কেবলমাত্ৰ শাৰীৰিক সুখ অনুভৱ কৰে আৰু মানুহে আত্মা সম্বন্ধীয় তৃপ্তিও পায়। গতিকে, মানুহে যদি মানুহে হৈ থাকিবলৈ ইচ্ছা কৰে তেনেহলে তাৰ নিজৰ কামেচ্ছাক সংযমৰ মাজত বান্ধি থ'ব লাগিব। দুৰ্ভাগ্যবশতঃ, কোনো কোনো মানুহৰ মনত এই চিন্তাটো সোমাইছে যে পুৰুষ আৰু স্ত্ৰী কেৱলমাত্ৰ কাম-আনন্দৰ কাৰণেই বিবাহসূত্ৰ বান্ধ খাই স্বামী আৰু পত্নী হৈছে। তেওঁলোকৰ মনত এই ধাৰণাও উৎপন্ন হয় এই মিলন সন্তান উৎপত্তিৰ উদ্দেশ্য বুলি সিহতৰ আনন্দ আৰু স্বাধীনতাত যেন হস্তক্ষেপ কৰা নহয়।

মানৱ আদৰ্শ আৰু সুখী জীৱন সাংস্কৃতিক ভিত্তিত হোৱা উচিত। তেতিয়াই এই কামটো সহজ, কল্যাণকাৰী আৰু সম্ভৱ হ'ব পাৰে। মানুহৰ শৰীৰ বহুদিন ধৰি সুস্থ, সুন্দৰ আৰু তেজস্বী থাকিব পাৰে। মাক-বাপেক আৰু সন্তানৰ শাৰীৰিক, মানসিক আৰু আত্মা সম্বন্ধীয় বিকাশ হব পাৰে। পৰমানন্দ লাভ কৰিবলৈ 'সংযম'ৰ সিদ্ধান্তই সৰ্বশ্ৰেষ্ঠ। এই প্ৰকাৰৰ বশীকৰণৰ পৰা মানুহে যিমান পাৰে নিজকে বচাই ৰাখিব পাৰিব লাগিব তেতিয়াহে মানুহ সুস্থ থাকিব পাৰিব।

'নে বেগাৎ ধাৰয়ত ধীমান', (অৰ্থাৎ বেগক বাধা দিয়া উচিত নহয়), সকলো সময় আৰু সকলো ঠাইত প্ৰযোজ্য নহয়। কমতকৈও কম কাম-তৃপ্তিৰ কাৰণে তো এই সিদ্ধান্তক স্বীকৃতি দিয়া কেতিয়াও উচিত নহয়। ইয়াৰ কাৰণে তো 'সংযমেই জীৱন' সিদ্ধান্তটো হৈছে সৰ্ব্বশ্ৰেষ্ঠ সিদ্ধান্ত।

সম্ভোগত বাধা

মাজে মাজে এনেকুৱাও হয় যে সম্ভোগত বাধা জন্ম হয় যাৰ ফলত সম্ভোগ ক্ৰিয়া কেৱল নিৰানন্দই নহয়, কষ্ট কৰও হৈ উঠে। ইয়াৰ ভিতৰত কিছুমান এবাধৰণৰ বাধা থাকে যি বোৰক অল্প চেষ্টা কৰিলেই দূৰ কৰিব পাৰি। এনে ধৰণৰ বাধা কেৱল স্ত্ৰীসকলৰ ক্ষেত্ৰতে হয়। কোনো কোনো এনেকুৱা মহিলা থাকে যাৰ প্ৰথম সন্তানটো হোৱাৰ আগতে ৰতিক্ৰিয়াত অলপো ইচ্ছা নাথাকে, কিন্তু প্ৰথম প্ৰসৱৰ পিচতে তেওঁলোকৰ এই সম্ভোগ বাধা দূৰ হৈ যায়।

আকৌ কোনো কোনো মহিলাৰ ক্ষেত্ৰত শুনা যায়তে প্ৰথম সন্তানটো জন্ম হোৱাৰ পিচতো তেওঁলোকে ৰতিক্ৰিয়াত তেনে কোনো আনন্দ নাপায়।

এই দুই ধৰণৰ বাধাৰ মূল কাৰণ হৈছে সেই স্ত্ৰী সকলৰ বিয়া। অৰ্থাৎ তেওঁলোকৰ এনে পুৰুষৰ লগত আছিল কিন্তু বিয়াৰ পিচত তেওঁৰ লগত সম্ভোগ কৰাৰ পিচত সেই ধাৰণা একেবাৰে বিপৰীতহে পৰিল, অথাৎ বাস্তৱত বিয়াৰ বন্ধনক তেওঁলোকে ছিঙিব নোৱাৰে আৰু সামাজিক বিধাননেকা ভাঙিব নোৱাৰে, আৰু স্বামীকো এৰিদিব নোৱাৰে, কিন্তু এই বাধাৰ কাৰণে তেওঁলোকে দাম্পাত্য সুখটোও উপভোগ কৰিব নোৱাৰে। এই পৰিস্হিতিত নিজে আনন্দ পোৱা আৰু স্বামীক আনন্দ দিয়া বৰ কঠিন বৰ কঠিন হৈ পৰে। এই অবস্হাত স্বামী-স্ত্ৰী দুজনৰ জীৱন নাৰকীয় হৈ উঠে। এই বাধাক দূৰ কৰিবলৈ পতি-পত্নী দুজনেই নিজৰ নিজৰ অবস্হাক ভালদৰে বুজিব লাগিব। যদি কোনোমতে তেওঁলোকে এইটো জানিব পাৰে যে ভুলটো

ক'ত, তেনেহলে তেওঁলোকে হয়তো সেই ভুলটোক শুধৰাবৈ চেষ্টা কৰিব পাৰে। কিন্তু কোনো অশিক্ষিত মানুহে এই ভুলটোক ভালদৰে বুজিব নোৱাৰে। গতিকে তাৰ সমাধান কোনো মতেই সম্ভৱ নহয় আৰু লাহে লাহে সই সমস্যা ভয়ংকৰ হৈ উঠে।

আকৌ কেতিয়াবা কেতিয়াবা এনেকুৱা বাধাৰ সৃষ্টি হয় যেতিয়া পুৰুষ অত্যন্ত কঠোৰ আৰু নিৰ্মম হোৱা। এই নিৰ্মম ব্যৱহাৰৰ কাৰণে পত্নীয়ে স্বামীৰ লগত ৰতিক্ৰিয়া কৰি আনন্দ নাপায়। কোনো কোনো স্ত্ৰীৰ যোনিপথ অপেক্ষাকৃত অনেক সৰু হয়। যদি তেওঁৰ স্বামীৰ লিঙ্গ ডাঙৰ আৰু দীঘল হয় তেন্তে ৰতিক্ৰিয়াত পত্নীটো অসুবিধা পায়। এই ধৰণৰ অসুবিধাক অপাৰেচন কৰি দূৰ কৰিব নোৱাৰি। কোনো কোনো মহিলাৰ যোনি মুখ বেঁকাহয়। ৰতিক্ৰিয়াৰ সময়ত তেওঁৰও কষ্ট হয়।

বিয়াৰ পিচত যি বোৰ ব্যাধি উপস্থিত হয় তাক আকস্মিক বুলি ক'ব পাৰি। যেনে ধৰক, কোনো স্ত্ৰীৰ যোনিমুখত ঘা থাকে, যোনিমুখ উখহা থাকে বা যোনিৰ ওচৰে পাঁজৰে অলপ অসুবিধা থাকে। এনে ধৰণৰ অসুবিধাবোৰক শল্য চিকিৎসাৰে দূৰ কৰিব পাৰি। কিন্তু গুপ্তাঙ্গৰ বিষমতাৰ কথাটো দূৰ কৰিব পাৰি। কিন্তু গুপ্তাঙ্গৰ বিষমতাৰ কথাটো থাকি যায়। কেতিয়াবা কেতিয়াবা এনেকুৱা হ'ব পাৰে বিয়াৰ পিচত কোনো কুমাৰী ছোৱালীৰ লগত প্ৰথম সহবাস কৰোতে স্ত্ৰীৰ সতীচ্ছদ ফাটি যায়, তেতিয়া যোনিত ঘা হ'ব পৰে। এই ঘা ভাল হবলৈ নৌপাওঁতেই আকৌ সম্ভোগ কৰিলে যৌবনৰ উন্মাদনতা স্বামী আৰু স্ত্ৰীৰ সেই ঘাৰ কথা মনত নাথাকে আৰু ঘা একেবাৰে শুকাবলৈ নাপাওতেই বাৰে বাৰে সম্ভোগ কৰাৰ কাৰণে যোনিৰ ভিতৰত ঘাৰ কাৰণে অসহ্য যন্ত্ৰণা হয়। আৰু ৰতিক্ৰিয়া ব্যাঘাত জন্মায়। ফলত সেই সৰু ঘা ডোখৰে ভয়ংকৰ ৰূপধাৰণ কৰে আৰু শেষত জীৱনটোৱেই দুঃসহ হৈ উঠে।

ঠিক এই অৱস্থাটো প্ৰসৱৰ সময়ত হোৱা 'ঘা' হোৱাৰ কাৰণে হব পাৰে। এই কাৰণত ভাৰতীয় জীৱন পদ্ধতিত প্ৰসৱৰ পিচত চল্লিশ দিনৰ আগত সম্ভোগ কৰা নিষেধ চিফিলিচ ৰোগৰ কাৰণে যদি যোনিত ঘা হয় বা সেই ঠাইত খৰ বা এক্জিমা হয় বা সেই ধৰণেৰ কিবা কষ্ট হয়। তেনেহলে সেই স্ত্ৰীৰ লগত সহবাস কৰাটো অতি কষ্টকৰ হৈ পৰিব। তেনে অৱস্হাত সম্ভোগ কৰিলে সেই সম্ভোগক বলাৎকাৰ বুলি কব পাৰি।

অনিচ্ছাপূৰ্বকৰ কৰা সম্ভোগ বা বলাৎকাৰত যোনিমাৰ্গৰ স্নায়ু সংকুচিত হৈ পৰাৰ কাৰণে যোনিৰ সহনশীলতা কমি যায়। তাত কামোদ্দীপন নহয়। এই অৱস্হাত পুৰুষৰ প্ৰতি দ্বেষ ভাৱ হোৱাৰ কাৰণে পুৰুষৰ স্পৰ্শতো একে স্ত্ৰীৰ গোটেই নাড়ী সংকুচিত হৈ পৰে। স্ত্ৰী কামোত্তেজিত হ'ব নোৱাৰে।

এই সকলো বাধাক দূৰ কৰা নাযায়, তেনেহলে এপিনে যেনেকৈ স্ত্ৰী-পুৰুষৰ ভিতৰত দ্বেষ ভাৱ জম হয়, আনপিনে স্ত্ৰীৰ বন্ধ্যাত্বৰও সৃষ্টি হ'ব পাৰে।

সহবাসত যদি কষ্ট হয় আৰু তাৰ কাৰণও যদি জনা নাযায়, তেনেহলে এটা ডাঙৰ গামলাত গৰম পানী ৰাখি ককাল পৰ্য্যন্ত ডুবাই ৰখা উচিত। এনে কৰিলে স্ত্ৰীৰ বাধা দূৰ হ'ব।

পুৰুষৰ লিঙ্গত মাজে মাজে এনেকুৱা বিকাৰ উৎপন্ন হয় যি কাৰণত সম্ভোগ কৰোতে লিঙ্গত কষ্ট হয়। ইন্দ্ৰিয় বেঁকা হোৱা, লিঙ্গৰ আগ ভাগটো নোখোলা ইত্যাদি ব্যাধিৰ চিকিৎসা সম্ভৱ। এইবোৰ চিকিৎসা অতি সোনকালে নকৰিলে ভৱিষ্যতে সম্ভোগ কৰা নিতান্ত অনুচিত।

যৌন, যৌন বিকাৰ আৰু যোগাসন

মানৱ জীৱনত যোগাসনৰ গুৰুত্ব এতিয়া সকলোৱে বুজিব পাৰিছে। এনে আসন আছে, যিবোৰ কোনো বিশেষ পৰিস্হিতিত পুৰুষৰ কাৰেণ ক্ষতিকাৰক হয়। আকৌ কোনোকোনো যোগাসন আছে যিবোৰ বিশেষ বিশেষ পৰিস্হিতিত নাৰীৰ কাৰণে ক্ষতি কাৰক।

গৰ্ভৱতী মহিলা সকলৰ কাৰণে সাধাৰণতঃ যোগাসনৰ উপযোগ কমেই হয়। কোনোকোনো এনেকুৱা আসন আছে, যিবোৰৰ অভ্যাসত গৰ্ভৱতী মহিলাৰ কোনো কস্ট নহয়, তাৰ বিপৰীতে সেইবোৰ তেওঁলোকৰী কাৰণে সহায়কেই হয়। এই সকলো যোগাসনে প্ৰসৱৰ সমত গৰ্ভৱতী মহিলাক প্ৰসৱ পীড়াৰ হাতৰ পৰা মুক্তি দিয়ে। ঠিক এই কথা মহিলা সকলৰ মাহেকীয়া কোৱা হৈছে ঠিক তেনে ভাবে কিছুমান যোগাসনক নিযেধও কৰা হৈছে। এই বিয়য়টোৰ ওপৰত মহিলাসকলে ভাল ভাৱে মনোনিবেশ কৰা উচিত। ঠিক তেনেকৈ পুৰুষ সকলেও স্বাভাৱিক অবস্হাত যিবোৰ যোগাসন কৰিবলৈ উপদেশ দিয়া হৈছে সেইবোৰ যোগাসন কৰা উচিত, আনপিনে ৰক্তচাপ আৰু হৃদয়ৰ বিশেষ বিশেষ অৱস্হাত পুৰুষসকলাৰ কৰিব লগীয়া যোগাসন বোৰ কৰা উচিত।

যোগাসনৰ প্ৰচলন এতিয়া ভাৰততে সীমিত হৈ থকা নাই, বিশব্যাপী ইয়াৰ প্ৰচলন হৈছে। এতিয়া গোটেই পৃথিৱীত যোগাসনৰ চাহিদা আছে। দেশ-বিদেশত পৰা নৰনাৰী ভাৰতলৈ আজি ভাৰতীয় নৃত্য কলাৰও বিশেষ প্ৰশিক্ষণ লৈছে। ভাৰতীয় নৃত্যও যোগাসনৰ নিচিনা শৰীৰৰ প্ৰতি অতি উপযোগী বুলি প্ৰমাণিত হৈছে। নৃত্যৰ বিভিন্ন মুদ্ৰা

যোগাসনৰেই বিভিন্নৰূপে। এই কাৰণেই অনেক নৰানাৰী ইয়াৰ প্ৰতি আকৃস্ট হবলৈ আৰম্ভ কৰিলে এই ভাৱে যিভাবে ভাৰতীয় বিদ্যা গোটেই বিশ্বত প্ৰচাতিৰ আৰু প্ৰসাৰিত হৈছে অন্য পিনে মানৱ স্বাস্থ্য আৰু মানৱ মনতো এই বিদ্যাৰ লাভ হৈছে।

এইবাৰ আমি কিছুমান উপযোগী যোগাসনৰ বিধি আৰু সেইবোৰৰ লাভ সম্বন্ধে সংক্ষেপে উল্লেখ কৰিছে।

উপযোগী আসন

উথানপদাসন

বিধি ঃ ওপৰলৈ মুখ কৰি মাটিত শুই পৰক। দুয়োটা হাত মেলি ককালৰ ওচৰত ৰাখক। দুয়োটা ভৰিৰ আঙুলিবোৰ মিলাই ৰাখিব। এবাৰ উশাহ লৈ ভৰি দুটা লাহে লাহে ওপৰলৈ তোলক যাতে আপোনাৰ ককালটো মাটিৰ পৰা দেৰফুটৰ পৰা দুফুট লাগি থাকে। যেতিয়ালৈকে উশাহটো বন্ধ কৰি ৰাখিব পাৰে সিমান পৰলৈকে ভৰি দুটা শূন্যত ৰাখক। অস্হিৰতা অনুভৱ কৰিলে ভৰি দুটাক লাহে লাহে ওললৈ নমাই মাটিত ৰাখক। শৰীৰটোক ঢিলা কৰি উশাহটো সলাওক।

লাভ ঃ এই পদাসনটো কৰিলে পেটৰ সকলো ৰোগ দূৰ হৈ যায়। গেছ বাহিৰ হৈ যায়, চৰ্বি কম হয়, ভোক বেচিকৈ লাগে। মস্তিস্ক আৰু চকুৰ দৃস্টিৰ দুৰ্বলতা দূৰ হয়। ককাল আৰু ভৰিক নীৰোগ কৰি শক্তিশালী কৰি তোলে। শ্বাস-প্ৰশ্বাস আৰু তেজৰ দুৰ্বলতা দূৰ কৰে। চিন্তা-ভাৱনাক পবিত্ৰ কৰে। স্ত্ৰীৰ সকলৰ গুপ্তাঙ্গক নীৰোগ কৰে। মাহেকীয়া বন্ধ হৈ গলে এই যোগাসনত মাহেকীয়া আকৌ আৰম্ভ হয়। মাহেকীয়াত যদি ৰক্তস্ৰাৱ বেচি পৰিমানে হয়, তাক স্বাভাৱিক কৰে। পুৰুষ সকলাৰ পুৰুষত্ব শক্তি সৃস্টি কৰে। লিঙ্গক শক্তিশালী কৰে।

ভূজঙ্গাসন

বিধি ঃ ওপৰলৈ মুখ কৰি পেটৰ ওপৰত ভৰ দি শুই পৰক। দুয়োটা হাতক শৰীৰৰ সোঁ ফালে আৰু বাওঁ পিনৰ কান্ধৰ তলত এনে ভাবে ৰাখক যাতে হাতৰ আঙুলিবোৰ বুঢ়া আঙুলিৰ লগত লাগি থাকে। হাতৰ তলুৱা মাটিত থৈ কিলাকুটিক সোঁ পিনৰ কোনত ৰাখক আৰু ভৰিৰ পতা দুটাক পিচৰ পিনে পোন কৰি ৰাখক।

এইবাৰ হাতৰ তলুৱাৰ ওপৰত চাপ দি নিশ্বাস লৈ বুকুখনক মাটিৰ পৰা ওপৰৰ পিনে তুলি ধৰক। যেনে ফেটী সাপে ফেট তোলে তেনেকৈ নাড়ীৰ ওপৰৰ গোটেই অংশটোক মাটিৰ পৰা ওপৰত থাকিব। তাৰ পিচত উশাহটো এৰি দি আকৌ আগৰ অৱস্হালৈ ঘূৰি আহক। নিজৰ সুবিধানুযায়ী এই বস্তুটো আপুনি কেবাবাৰো কৰিব পাৰে।

লাভ ঃ এই আসনটো কৰিলে বুকু আৰ, ফুচফুচ শক্তিশালী হয় আৰু পেটৰ যাবতীয় ৰোগ-বিকাৰ দূৰ হয়। হাত শক্তিশালী হয়, আৰু তাৰ ফলত সম্ভোগ কৰাৰ সময়ত পুৰ,ষ সোনকালে ক্লান্ত নহয়। স্ত্ৰীৰ যোনি মজবুত হয়। সম্ভোগ কৰাৰ সময়ত পুৰুষ লিঙৰ মৈথুনৰ মাত্ৰা বৃদ্ধি হয়। ককাল সৰু হয় আৰু পেটটোও সোমাই যায়।

পৱন মুক্তাসন

আগৰ অবস্হাত ওপৰলৈ মুখ কৰি শুই দুয়োটা হাতক মূৰৰ পিনে দীঘল কৰি মেলি দিয়ক।

বিধি ঃ এই আসনটো 6 টা পৰ্যায়ত শেষ হয় (1) ফুচফুচত উশাহ ভৰাই সো ভৰিটোক ওপৰৰ পিনে পোন কৰি দাঙি দিয়ক (2) সেই ভৰিটোক আঠুৰ ওচৰত ঘূৰোৱাৰ পিচত দুয়োটা হাতেৰে ধৰি ৰাখক। (3) আঠুটো থুতৰীৰ লগত লগাই দিয়ক। উশাহটো বাহিৰ কৰক আৰু যিমান সময়ৰ পাৰে সিমান সময় সেই অবস্হাত ৰাকখ। (8) ডিঙি আৰু মূৰটো পিচফালে মাটিৰ ওপৰত ৰাখক আৰু উশাহ লওক। (5) হাতটো ওপৰৰ পিনে দীঘলকৈ মেলি দিয়ক। (3) ভৰি তললৈ নমাই

মাতিত থৈ আগৰ অবস্হালৈ ঘূৰি আহক। এই ক্ৰিয়াবোৰ বাওঁ ভৰিৰে কৰক। পিচত পাল পাতি দুয়োটা ভৰিৰে 5 ৰ পৰা 10 বাৰলৈ কৰক।

লাভ ঃ পেটৰ গেছ নষ্ট কৰে, চৰ্বি কম কৰে আৰু পেটৰ অন্যান্য ৰোগবোৰ দূৰ কৰে। ৰাতিপূৱা শৌচ ভালা হয় আৰু পেট পৰিস্কাৰ হয়। লিঙ্গৰ আকাৰ বাঢ়ে, শীঘ্ৰ পতনৰ অভিযোগ দূৰ হয়, যোনিৰ ৰোগও দূৰ হয় আৰু অণ্ডকোষৰ কোনো বিকাৰ নহয়।

হৃদয়সম্ভাসন ঃ

বিধি ঃ ওপৰলৈ মুখ কৰি শুই দুয়োটা হাতত মূৰৰ পিনে দীঘলকৈ মেলি দিয়ক। হাত আৰু ভৰিক এক ফুট দূৰত্বত ৰাখি পেটৰ পৰা বায়ু বাহিৰ কৰি 'কুম্ভক' কৰি দুয়োটা হাত আৰু দুয়োটা ভৰিক এফুট ওপৰলৈ তোলক। চকুৰ দৃষ্টি হৃদয়স্হলৰ ওপৰত নিবদ্ধ কৰি লাহে লাহে হাত ভৰি তললৈ নমাই আনি 'পূৰক' শ্বাস লওক।

লাভ ঃ এই আসনে হৃদয়ক মজবুত কৰে। বুকু, ডিঙি, পেট আৰু পিঠিৰ ৰোগ দূৰ হয়। নিয়মিতৰূপে এই আসন কৰিলে হঠাৎ হৃদগতি বন্ধ নহয়। এই আসনক মহিলা সকলে গৰ্ভাৱস্হাৰ সময়ক বাদ দি বাকী সময়ত কৰিব পাৰে।

এই আসনত যোনি মজবুত হয়। যদি পুৰুষৰ লিঙ্গ চুটি হয় আৰু স্ত্ৰীৰ যোনি ডাৰ হয়। তেনেহলে এই আসনটোৰ অভ্যাস নিশ্চয় কৰিব। এই আসন পুৰুষৰ ভৰিলৈ শক্তিৰ যোগান ধৰে। সম্ভোগ আৰু আলিঙ্গনত ভৰপুৰ আনন্দ পোৱা যায়।

যানাসন ঃ

বিধি ঃ মুখখন ওপৰ কৰি মাটিত শোৱক। দুয়োটা ভৰি একে লগ কৰি ৰাখক, হাত দুটা দুফালে মেলি দিয়ক। তাৰ পিচত এটা উশাহ লৈ মূৰ, বুকু, হাত আৰু ভৰি মাটিৰ পৰা ওপৰলৈ তুলি ধৰক। অস্হিৰতা অনুভৱ কৰিলে বুকু, মূৰ হাত আৰু ভৰি মাটিলৈ নমাই

উশাহটো এতি দিয়ক আৰু ডিঙিটো ঘূৰাই মাটিত থৈ শৰীৰটো ঢিলা কৰি ৰাখক।

লাভ ঃ শৰীৰ পাতল হয় আৰু মনলৈ স্ফূৰ্তি আহে। পেটৰ যাৱতীয় ৰোগবোৰ ভাল হয়। ডিঙি, বুকুৰ কষ্টও দূৰ হয়। নাড়ী আৰু যোনি সম্বন্ধীয় বিকাৰ দূৰ হয়। হজমশক্তি বাঢ়ে।

এই আসনটো পুৰুষৰ কাৰণে যৌনৰ গুণ সৃষ্টি কৰে যিবোৰ গুণক স্ত্ৰীয়ে পুৰুষৰ পৰা সদায় কামনা কৰে। পুৰুষৰ কাৰণে এই আসনটোযে বৰ উপকাৰী তাত কোনো সন্দেহ নাই, স্ত্ৰী সকলো গভাভৰস্হাক বাদ দি বাকী সময়ত এই আসনটো কৰিব পাৰে।

নাভী আসন

বিধি ঃ মাটিত কিবা কোমল বস্ত্ত পাৰি তাত মুখখন ওপৰ কৰি শুই পৰক। কপাল, নাক, বুকু, আঠু আৰু ভৰি মাটিত পোন কৰি ৰাখক। তাৰ পচত দুয়ো হাতক সুমুখৰ পিনে মেলি দিয়ক। শৰীৰটো দীঘল কৰি ৰখাৰ চেস্টা কৰি থাকোতে নাকেৰে উশাহটো ভিতৰলৈ টানক। এইবাৰ দুয়োটাভৰি আৰু হাত দুটাক দু ফুট দূৰত্বত ৰাখি শূন্যত প্ৰায় এফুটমান ওপৰলৈ তোলক। পিচত হাত আৰু ভৰি লাহে লাহে তললৈ নমাই আনি মাটিত থৈ উশাহটো এৰি দিয়ক।

লাভ ঃ এই আসনত হজম শক্তি বাঢ়ে বায়ু-গেচৰ কষ্ট দূৰ হয়, নাড়ী শক্তিশালী হয়। মূৰৰ ৰোগৰ পৰা মুক্তি পাব, বীৰ্যনাশৰ ৰোগ দূৰ হয়। পেটটোক ডাঙৰ হোৱাত বাধা আহে, বুক শক্তিশালী হয়।

এই আসন কৰিলে পুৰুষৰ সম্ভোগ কৰাৰ শক্তি বাঢ়ে। স্ত্ৰী আৰু স্ত্ৰীৰ পেট তললৈ যোৱাৰ কাৰণে সহবাসত বেচি আনন্দ পোৱা যায়।

স্হিত উৰ্দ্ধপাদ বিস্তৃতসন

বিধি ঃ মাটিত বহি ভৰি দুটা মেলি দিয়ক। এতিয়া ভৰি দুটাক যিমান বহল কৰিব পাৰে কৰক। এইবাৰ দীঘল উশাহলৈ হাতেৰে ভৰিৰ বুঢ়া আঙুলিক ধৰি ভৰি দুটাক মাটিৰ পৰা অন্ততঃ পক্ষে দেৰফুট

ওপৰলৈ তুলি স্হিৰ কৰি ৰাখক আৰু হাত দুটা পোন কৰি ৰাখক। ভাগৰ লাগিলে ভৰি দুটাত মাটিত থৈ প্ৰথমতে 'ৰেচক' আৰু তাৰ পিচত 'পূৰক' ক্ৰমাগত কৰক।

লাভ ঃ এই আসনত হাত আৰু ভৰিত শক্তি সঞ্চাৰ হয়। শৰীৰলৈ আৰু মনলৈ ফুৰ্ত্তি আহে। হজমশক্তি ভাল হয়। পিঠি, নাড়ী, পেট ইত্যাদি সুস্হ থাকে।

এই আসনত পুৰুষ আৰু স্ত্ৰীৰ দুয়োজনৰে গুপ্তাঙ্গৰ বিকাশ হয়। দুয়োজনৰে সম্ভোগ ক্ৰিয়া সৰল হয় আৰু সম্ভোগত দুয়োজনেই পূৰা আনন্দ লাভ কৰে। সম্ভোগকালত পুৰুষ-স্ত্ৰীৰ অসুবিধাবোৰ দূৰ হয়।

মৃগাসন

বিধি ঃ মাটিত ভৰিটো কোচাই তাৰ ওপত বজ্ৰাসনৰ ভঙ্গীত বহি পৰক। পেট আৰু বুকুক সমান কৰি ৰাখক। দুয়োটা হাত পিচলৈ নি ওপৰলৈ তোলক। দৃষ্টিক পোন কৰক। উশাহ লৈ নিতম্বক অলপ ওপৰলৈ তোলক। ইমান ওপৰওল তোলক যাতে গোটেই শৰীৰ ভৰ আঠুৰ ওপৰত পৰে। উশাহ লওতে কষ্ট হলে নিতম্বক ভৰিৰ ওপৰত ৰাখক। আগলৈ উশাহটো এৰি দি আগৰ অৱস্হালৈ ঘূৰি আহক।

লাভ ঃ এই আসনটো ডায়েবেটিচ ৰোগ হ্ৰাস কৰে। পেট, গেছ নহয়। চৰ্বি একবাৰে নোহোৱা হজমশক্তি বৃদ্ধি কৰে আৰু হাত, ভৰি, ডিঙিৰ ৰোগ বোৰক আৰোগ্য কৰে।

এই আসন অভ্যাস কৰিলে পুৰুষে বহু সময় ধৰি সম্ভোগ কৰিব পাৰে। পুৰুষ লিঙ্গ চুটি হলে দীঘল কৰে আৰু আঠুক শক্তিশালী কৰে আৰু তাৰ ফলত সম্ভোগ কৰোতে পুৰুষে সোনকালে ক্লান্তিকেধ নকৰে আৰু সম্ভোগত দুয়োজনেই বেচি আনন্দ পায়।

যোগাসন

বিধি ঃ পদ্মাসনৰ অৱস্থাত পোন হৈ বহক। তাৰ পিচত দুয়োটা হাতৰ তলুৱা দুটা ভৰিৰ তলুবাত লগাওক। শ্বাসগতিক স্বাভাবিক কৰি নাকৰ আগ ভাগ বা বগা দেৱালখনলৈ চাই দৃষ্টি নিবদ্ধ কৰক।

লাভ ঃ এই আসন অভ্যাস কৰিলে ধ্যানত বহিবলৈ মন যাব। মনৰ চঞ্চলতা দূৰ হয়। এলাহ ভাৱ আতৰ হয়। প্ৰভুভক্তিত মন লগাবলৈ আৰম্ভ কৰে। বুদ্ধি তীক্ষ্ণ হয়। ৰক্ত প্ৰবাহ স্বাভাৱিক হয় আৰু মস্তিস্ক প্ৰফুল্লিত হয়।

স্ত্ৰী আৰু পুৰুযে নিজৰ ইচ্ছামতে বীৰ্যস্খলন কৰাৰ শক্তি এই আসনৰ পৰা পাব পাৰে। শৰীৰৰ প্ৰতিটো অঙ্গ এই আসনৰ অভাসত শক্তিশালী হয়।

জানু শিৰাসন

বিধি ঃ মাটিত বহি ভৰি দুটা সন্মুখৰ পিনে মেলি দিয়ক। তাৰপিচত যিকোনো এটা ভৰিক হাতেৰে ধৰি সেই ভৰিৰ গেৰোৱাটোক মূত্ৰাগ্ৰহি আৰু অণ্ডকোষৰ মাজ ভাগত লগাই থওক আৰু সেই ভৰিটোৰ তলুৱাখন যে পোন কৰি থোৱা আছে সেই ভৰিৰ উৰুৰ লগত লগ লগাওক। এইবাৰ প্ৰাণায়মৰ 'পূৰক' ক্ৰিয়া কৰি উশাহটো াহিৰলৈ এৰি দিয়ক আৰু পেটৰ নাডীটো ভিতৰৰ পিনে নি হাত দুটা সমান কৰক। ভাৰি দুটা কেচিৰ নিচিনা কৰি মূৰটো তললৈ আনি সেই ভাৰিটোক স্পৰ্শ কৰক। এই অৱস্থাত প্ৰাণায়মৰ 'কুম্ভক' অৱস্থা জাৰী কৰক, অৰ্থ্যাৎ উশাহটোৰ ভিতৰৰ পিনে ধৰি ৰাখক। ক্লান্ত হৈ পৰিলে লাহে লাহে মূৰটো ওপৰলৈ তুলি পোনহৈ বহাৰ পিচত 'পূৰক' আৰু 'ৰেচক' কৰক। এইবাৰ ভৰি বদলি কৰক। এই আসনটো কৰাৰ পিচত মূত্ৰগ্ৰহি আৰু মূত্ৰেন্দ্ৰিয়ক ওপৰলৈ টানি ধৰিলে অত্যন্ত লাভ হব।

এইভাৱে দুয়োটা ভৰি পোন কৰি মূৰত লগালে পশ্চিমোত্তমন হৈপৰে।

লাভ ঃ এই আসনত হৃদয়ত দোষ দূৰ হয়। কাহ, হাপানী, সাধাৰণ জ্বৰ ভাল হয়, আয়ু-বাঢ়ে। পেটৰ যাৱতীয় ৰোগ ভাল হয়। হজম শক্তি বাঢ়ে।

এই আসনে স্ত্ৰী সকলৰ কাম-বাসনা জাগ্ৰত কৰে, পুৰুষ আৰু স্ত্ৰীৰ অঙ্গক শক্তিশালী কৰে। স্ত্ৰী-পুৰুষৰ মিলনৰ সকলোবোৰ বাধা দূৰ হয়। পুৰুষৰ লিঙ্গ যদি ডাঙৰ হয় আৰু স্ত্ৰীৰ যোনি সৰু হয় তেন্তে এই আসনক পুৰুষসকলে নিয়মিত ৰূপে অভ্যাস কৰা উচিত।

সুপ্ত বগ্ৰাসন

বিধি ঃ ভৰি কোচা মাটিৰ ওপৰত ৰাখক। প্ৰায় এফুট দূৰত্বত দুয়োটা ভৰি থাকে যেন। ইয়াৰপিচত পিনে বেশা চ ওপৰলৈ মুখ কৰি মাটিত পিঠিটো লগাই শুই পৰক। তাৰ পিচত পিঠিটোক মাটিৰ পৰা ওপৰলৈ তুলি মূৰটো যিমান পাৰে ঘূৰাওক। দুয়োটাহাতক ভৰিৰ ওপৰত ৰাখক। মাটিলৈ চাওক আৰু মূৰটোক যিমনা ওচৰওল আনিব পাৰে ওল আহক। দীঘলকৈ উশাহ লওক। মূল অবস্থালৈ আহিবৰ কাৰণে প্ৰথমতে ডিঙিটো পোন কৰি হক। ভৰি দুটা মেলি শৰীৰ ঢিলা কৰি এৰি শুই পৰক।

লাভ ঃ এই আসনে ভৰিক শক্তিশালী কৰে। ডিঙি ৰোগ দূৰ হয়। প্ৰাণায়ম কৰিলে শ্বাস কস্ট আৰু হাপানীৰ ৰোগ দূৰ হয়। চকুৰ জ্যোতি বাঢ়ে, পেট পাতল হয়। বুকু বহল হয়। পাড়ীটো যদি মূল ঠাইৰ পৰা আঁতৰি যায় আকৌ নিজৰ স্হানলৈ ঘূৰি আহে। পেটৰ ৰোগৰ পৰা মুক্তি পায়। হজম শক্তি ভাল হয়। ককালৰ যন্ত্ৰণাও দূৰ হয়।

এই আসনত স্ত্ৰীৰ যোনি মজবুত হয়। পুৰুষ লিঙ্গও টান হয়। আঠু আৰু ভৰি শক্তিশালী হোৱাৰ কাৰণে পুৰুষে অনেক সময় সম্ভোগ কৰি স্ত্ৰীক সুখ আৰু তৃপ্তি দিব পাৰে। স্ত্ৰী আৰু পুৰুষৰ ককালত বিষ নহয়। এইটো বৰভাল আসন। যৌনৰ বিষয়ত এই

আসনটোৰ পৰা অনেক লাভ হয়।

মৎসাসন

বিধি ঃ পদ্মাসনত বহক। সোঁ ভৰিটোৰ ওপৰত বাওঁ ভৰিটো ৰাখক। এইবোৰ ঠিক এই ভাবে বাওঁ ভৰিৰ ওপৰত সোঁভৰিৰ সোৰোহাটো ৰাখক। এই অৱস্থাক ধৰি ৰাখি পিঠিৰ ওপৰত ভৰ দি এনেভাবে শুই পৰক যাতে মূৰৰ পিচ ফালটো মাটিৰ লগত লাগি যায়। কান্ধৰ পৰা আৰম্ভ কৰি ককাল পৰ্যন্ত ওপৰলৈ উঠাওক। বুকুখন ওপৰ পিনে উঠোৱা থাকিলে সোঁ হাতেৰে বাওঁ ভৰিৰ বুঢ়া আঙুলি আৰু বাওঁহাতেৰে সোঁ ভৰিৰ বুঢ়া আঙুলিটো চেপি ধৰক। গোটেই শৰীৰটো মূৰৰ পিচত অংশ আৰু তপিনাৰ ওপৰত ভৰ দি থাকি তাৰ পিচত আঠুক মাটিৰ লগত লগাবলৈ চেষ্টা কৰিব। কিন্তু হাতেৰে ভৰিৰ বুঢ়া আঙুলিটোক টান কৰি ধৰি থাকক। এনে অৱস্থাত, বীৰ্যৰ গ্ৰন্থিৰ ওপৰত বৰ হেঁচা পৰিব। সেই অংশটো-যি ভৰি আৰু পেটক পৰস্পৰৰ লগত মিহলি হৈ আছে, তাৰ ফলত সেই অংশটো বিশেষভাবে প্ৰভাৱিত হব যদি আঠুক মাটিৰ লগত লগাবলৈ চেষ্টা কৰা যায়। আঠুক অনেক কষ্টক মাটিৰ লগত লগাব পাৰি। এই আসনৰ অভ্যাসত কিনো হ'ব নোৱাৰে?

যেনেকৈ আগতে সোঁ হাতৰ মুঠি কৰি কৰিছিল, ঠিক সেই ভাৱে এতিয়া মুখ আসন কৰক।

লাভ ঃ এই আসনত পেট, অন্ত্ৰ, হৃদয় বিশেষকৈ প্ৰভাৱিত হয়। ইয়াত জঠৰাগ্নি নিজৰ কাম সম্পূৰ্ণৰূপে কৰিবলৈ সক্ষম হ'ব। এইটো আসন কৰিলে মানুহ শকত নহয়। বৰ ভোক লাগে, হজম শক্তি বেচি হয়, বদহজম দূৰ হয়। কান্ধ ও এই আসনত প্ৰভাৱিত হয়। মেৰুদণ্ডৰ হাড়ও প্ৰভাৱিত হয়। মেৰুদণ্ডৰ হাড়ৰ মাজলৈ নমনীয়তা আহিব। শৰীৰৰ সুন্দৰ হ'ব, মস্তিস্ক প্ৰখৰ হ'ব। সম্ভোগৰ সময়ত স্ত্ৰী পুৰুষৰ ভৰি ইত্যাদিৰ কষ্ট এই আসন কৰিলে দূৰ হব।

ধনুৰাসন

এই আসনৰ বিভিন্ন প্ৰকাৰভেদ আছে। যিহেতু হৃদয়ৰ ওপৰত এই আসনৰ প্ৰভাব বৰ বেচি, হাপানী আৰু হৃদৰোগৰ ৰোগীৰ কাৰণে এই

আসনটো বৰ্জ্জিত।

বিধি ঃ পেটৰ ওপৰত ভৰ দি মাটি মুখ ওপৰলৈ কৰি শু পৰক। দুই ভৰিৰ গোৰোৱা দুটা একেলগ কৰি ভৰি ঘূৰাই পিঠিৰ পিনে লৈ যাওক। দুয়োটা হাত গেৰোৱাৰ সন্ধি ভাগটোত চেপি ধৰক। এইবাৰ এইটো লক্ষ্য কৰিব লাগিব যে গোৰোৱা আৰু ভৰি পতা মিলি থাকিব আৰু ভৰিৰ পতাক আঠুৰ পিনে ঘূৰাই য'ব, পাঠিৰ পিনে নহয়। এনে কৰিলে ভৰিৰ পতা বহল হৈ আগৰ পিনে হৈ থাকিব। এই বাৰ ভৰিক পিছৰ পিনে লৈ যাওক আৰু ভৰিক হাতৰ পিনে টানক, কিন্তু মনত ৰাখিব যে এনেকুৱা কৰিবলৈ গৈ যেন হাতৰ গাঠিটো ভাজ নহয়। এই আসনত আঠু ইমান সহজে নুঠে। কিছুমান দিন অভ্যাস কৰিলে আঠু উঠিবলৈ আৰম্ভ কৰিব। যিমান দিনলৈকে আঠুটো নুঠে, আসন সম্পূৰ্ণ নহয়, আৰু পূৰা লাভও পোৱা নাযায়।

আঠুটো ওপৰলৈ উঠিবলৈ আৰম্ভ কৰিলে কৰদ নকো ওপলৈ তুলি দিয়ে আনকি শৰীৰৰ গোটেই ভৰটো পেটৰ নাড়ীৰ তলৰ অংশৰ ওপৰলৈ আহি যায়। হাত আৰু ভৰিৰ যেন এক প্ৰকাৰৰ সংঘৰ্ষ আৰম্ভ হয়। হাত দুটাকয়ে সম্মুখনৰ পিনে টানে আৰু ভৰি দুটাক পিচৰ পিনে। শৰীৰটোৱে সম্পূৰ্ণৰূপে ধেনুৰ আকাৰ লয়। শৰীৰত বৰ কস্ট হয়। ঘাম বাহিৰ হৈ যায় আৰু আপুন শীতকালত অনুভৱ কবি যে শীতকাল গৈ গৰম কালি আহি গল।

লাভ ঃ এই আসন কৰিলে শৰীৰৰ প্ৰত্যেকটো অঙ্গৰ পৰা বিজাতীয় বস্তু বোৰ ওলাই যায়। এই আসনত মেৰুদণ্ডৰ ওপৰত বিশেষ প্ৰভাৱ পৰে ককালৰ বিষ দূৰ কৰিবলৈ এই আসন বৰ লাভজনক এই আসনত পেটৰ সকলো ৰোগ দূৰ হয়।

ধনুআসনৰ লগত এটা উপ-আসনও কৰা যায়। সেইটো হৈছে এনে ধৰৰণৰ।

ভুজঙ্গাসনৰ নিচিনা হাত কান্ধৰ তলত আৰু কিলাকুটিক সোঁ বা

বাওঁপিনত ৰাখি পেটৰ ওপৰ ভৰি দি শুই পৰক। ককালটোক মাটিৰ পৰা অলপ ওপৰত তুলি ধৰক। হাতৰ শক্তিত শৰীৰটোক ওলোটা ডন দিয়াৰ নিচিনা কৰি ওপৰলৈ উঠাই উঠাই পিচৰ পিনে ঠেলি দিয়ক যেতিয়ালৈকে ভৰিৰ গোৰোৱাটো মাটিত লগা নাই। এইটো মনত ৰাখিব যে হাত আৰু ভৰি য'ত আৰু তাৰ পৰাযেন নলৰে। অনুভব হব যেন ভাৰৰ ঘিলাটো ভাগি দুটুকুৰা হল। ভৰিৰ ঘিলা আৰু গেৰোৱা এটা দুটা শৰীৰৰ আটাইতকৈ খান অংশ সেই দুটা ভাগ এই আসনত বিশেষ ৰূপে প্ৰভাৱিত হয়। এই দুটা ভাগৰ বিজতীয় বস্তু এই আসনত লৰিবলৈ আৰম্ভ কৰে। তাৰ পিচত উশাহ লৈ লৈ আগৰ অৱস্হালৈ ঘূৰি আহক। লিকুটিৰ ওপৰত জোৰ দিব বুকুখন প্ৰথমতে আহিব, ককালটোৱে যে প্ৰথমতে মাটি স্পৰ্শ নকৰে। ককালটো বুকখনৰ লগে লগে আহিব। যেতিয়া বুকুখনে মাটি স্পৰ্শ কৰিব, তেতিয়া ভৰিৰ পতাখনক সোঁ বা বাওঁ পিনত ৰাখি সোঁ ভৰিৰ ওপৰত তুলি দিয়ক আৰু গেৰোৱাৰ ওপৰত ভৰদিবহক। দুয়োটা হাতৰ ওপৰত চাপ দিয়া ভৰিটো মাটিৰ পৰা হাতৰ কৰি নিয়ক আৰু এটা দোলনাৰ নিচিনা বনাই ভৰি বাহিৰ কৰি মেলি দিয়ক আৰু পিঠিৰ ওপৰত ভৰি দি ওপৰলৈ মুখ কৰি শুই শুই উশাহ-নিশাহক স্বাভাৱিক কৰি শবাসন অৰ্থ্যাৎ আসন আৰম্ভ কৰাৰ আগৰ অবস্হাত শুই পৰক।

লাভ ঃ এই আসনে ভৰিক স্বাভাৱিক ৰূপত আৰু ভৰিৰ ঘিলাক বিশেষ ৰূপত নীৰো কৰি তোলে। হাতক শক্তিশালী কৰি তোলে। উচ্চতা বঢ়ায়। ভৰিৰ ঘিলা আৰু গেৰোৱাত কেতিয়াও বিষ নহয়। ক্লান্তি দূৰ কৰে।

যৌনত এই আসনে স্ত্ৰীৰ গুপ্তাঙ্গ আৰু যোনিক সুদৃঢ় কৰি তোলে। গুপ্তাঙ্গৰ সকলো প্ৰকাৰৰ দোষ দূৰ কৰে। পুৰুষ সকলৰ সম্ভোগ শক্তি বৃদ্ধি কৰে। শীঘ্ৰপতনৰ দুৰ্বলতাক দূৰকৰে। স্ত্ৰী-পুৰুষৰ মিলনত

দুয়োৰে আনন্দ লাভৰ অনুভূতি বহু সময়লৈকে থাকে।

চক্ৰাসন

এই আসনত শৰীৰক চক্ৰৰ আকাৰ দিয়া হয়।

বিধি ঃ (1) ইয়াক দুভাগ কৰা যায়। ওপৰলৈ মুখ কৰি শোৱক। দুয়োটা থতক কিলাকুটিৰ ওপৰত ৰাখি হাতক কান্ধৰ তলত ৰাখক। হাতৰ আঙুলি আৰু বুঢ়া আঙুলি পৰস্পৰৰ লগত লাগি থাকিব আৰু হাতৰ আঙুলিৰ মুখ ভৰিৰ পিনে থাকিব কিলাকুটি সোঁ আৰু কাঁও পিনৰ কোনত থাকিব। ভৰিব গেৰোৱাক তপিনাৰ লগত লগাই দিয়ক। এইবাৰ হাতৰ ওপৰত ভৰ দি কান্ধ আৰু মূৰক মাটিৰ পৰা তুলি শৰীৰক ওপৰ পিনে ঠেলি দিয়ক যাতে শৰীৰটো ধেনুখনৰ নিচিনা হয়। এইটো চেস্টা কৰিব যে আপেনাৰ হাতৰ পাঞ্জা আৰু ভৰিৰ গেৰোৱায়ে যে পৰস্পৰক স্পৰ্শ কৰে। এইটো এটা মস্কিৰ কাম কিন্তু একেৰাহে অভ্যাস কৰিলে পাৰিব। এইবাৰ মূৰটো অলপমূৰৰ ওপৰত ৰাখক। দুয়োটা হাত ওপৰলৈ তুলি পেটৰ ওপৰত ৰাখক। এইবাৰ শৰীৰৰ সমস্ত ভাৰ মূৰৰ পিচফালে আৰু ভৰিৰ পতাৰ ওপৰত হব। তাৰ পিচত, ভৰিৰ গোৰোৱা তুলি ধৰিলে শৰীৰৰ সকলো ভাৰ ভৰিৰ ওপৰত আহি পৰিব। যি সকলে শীৰ্যাসন কৰিব নোৱাৰে। তেওঁ লোকে এই আসনৰ অভ্যাসত শীৰ্যাসনৰ অলপমান লাভ পাব পাৰে।

বিধি ঃ পোন হৈ থিয় হওক। দুয়োটাহাতক ওপৰলৈ তুলি ৰাখক। হাতৰ তালু সম্মুখৰ পিনে থাকিব। এইবাৰ হাতক পিঠিৰপিচৰ পিনে ওলমাবলৈ আৰম্ভ কৰক। তাৰ লগে লগে পিঠি আৰু ককালো সেই অৱস্হাত থাধিকব। যেতিয়ালৈকে মাটিত নালাগে তেতিয়ালৈকে তাত ধৰি থাকিব। হাত মাটিত লগাৰ পিচত যেতিয়া শৰীৰৰ প্ৰথম বিধিৰ নিচিনা চক্ৰৰ আকাৰত আহি যাব, তেতিয়া প্ৰথম বিধি অনুযায়ী বাকীখিনি কৰি থাকিব।

লাভ ঃ আপুনি আসনখন কৰোতে যিটো বিধিবেই নকৰক, ফল

একে হ'ব। এই আসনটোৱে পেটৰ যাবতীয় ৰোগ বিকাৰ দূৰ কৰে। কঁকালত কেতিয়াও বিষ নহ'ব। মাজে মাজে অলপমান বিষহলেও লগে লগে ভাল হৈ যাব। এই আসনটো একেৰাহে কৰি থাকিলে বৃদ্ধ বয়সলৈকেও কঁকাল সমুখৰ পিনে বাহিৰ হৈ নাহিব। এই আসনত মেৰুদণ্ডৰ হাড় নীৰোগ হয়। বুকু, ককাল, হাত আৰু ভৰি ৰোগমুক্ত হৈ শক্তিশালী হব।

যৌনত এই আসনে স্ত্ৰী যোনিক টান কৰে।তাৰ ফলত সম্ভোগ কৰাৰ সময়ত স্ত্ৰীৰ লগেলগে পুৰুষেও অতি আননদ লাভ কৰে। এই আসনে পুৰুষ লিঙ্গকো ডাঙৰ আৰু দীঘল কৰে, ই তাৰ শিথিলতা দূৰ কৰে। হাত আৰু ভৰি শক্তিশালী হয় যাৰ ফলত সম্ভোগ কৰাৰ ফলত সোনকালে ক্লান্ত হব নেলাগে।

খগাসন

বিধি ঃ প্ৰথমতে পদ্মাসনত বহি তাৰ পিচত পেটৰ ওপৰ ভৰ দি শুই পৰক। তাৰ পিচত উশাহ লৈ, ডিঙি আৰু বুকুখনক মাটিৰ পৰা তুলি ধৰক আৰু ওপৰ পিনে যাবলৈ যৎপৰোনাস্তি চেষ্টা কৰিব। দৃষ্টি আকাশৰ ওপৰলৈ ৰাখক ভ। যেতিয়ালৈকে উশাহ টো ৰাখিব পাৰে ৰাখক। পিচত লাহে লাহে প্ৰথমতে চুকু, মূৰ মাটিত থৈ হাতক পোন কৰক। উশাহটো এৰি দি শৰীৰটো শিথিল কৰি লওক।

লাভ ঃ এই আসন কৰিলে, মূৰ, ডিঙি বুকু টে ইছ্যাদি যাবতীয় ৰোগ বিকাৰ দূৰ হয়। নাড়ীৰ ৰোগও ভাল হয়। পেটৰ পৰা গেচ বাহিৰ হয়। মূত্ৰ সম্বন্ধীয় কষ্টও দূৰ হয়। মূত্ৰগ্ৰন্থি থিক হৈ যায়। শ্বাস কস্ট আৰু হাপানী ৰোগও ভাল হয়। দৃষ্টিশক্তি ভাল হয়। মূৰ ঘূৰনি বন্ধ হয়। পেটটো পাতল হয় আৰু বুকু বহল হয়। পুৰুষৰ কাৰণে যৌনৰ সময়ত এইটো বৰ উপযোগী আসন। এই আসনটো অভ্যাস কৰিলে বহু সময়লৈকে সম্ভোগ কৰিব পাৰি।

সৰ্বাঙ্গাসন

এই আসনক আসনৰ ৰজা কোৱা হয়। শীৰ্যাসনক বাদ দিলে সকলোতকৈ লাভদায়ক আসনবোৰ ভিতৰত সৰ্বঙ্গিসনৰ স্হান সৰ্বপ্ৰথম।

বিধি ঃ পূৰ্ব উত্থানপাদ আসনৰ নিচিনা পিঠিৰ ওপৰত ভৰ দি

ওপৰলৈ মুখ কৰি শুই দুয়োটাহাতক গাৰ পিনে টানি বিস্তাৰিত কৰক। ভৰিৰ পতা দুটাক একে লগে মিলাই সম্মুখৰ পিনে টানি গেৰোৱা টোক অলপ ওপৰলৈ তুলি ধীৰে ধীৰে ভৰিক ওপৰৰ পিনে ৰাখক। যেতিয়া ভৰি সম্পূৰ্ণৰূপে ওপৰলৈ তুলিব, তেতিয়া ককালটো তুলিবলৈ আৰম্ভ কৰিব- হলাসনৰ নিচিনাকৈ মেৰুদণ্ডৰ হাড়ৰ এটা ভাগ ওপৰত উঠি থাকিব। এনেকুৱা এটা সময় আহিব যেতিয়া ভাবিটো পোনে পোনে আকাশৰ পিনে হৈ পৰিব। ভৰিৰ পতাক আকশৰ পিনে কৰি ৰাখক। হাতৰ ওপৰত ভৰ কৰি অলপ পিঠিৰ পিনে উঠাওক। এটা সময়ত শৰীৰ কান্ধৰ ওপৰত ভৰ কৰি সমকোণত থিয় হ'ব। ভৰিটো ভৰিৰ পিনে ওলমি নাথাকিব আৰু পিচৰৰ পিনেও। থুতৰীটো ডিঙিৰ তলৰ ভাগটোত য'ত গাঁতটোৰ নিচিনা আছে, হেচি দিয়ক। 'ইয়াক জলন্ধৰ বন্ধ' কোৱা হয়। এই অবস্হাত 10 মিনিটমান থাকিব পাৰে। যদি হাতটো এৰি দিব পাৰে তেন্তে এৰি দিয়ক, নহলে হাতৰ ওপৰত ভৰ কৰি মেৰুদণ্ডৰ হাড়ৰ এটা এটা অংশ মাটিত লগাই ঘূৰাইআনক। ভৰিকলাহে লাহে, তললৈ নমাই আনক। ভৰিৰ তলুৱা খুলি শৱাসনত শুই পৰক।

ইয়াক লগেলগে বিপৰীত কৰণৰও অৱস্হা হব পাৰে।সেইটো হৈছে এনেধৰণৰঃ

যেতিয়া ভৰি কান্ধৰ ওপৰত পোন হৈ আছে আৰু হাতে পিঠিটোক সাহায্য কৰিছে তেতিয়া হাতটোক ওপৰলৈও উঠাবলৈ আৰম্ভ কৰক। ককালৰ তলৰ অংশ পৰ্যন্ত লৈ যাওক, তাৰ পিচত কিলাকুটিৰওপৰত ভৰ দি হাতৰ তলুৱাৰ সাহায্যত ভৰিক সম্মুখৰ পিনে তললৈ কৰিবলৈ আৰম্ভ কৰক। বেচিকৈ তললৈ কৰিলে পৰি যোৱাৰ ভয় থাকে। তেনেকুৱা হলে হাতৰ ওপৰত বৰ বেচি ওজন পৰিব। সবাঙ্গনাসনে তেজৰ প্ৰভাৱ মানুহৰ ওপৰত হোৱাৰ সম্ভাৱনা আছে। আচলতে , পিবৰীত কৰণত কৰিলে তললৈ মূৰ কৰণৰ ফলত তেজৰ সোঁত বেচি

হয়। যিসকলৰ শৰীৰ এই অৱস্থাত কঁপি থাকে তেওঁলোকে এই আসনটো নকৰাই ভাল। আৰু যদি কৰে, তেনেহলে হৃদয়ৰ ওপৰত বেছি ভাৰ পৰাৰ সম্ভাৱনা থাকি যায়।

লাভ ঃ ডিঙি, পেট আৰু বুকুৰ ৰোগ-বিকাৰ দূৰ হয়। ডিঙিৰ ৰোগত এই আসনে আৰোগ্যৰ যোগান ধৰে। মেৰুদণ্ডতো নমনীয়তা আহে। তপিনাৰ ওপৰত বিশেষ চাপ পৰাৰ ফলত তপিনাৰ যাৱতীয় দোষ দূৰ হয়। কোষ্ঠ কাঠিন্য দূৰ কশৰাৰ ক্ষেত্ৰতও এই আসন অত্যন্ত লাভদায়ক। বেছি লাভৰ আশা থাকে। যদি এই অৱস্থাত পানীত সাঁতোৰে তেন্তে ইয়াৰ পৰা অনেক উপকাৰ পোৱা যাব।

এই আসনে স্ত্ৰীৰ যোনিৰ বিকাৰ দূৰ কৰে। লিঙ্গক যোনিত ধাৰণ কৰি ৰখাৰ শক্তিও এই আসনত পোৱা যায়। শৰীৰত তৎপৰতা বৃদ্ধি হয় আৰু লগে লগে বীৰ্য বলও বৃদ্ধি হয়। বহু সময় সম্ভোগ কৰা সত্ত্বেও এই আসন ্যাস কৰিলে ক্লান্তি বোধ নকৰে।

উটপক্ষী আসন

বিধি ঃ পোন হৈ থিয় হৈ সমুখৰ পিনে হাউলি পৰক। হাত মাটিত ৰাখক। তাৰ পিচত ভৰিৰ গেৰোবাতুলি ধৰি ভৰিৰ পতা আৰু হাতৰ তলুৱা মাটিৰ পৰা উঠাই মাত্ৰ আঙুলিটো মেলি মাটিত লগাই দিয়ক। চকুৰ দৃষ্টি সমুখৰ পিনে ৰাখক। তাৰ পিচত ওপৰত ৰাখি লাহে লাহে ওপৰলৈ উঠক।

লাভ ঃ এই আসন অভ্যাস কৰিলে এপিনে যেনেকৈ ভৰি আৰু হাত শক্তিশালী হয়, আন পিনে ককালৰ দোষও দূৰ হয়। হৃদয় শক্তিশালী হয়। পেটৰ ৰোগৰ পৰাও মুক্তি পোৱা যায়।

এইআসন কৰিলে পুৰুষৰ গাত শক্তিৰ সঞ্চাৰ হয়। লিঙ্গক অত্যন্ত সবলতাৰ সৈতে যোনিৰ ভিতৰত ঠাহি ঠাহি সুমুৱাব পাৰে আৰু তেতিয়া স্ত্ৰীয়ে যি সুখ পায়, তেওঁ জীৱনত তাতোকৈ বেছি সুখ পোৱা নাই বুলি অনুভৱ কৰে। হাতৰ ওপৰত ভৰ দি সম্ভোগ কৰোতে

অমৃত খাই পোৱা সুখ মনলৈ আহে। স্ত্ৰীসকলেও নিজৰ যোনিত এটা দীঘল আৰু ঢেকী থোৱাৰ দৰে টান লিঙ্গ সুমুৱাই তাৰ পৰা ওলোৱা বীৰ্জ গৰ্ভাশয়লৈ যোৱাত অপূৰ্ব আনন্দ পায় আৰু এটা স্বাস্থ্য বান সন্তানৰ স্বপ্ন দেখে।

পাদহস্তাসন

বিধি ঃ ওপৰলৈ সুখ কৰি মাটিত শুই পৰক। তাৰ পিচত দুয়োটা ভৰিক একেলগ কৰি মাটিৰ পৰা ওপৰলৈ তোলক। এইবাৰ দুয়োটা হাতক ওপৰলৈ তুলি উশাহ লৈ হাতেৰে দুয়োটা ভৰিৰ বুঢ়া আঙুলি দুটাক চেপি ধৰক। দুয়োটা ভৰি এতিয়াও একেলগ হৈ থাকিব। ভৰি আৰু হাত পোন হৈ থাকিব। তাৰ পিচত বিশেষ চেস্টা কৰি মূৰটো ভৰিটো যে পাক নাখায়। ইয়াৰ পিচত হাত-ভৰি খুলি উশাহ লৈ লাহে লাহে মাটিত পোনহৈ শুই শৰীৰটোক শিথিল কৰক।

লাভ ঃ এই আসনক অভ্যাস কৰিলে ককালৰ বিষ কম হয়। মেৰু দণ্ডলৈ নমনীয়তা আহে আৰু তাৰ ফলত শৰীৰত অনেক ৰোগ বিকাৰ ঠিক হয়। শৰীৰলৈ আৰাম আহে। পেট পাতল হয়, হজম শক্তি বৃদ্ধি হয়, পেটৰ ৰোগ ভাল হয় ? হাত আৰু ভৰি বলীস্ঠ হয়।

এই আসনক অভ্যাস কৰিলে অনেক সময় মৈথুন কৰা স্বত্ত্বেও পুৰুষ আৰু স্ত্ৰীয়ে ক্লান্তি বোধ নকৰে, বিশেষকৈ স্ত্ৰীয়ে সময় দীঘল হোৱাৰ কাৰণে মনত অপূৰ্ব আনন্দ পায় আৰু পুৰুষে কোনো কোনো সময়ত দীঘলকৈ আৰু কোনো সময়ত যোৰেৰে বৰ ঘনেঘনে মৈথুন কৰি স্ত্ৰীক চৰম সুখ দিব পাৰে।

উৎকটাসন

বিধি ঃ মাটিৰ ওপৰত ভৰিৰ ওপৰত ভৰ দি এনে ধৰণেৰবহক যেনে আপুনি মলত্যাগ কৰিবলৈ বহিছে। তাৰ পিচত ভৰিৰ গেৰোৱা মাটিৰ পৰা ওপৰলৈ তুমি লওক। কেৱলমাত্ৰ আঙুলিৰ ওপৰত ভৰ কৰি বহি থাকক। তপিনা দুই ভৰিৰ গেৰোৱাৰ ওপৰত ৰাখি শৰীৰক

স্হিৰ কৰি ৰাখক। দুই হাতৰ তলুৱা দুখন হাতত স্হিৰ কৰি ৰাখক। দুটা হাতৰ তলুৱাক একেলগে লগাই সহজভাবে ৰাখক। চকুৰ দৃষ্টি সমুখৰ পিনে ৰাখক।

লাভ ঃ এই আসনৰ অভ্যাসত ভৰি মজবুত হব। পেটৰ গেছ মূত্রগ্রন্হিৰ পৰা বাহিৰ হৈ যায়। মূলমূত্র ত্যাগ কৰিবলৈকেও সুবিধা হয়। মনলৈ ফুর্ত্তি আহে।

পুৰুষে এই আসনৰ অভ্যাসত সম্ভোগ কৰাৰ শক্তি পায়। পুৰ.যৰ স্ত্রীৰ লগত সহজভাবে সম্ভোগ কাৰ শক্তিভ্ৰ উৎপন্ন হব। এই আসনত স্ত্রীৰ যোনি বিকাৰ দূৰ হয়। পুৰুষৰ লিঙ্গৰ আকাৰ ডাঙৰ হয়। বীর্যবাহী নলীও শক্তিশালী হয়।

গোমুখাসন

বিধি ঃ মাটিত ভালকৈ বহি বাওঁ ভৰিটো ঘূৰাই সোফাল তপিনাটোৰ লগত ৰাখি এনে ভাৱে ৰাখক যাতে সেই ভৰি কোচোৱা আঠু-নাড়ীৰ সমুখত থাকে। তাৰ পিচত সোঁ ভৰিটো কোচাই আঠু বা আঠু বা আঠুৰ ঠিক ওপৰত ৰাখক। এইবাৰু মেৰুদণ্ডৰ হাড়ডাল পোন কৰি হাতৰ পতাত একেলগ কৰি ওপৰত ৰাখক যাতে দুটা আঠুৰ মাজ ভাগৰ আকাৰ গোমুখৰ নিচিনা হয়। ভৰি সলনাসলনি কৰক।

লাভ ঃ এই আসন কৰিলে শৰীৰ আৰু মনলৈ ফূর্ত্তি আহিব। ভৰিত শক্তি হব। অণ্ডকোষৰ ৰোগ দূৰ হব। প্রভুৰ ভজন আৰু স্বাস্হ্যৰ কাৰণে এই আসন অত্যন্ত উপযোগী।

ভৰি দুটাক সলনা-সলনি কৰি থাকিলে যোনি আৰু লিঙ্গবিকাৰ দূৰ হয়। সম্ভোগ কৰাৰ সময়ত স্ত্রী-পুৰুষ দুজনেই চৰম আনন্দ আৰু তৃপ্তি পাব।

হস্তপাদ গুপ্তাসন ঃ

বিধি ঃ দুটা ভৰিক আঠু-পর্যন্ত কোচাই এনেভাৱে বহক যাতে দুয়োটা ভৰিৰ গেৰোৱা আৰু আঙুলি মিলি যায় আৰু তপিনা দুটা

ভৰিৰ গেৰোৱাৰ ওপৰত থাকে। তাৰ পিচত দুয়োটা হাতক পিচফাললৈ নি পৰস্পৰ বিৰোধী ভৰিৰ আঙুলিক পৰস্পৰ বিৰোধৰ পিনে হাতৰে ধৰক। এইবাৰ গভীৰ নিঃশ্বাস লওক আৰু উশাহেৰে বুকুখন ফুলাই বুকুৰ ভিতৰত ৰাখক। নিজৰ সামৰ্থ্য অনুযায়ী উশাহ বন্ধ কৰি লাহে লাহে উশাহটো এৰি দিয়ক।

লাভ ঃ এই আসনক নিয়মিতৰূপে অভ্যাস কৰিলে হাত আৰু ভৰি শক্তিশালী হয়। হাপানী ৰোগ আৰোগ্য হয়। পেট পৰিস্কাৰ থাকে, তেজ পৰিস্কাৰ হয়। শ্বাসনলী শুদ্ধ হয়। শৰীৰৰ তেজস্বী হৈ উঠে। শৰীৰত ভালদৰে তেলমালিচ কৰি এই আসন কৰিলে ভাল লাভ পোৱা যায়।

এই আসনে পুৰুষৰ লিঙক ডাঙৰ আৰু দীঘল হোৱাত সাহায্য কৰে। স্ত্ৰীৰ লগত অনেক পৰিৰ সম্ভোগ কৰিও পুৰুষে ক্লান্তি বোধ নকৰে। স্ত্ৰীৰ যোনি যদি সৰু হয় তেন্তে এই আসনৰ অভ্যাসত যোনি ডাঙৰ হয়। স্ত্ৰী আৰু পুৰুষৰ দুজনতেই ভৰি বলীস্ঠ হব। নিজৰ ইচ্ছানুসাৰে ৰজ নাইবা বীৰ্য বাহিৰ কৰাৰ শক্তি থাকে।

নাভী পীড়াসন

বিধি ঃ মাটিত বহি ভৰি দুটা সন্মুখৰ পিনে দীঘলকৈ মেলি দুয়োটাত কে লগ কৰিৰাখক। তাৰ পিচত দুয়োটা হাতেৰে ভৰি দুটা ধৰি আঠুৰ পৰা কোচাই লওক। দুয়োটা ভৰিক তলৰ পৰা ধৰি পাড়ীৰ লগত স্পৰ্শ কৰাওক। এনে কৰিলে আঠু মাটিৰ পৰা আপোনাআপুনি উঠি আহিব। দৃষ্টি সন্মুখৰ পিনে ৰাখক। অলপ সময় এই অৱস্হাত ৰাখক।

লাভ ঃ এই আসনে পেট পৰিস্কাৰ কৰাত সাহায্য কৰে। হজম শক্তি ভাল হয়। ভৰি শক্তিশালী হয়। পেটৰ পৰা অতি সহজে বায়ু বাহিৰ হৈ আহে। মূত্ৰগ্ৰাস লম্বন্ধীয় ৰোগ বিকাৰও ভাল হয়।

এই আসনক নিয়মিত ৰূপে অভ্যাস কৰিলে স্ত্ৰী পুৰুষে পাৰস্পৰিক

মিলনক সহজ কৰি তোলে। তেওঁলোকে পাৰস্পৰিক মিলত চৰম আনন্দ পাই থাকে। এই আসনত লিঙ্গ আৰু যোনিৰ দুয়োটাৰ বিকাশ হয়।

বজ্ৰাসন

বিধি ঃ দুয়োটা ভৰিক সমুখৰ পিনে মেলি দিয়ক। তাৰ পিচত দুয়োটা ভৰিৰ এটা ভৰিক কোচাই ইটো ভৰিৰ লগত লগ লগাইৰাখক। পিচত সেই পিনৰ হাতেৰে ভৰিটোৰ আঠুটো ধৰি ৰাখক আৰু ভৰিটো ওপৰলৈ কৰি সেই ভৰিটোৰ গেৰোৱাটো ধৰি ৰাখক। ভৰিৰ আঙুলিবোৰ পোন পোন হৈ থাকিব। ঠিক এই অৱস্থাত আন ভৰিটোকো লৈ আহক যাতে গেৰোৱাত লাগি যয়। তপিনা ভৰিৰ পতাৰ ওপৰত আৰু কৰঙটো ভৰিৰ ঘিলাৰ ওপৰত ৰাখক। দৃষ্টি স্থিৰ কৰি সমুখৰ পিনে ৰাখক।

লাভ ঃ এই আসনটো কৰিলে শৰীৰ সাজভাগটো পোন থাকে আৰু উশাসৰ প্ৰক্ৰিয়া মন্থৰ হোৱা কাৰণে আয়ু বৃদ্ধি হয়। দৃষ্টি স্থিৰ কৰি ৰখাৰ ফলত চকুৰ জ্যোতিৰ বাঢ়ে। বজ্ৰনাড়ী অৰ্থাৎ বীৰ্য নাড়ী এই আসন অভ্যাস কৰিলে দৃঢ় আৰু বলীষ্ঠ হয়। তাৰ ফলত, বীৰ্যৰ গতি ওপৰ পিনে হোৱাৰ কাৰণে শৰীৰ বজ্ৰৰ নিচিনা হৈ পৰে।

এই আসনক বহু সময় ধৰি কৰিলে মনৰ চঞ্চলতা দূৰহৈ মানুহ বুদ্ধিমান হয়। তেজৰ সঞ্চালন নিয়মিতৰূপে হোৱাৰ কাৰণে শৰীৰ নিৰোগী আৰু সুন্দৰ হৈ উঠে।

এই আসনত স্ত্ৰী-পুৰুষে দুজনৰ যৌন শক্তি বৃদ্ধি হয়। ইচ্ছা কৰিলে এই আসনৰ পৰা অধিকমাত্ৰা বীৰ্য সৃষ্টিক প্ৰদান কৰাৰ শক্তি দিয়ে। আঠুৰ দুৰ্বলতাও এই আসনক নিয়মিত ভাবে কৰিলে দূৰহৈ যায়।

উষ্ট্ৰাসন

বিধি ঃ দুয়োটা ভৰিক আঠু পৰ্য্যন্ত ঘূৰাৰই মাটিৰ ওপৰ তৰাখক। তাৰ পিচত ভৰিক আঠু পৰ্যন্ত মাটিৰ ওপৰত ৰাখক। এইবাৰ 'পূৰক' কৰি উশাহ লওক, তাৰ পিচত ভাৰটোক আঠু পৰ্যন্ত মাটিত ৰাখক।

গাটো ওপৰলৈ তোলক, শৰীৰটোক পাল পাতি ভাজ কৰি মূৰটো পিচৰ পিনে লৈ যাওক আৰু হাত দুটাক দুয়োটা ভৰিৰ গোৰোৱাৰ ওপৰত ৰাখি যিমান বেচি পাৰে সিমান পেটটো বাহিৰ কৰক। দুয়োটা হাত পোন কৰি ৰাখক। দৃষ্টিক মাটিত ৰাকখ। 'কুম্ভক' জাৰী ৰাখক।

লাভ ঃ এই আসনৰ নিয়মিত অভ্যাসত পেটত সৃষ্টি হোৱা গেচ বাহিৰলৈ ওলাই যায়। পিঠি আৰু ভৰিত হোৱা বাত ৰোগ দূৰ হয়। উচ্চতা বৃদ্ধি পায়। হজম শক্তি বৃদ্ধি হয়। চকুৰ ৰোগ যেনে পানী ওলোৱা, চকু খজুৱাতি, চকুৱে পৰিস্কাৰকৈ নেদেখা, ইত্যাদিবোৰ ভাল হয়। পাণ্ডুৰোগ ভাল হয়। শৰীৰ শক্তিশালী হয়। পেটৰ চৰ্বি কম হয়, লিভাৰ ডাঙৰ হলে সি ভাল হয়।

এই আসনে পুৰুষৰ লিঙ্গক শক্তিশালী কৰে। স্ত্ৰীসকলাৰ যোনিকো টান কৰে। সম্ভোগৰ সময়ত লিঙ্গ সম্পূৰ্ণৰূপে বাহিৰলৈ অহাৰ কাৰণে পুৰুষ-স্ত্ৰী দুয়ো সহবাস কৰি মনত বৰ আনন্দ পায়।

সিদ্ধাসন

বিধি ঃ মাটিত পোন হৈ বহি পৰক। বাঁও ভৰিৰ গেৰোৱাক মূত্ৰ গ্ৰন্থি আৰু অণ্ডকোষৰ মাজত লগাঅক। সোঁ ভৰিৰ গেৰোৱা ইন্দ্ৰিয় আৰু নাড়ীৰ মাজত লগাওক। দুই ভৰিৰ গেৰোৱা যাতে এটাৰ ওপৰত আনটো থাকে তাৰ প্ৰতি জক্ষ্য ৰাখিব আৰু আঠুটোও যেন মাটিত লাগি থাকে তালৈ লক্ষ্য কৰিব। মেৰুদণ্ডৰ হাড় একেবাৰে পোন ৰাখিব। হাত আঠুৰ ওপৰত ৰাখিব।

লাভ ঃ এই আসনে স্ত্ৰীৰ যোনিক সুদৃঢ় কৰি ৰাখে। পুৰুষৰ লিঙ্গ আৰ অণ্ডকোমজবুত কৰি ৰাখে। স্বপ্নদোষ, প্ৰমেহ আৰু শীঘ্ৰ পতনক দূৰ কৰে। আত্মাসম্বন্ধীয় শক্তি বৃদ্ধি হয়। বীৰ্য পৰি পক্ক হয়। মানসিক স্থিতিও ভালহৈ উঠে।

পদ্মাসন

বিধি ০ মাটিত বহি পৰক। প্ৰথমতে সোঁ ভৰিটো কোচাই বাওঁ কৰঙ্গনটোৰ ওপৰ আৰু বাওঁ ভৰি সোঁ কৰঙ্গনৰ ওপৰত এনে ভাৱে ৰাখক যাতে দুই ভৰিৰ হাড় নাৰীৰ দুই পিনে পেটৰ লগত লাগি

থাকে। দুয়োটা হাত আঠুৰ ওপৰত ৰাখক। দুই ভৰিৰ আঠু যেন মাটিৰ লগত লাগি থাকে। ককাল, বকু, মূৰ ইত্যাদি গোটেই শৰীৰত পোন কৰি ৰাখক। দুই ভৰিৰ আঠু যেন মাটিৰ লগত লাগি থাকে। দৃষ্টি স্বাভাৱিক ভাবে বন্ধ কৰি ৰখা উচিত।

লাভ ঃ এই আসনক নিয়মিত ৰূপে অভ্যাস কৰিলে চঞ্চল মন স্হিৰ হয়। শীঘ্ৰ পতন ৰোগ আৰোগ্য হয়। এই আসনৰ অভ্যাসত মানসিক দূৰ্ব্বলতা হ্ৰাস হয়। বাত-পিত্ত-কফ দূৰ হয়। প্ৰমেহ, স্বপ্নদোষ ইত্যাদি ৰোগও দূৰ হয়। স্ত্ৰী গৰ্ভাশয় সম্বন্ধীয় যাবতীয় দোষ দূৰ হৈ যায়। শৰীৰত শক্তি বৃদ্ধি হয়।

স্বস্তিকাসন

বিধি ঃ মাটিত বহি ভৰি দুটা অলপমান ঘূৰাই আৰাম কৰি বহক। প্ৰথমতে সো কৰিটো কোচাই তাক বাওঁ ভৰিৰ আঠুৰ ওপৰত ৰাখক। তাৰ পিচত বাওঁ ভৰিৰ পতাক সো ভৰিৰ তলেদি নি ভৰিৰ ঘিলাৰ ওপৰত ৰাখক। দুই ভৰিৰ পতা দুই ভৰিৰ ঘিলাৰ লগত লাগি থকা উচিত। গাটো পোনহৈ থাকিব লাগিব। হাতদুটা আঠুৰ ওপৰত ৰাখক। দৃষ্টি সম্মুখৰ পিনে থাকিব লাগিব।

লাভ ঃ এই আসনে স্ত্ৰী-পুৰুষৰ শৰীৰত অপূৰ্ব আনন্দ দিয়ে। মানসিক ৰোগ দূৰ হয়। পুৰুষৰ লিঙ্গ আৰু স্ত্ৰী সকলৰ যোনিৰ বিভিন্ন ৰোগও এই আসনৰনিয়মিত অভ্যাসত দূৰ হয়।

পৰ্বতাসন

বিধি ঃ প্ৰথমতে, মাটিত বহি পদ্মাসন লগাওক আৰু তাৰ পিচত উশাহলৈ মূত্ৰগন্হিক কোচখুৱাই হাত দুটাক আকাশৰ দিকে মেলি ৰাখিব। স্বাভাৱিক অবস্হাত যিমান বেচি সময় ভাবে উশাহ বন্ধ কৰি ৰাখিব পাৰে ৰাখক। তাৰ পিচত লগে লগে উশাহটো এৰি হাত দুটাক আঠুৰ ওপৰলৈ লৈ যাওক আৰু শৰীৰক স্বাভাৱিক অৱস্হাত ৰাখক।

পদ্মাসনৰ অৱস্হাত ভৰি দুটা অদল-বদল কৰি এই আসনটো কৰি থাকিব।

লাভ ঃ এই আসনত শৰীৰৰ শিথিল ভাৱ দূৰ হৈ শৰীৰ শক্তিশালী হব। বুকুৰ বিকাশ হয়। তেওঁ বিশুদ্ধ হয়। ফুচফুচত সৃষ্টি হোৱা বিকাৰ দূৰ হয়। উশাহ লওতে কস্ট হলে আৰু হাপানীৰ কাৰণে কস্ট হলে সেই কস্ট দূৰ হৈ যায়। ত্ৰী-পুৰুষ দুয়ো এই আসনটো অভ্যাস কৰিব পাৰে।

ইয়াত পুৰুষৰ ভৰিৰ শক্তি বাঢ়ে। শীঘ্ৰপতনৰ ৰোগ দূৰ হয়। স্ত্ৰীৰ যোনি এই আসনৰ নিয়মিত প্ৰভাৱত সুদৃঢ় হব।

তুলাসন

বিধি ঃ পদ্মাসনত বহি দটা হাতক আঠুৰ ওপৰত নাৰখি কৰঙ্গনৰ ওচৰত মাটিৰ ওপৰত ৰাখক। 'পূৰক' অৰ্থাৎ উশাহলৈ শৰীৰক ওপৰলৈ উঠাওক। যিমান বেচি ওপৰলৈ উঠাবলৈং পাৰে সিমান বেচি লাভ হব। 'কুম্ভক' অৰ্থাৎ উশহটো বন্ধ কৰি ৰখাৰ স্হিতিক বজায় যব। এইবাৰ লাহে লাহে শৰীৰক মাটিৰ ওপৰত ৰাখি 'ৰেচক' অৰ্থাৎ উশাহ বাহিৰলৈ বাহিৰ কৰক

লাভ ঃ এই আসনত পদ্মাসনত পোৱা সকলো লাভ পাব। আসনত হাতৰ তলৰা টান হয়। হাত শক্তিশালী হয়, কান্ধ আৰু পিঠি বলীষ্ঠ হয়। শীঘ্ৰ পতনৰ ৰোগ দূৰ হয়। হজম শক্তি দূৰ হয়। সম্ভোগ ক্ৰিয়াত পৰিপূৰ্ণ আনন্দ আৰু তৃপ্তি পোৱা যদি।

হংসাসন

বিধি ঃ দুয়োটা হাতক মাটিৰ ওপৰত ৰাখি উশাহ বাহিৰ কৰক দেহটোক পাতল কৰি দটা আঠুক কিলাকুটিৰ ওপৰত ৰাখক। কিলাকুটি যেন শৰীৰৰ পিনে থাকে লক্ষ্য ৰাখিব। শৰীৰৰ গোটেই ওজন হাতৰ ওপৰত থাকিব আৰু শৰীৰৰ আকাৰ ঠিক এটা হাঁহৰ নিচিনা কৰক. তাৰ পিচত এই আসনটো ভাগ কৰি অভ্যাস কৰিলে লাহে লাহে

মূৰটোক তললৈ যি নাকটোৰে মাটি স্পৰ্শ কৰিবলৈ চেস্টা কৰক। আসন এৰি উশাহ টানি আৰু তাক বাহি কৰি সলনা সলনি কৰি থাকা।

লাভ ঃ এই আসনে মাংসপেশীক সবল কৰে। মখ তেজস্বী হয় আৰু সম্ভোগৰ সময়ত স্ত্ৰীয়ে পুৰুষৰ গোটেই গাৰ ভৰ সহ্য কৰিব লগীয়া হয়।এই আসনৰ অভ্যাসৰ ফলত শৰীৰত ফূৰ্ত্তি উৎপন্ন হয়। খাদ্য বৰ সোনকালে হজম হয়। নাড়ী তন্ত্ৰ ভাল হয়। যোগসনত আগ্ৰহ থকা স্ত্ৰী সকলেও সাধাৰণ অৱস্থাত এই আসন কৰিব পাৰে।

এই আসনে পুৰুষৰ শক্তি বৃদ্ধি কৰে। তাৰ ফলত পুৰুষে বেচি সময় সম্ভোগ কৰিব পাৰে। সম্ভোগৰ সময়ত স্ত্ৰীক নিজৰ ওপৰত পুৰুষৰ গোটেই শৰীৰটোৰ ওজন সহ্য কৰিব লগা হয়। এই আসনৰ অভ্যাসৰ ফলত স্ত্ৰীৰ হাতত যি শক্তি আহি যায়, তাৰ ফলত পুৰুষ গোটেই শৰীৰৰ ভাৰ সহ্য কৰাৰ শক্তি স্ত্ৰীয়ে লাভ কৰে। তাৰ ফলত সম্ভোগৰ সমত স্ত্ৰীৰ কোনো শাৰীৰিক কস্ট নহয়। স্ত্ৰীয়ে এই আসনটো নিয়মিত ৰূপে অভ্যাস কৰিলে পুৰুষৰ লগত মিলনৰ কাৰণে তৎপৰ হৈ উঠে। এই আসনটোক নিমিত ভাবে অভ্যাস কৰিলে পুৰুষ-স্ত্ৰীৰ শৰীৰ পাতল হ।

হস্তপাদ বিস্তৃতাসন

বিধি ঃ মাটিত মুখ ওপৰ কৰি শুই পৰক। দুয়োটা ভৰিক ওপৰলৈ তুলি মূৰৰ পিনে মাটিৰ ওপৰত থৈ দিয়ক। দুয়োটা হাত মূৰৰ পিনে লৈ যাওক। দুয়োটা হাতক মূৰৰ পিনে লৈ যাওক। দুয়োটা হাত আৰু ভৰিক নিজৰ সমৰ্থানুযায়ী খোলক। দুয়োটা হাতেৰে দুয়োটা ভৰিৰ বুঢ়া আঙুলিদুাক ধৰক। ভৰিটো হাতেৰে ধৰি মাটিৰ লগত লগ লগাওক।

লাভ ঃ এই আসনত স্ত্ৰীৰ যোনি সৰু হলে ডাঙৰ হয়। পুৰুষৰ লিঙ্গও দীঘল হয়। লিঙ্গ যোনিৰ ভিতৰত সহজে সোমাব পাৰে অৰ্থাৎ

স্ত্ৰীয়ে অলপো দুঃখ নাপায়। এই আসনত স্ত্ৰীৰ বৰ সোনকালে ভাগৰ লাগিলেও তেওঁ অত্যন্ত আনন্দ পায়।

এই আসনত স্ত্ৰী-পুৰুষৰ শৰীৰত শক্তি বৃদ্ধি হয়। সোনকালে বাৰ্দ্ধক্য নাহে। স্ত্ৰী পুৰুষ উভয়ৰ শৰীৰ শক্তিশালী হয়। পেটৰ যাবতীয় ৰোগবোৰ আৰোগ্য হয়। স্মৰণ শক্তি বৃদ্ধি হয়। স্ত্ৰী সকলো গৰ্ভাৱস্থাত এই আসনটো কৰিব নেলাগে।

স্বপ্ন দোষ

স্বপ্ন দোষ এবং শীঘ্ৰ পতন – এই দুটা এনেকুৱা ব্যাধিক-যাৰ কাৰণে আজিকালিৰ ডেকাবোৰ অত্যন্ত ভুগি আছে। এই দুটা ব্যাধিৰ কাৰণে তেওঁলোক বিৰাট সমস্যাৰ সন্মুখীন হৈছে আৰু জীয়াই থাকিলেও মৰাৰ নিচিনা হৈছে। অনভিজ্ঞ আৰু অযোগ্য ডাক্তৰে এই ৰোগদুটাৰ চিকিৎসা কৰিছে অথচ আৰোগ্য কৰিব নোৱাৰি সোনকালেই আৰোগ্য হব বুলি আশ্বাস দি্দি টকা উপাজৰ্ন কৰিছে আৰু তাৰ বলি হৈ আজি কালিৰ ডেকাবোৰে দিনে ৰাতিয়ে ভুগিছে।

বাস্তবিকতা অধিবাসিত আৰু বেচি বয়সৰ পুৰুষৰ সকলৰা মাহেকত দুই--তিনিবাৰ স্বপ্নদেষ হলেও ক্ষতিকাৰক বুলি ভবা উচিত নহয়। এইটো এটা নিতান্ত স্বাভাৱিক প্ৰক্ৰিয়া। শৰীৰৰ ভিতৰত যি মল বা পদাৰ্থ বেচি মাত্ৰাত একতৃি হয়, প্ৰকৃতিয়ে নিজেই সেইবোৰৰ শৰীৰৰ পৰা বাৰি কৰিবলৈ পথ খুজি থাকে। যদি শুক্ৰাশয়ত শুক্ৰ পুৰাপুৰি ভৰ্ত্তি হয় আৰু তাত জমা হবৰ ঠাই নাথাকে, গতিকে প্ৰতিদিন উৎপন্ন হোৱা শুক্ৰ কত জমা হ'ব? সেই বেচি পৰিমানে জমা হোৱা বীৰ্জ স্বপ্নদোযৰ ৰূপত শৰীৰৰ পৰা বাহিৰ হৈ আছে।

এনেকুৱা হয় যে যি বোৰ মানুহে হস্তমৈথুন কৰে তেওঁ লোকৰ

যৌনাঙ্গই ক্লান্তিৰ কাৰণে উত্তেজিত হয় আৰু সেই অৱস্থাত তেওঁলোকে অলপো ভাৰ সহ্য কৰিব নোৱাৰে। এই কাৰণেই কোনো বা মধ্যবয়সীয়া মানুহে হস্তমৈথুন কৰে আৰু সেইবোৰৰে স্বপ্নদোষ বেচি মাত্ৰাত হয়।

আমি আপোনালোকক জনাই দিব খুজিছো যে অবিবাহিত ডেকা বা মধ্য বয়সীয়া পুৰুষৰ এমাহত যদি দুই তিনিবাৰ স্বপ্নদোষ নহয় তেন্তে তাৰ ফলত তেওঁলোকৰ মস্তিস্কত গধূৰ গধূৰ ভাৱ, মূৰৰ বিৰ আৰু ৰীৰ শিৰ আৰু উপশিৰত এক প্ৰকাৰ টেনচন অনুভৱ কৰে। স্বপ্নদোষ হোৱাৰ পিচত, সেইবোৰৰ সোঁত মুকলি হয় আৰু টেনচনৰ কম হৈ পৰে। অবশ্যে, এইটো এটা সচা কথা যে যদি স্বপ্নদোষৰ কাৰেণ যদি কোনো কোনো মানুহৰ অত্যাধিক চিন্তা হৈ থাকে, তেন্তে সেইটো ৰোগ হৈ পৰে।

স্বপ্নদোষ যদি একেৰাহে হৈ থাকে, তেন্তে সেইটো সচাকৈয়ে চিন্তাৰ বিষয়। একেৰাহে স্বপ্নদোষ হলে শৰীৰ দুবৰ্বল হোৱাটা স্বাভাবিক আৰু সেই দুৰ্ব্বলততাক ৰোগৰ প্ৰাৰম্ভিক লক্ষনবুলি ধৰি লোৱা উচিত হব ৰোগবুলি ধৰি তাৰ কাৰণ কাৰণ খুজি বাহিৰ কৰি তাৰ সঠিক চিকিৎসা কৰা উচিত। স্বপ্নদোষৰ সঠিক কাৰণ দূৰ হলে আৰু স্বাভাৱিক অবস্হাত এমাহত দুই-তিনিবাৰ স্বপ্নদোষ হলে সেইটো ইমান ক্ষতিকাৰক নহয়।

কিছুমান অনভিজ্ঞ টকালোভী চিকিৎসকে এইটোকএটা ভয়ংকৰ ৰূপদি ভয় সুমুৱাই দিয়ে আৰ, বৰ দীঘল চিকিৎসাৰ আবশ্যক হব বুলি কয়। বাস্তবিকতে ৰোগটো একোৱেই নহয় আৰু স্বাভাৱিক স্বপ্নদোষে মানুহৰ শৰীৰত ক্ষতি কবি নোৱাৰে। এইটো ঠিক যে অস্বাভাবিকভাৱে স্বপ্নদোষ হৈ থাকিলে সাধাৰণ ক্ষতি অবশ্যেই হ'বকিন্তু তাৰ বাবে চিন্তানকৰি সঠিক চিকিৎসা কৰিলে এই সমস্যাটোৰ সোনকালেই সমাধান হৈ লব। গতিকে ভয়ংকৰ কথা মনৰ পৰা গুচাই ধীৰে-ধীৰে শান্ত ভাবে চিকিৎসা কৰিলে সকলো সমস্যাৰ সমাধান হৈ যাব।

স্বপ্নদোষৰ বাস্তৱিক পৰিচয় হল এইটোৱেই যে দিন বা ৰাতি যেতিয়া কোনো মানুহ টোপনি গৈছে। তেতিয়া স্বপ্নত এজনী সুন্দৰী গাভৰু ছোৱালী বা মহিলাই স্বপ্নত তেওঁক দেখা দিয়ে আৰু সেই কাল্পনিক গাভৰুৰ লগত তেওঁ স্বপ্নতে সম্ভোগ কৰে আৰু তাৰ ফলত বীৰ্য স্খলিত হৈ পৰে। এইটোৱেই হল ৰোগৰ পৰিচয়।

কাৰণ

কু সঙ্গীত অৰ্থাৎ এনেকুৱা সঙ্গীত যিবিলাকে সদায় বিষয় ভোগ নাইবা সেই সম্বন্ধে আলোচনা কৰি থাকে, তেওঁলোকে এই ৰোগৰ উৎপত্তিক সাহায্য কৰি থাকে। কেতিয়াবা কেতিয়াবা এজন মানুহে অকলেই এই ধৰণৰ কথাবোৰ একেৰাহে চিন্তা কৰি থাকে। কামোত্তেজনক প্ৰসঙ্গত বাৰে বাৰে চিন্তা কৰা, অপ্ৰাকৃতিক উপায়ে মৈথুন কৰা, হস্ত মৈথুন কৰা, অত্যাধিক মৈথুন কৰা, কোষ্ঠকাঠিন্যত ভুগা মাংস, কণী আদি গৰম খাদ্য বেচিকৈ খোৱা, উত্তেজনাৰ পৰিবেশত বাস কৰা চিনেমা বৰ বেচি দেখা, অত্যাধিশক চিন্তা কৰা, অত্যাধিক শোক কৰা, খুব বেচি মানসিক পৰিশ্ৰম কৰা, অত্যাকি মদ পান কৰা, ইত্যাদি কাম বোৰ এই ৰোগৰ মুখ্য কাৰণ।

এইবোৰৰ বাহিৰেও এই ৰোগৰ সাধাৰণ কাৰণত মানুহৰ খাদ্য আৰু আচাৰা আচৰণে ইয়াৰ ওপৰত যথেষ্ট গুৰুত দিয়ে। তাৰ ভিতৰত পৰিস্কাৰ-পৰিচছন্নতা নাথাকিলেও কোনো কোনে মানহৰ স্বপ্নদোষ ৰোগ হ'ব পাৰে।

লক্ষণ

শৰীৰ দুৰ্ব্বল হোৱা (এই দুৰ্ব্বলতা স্বপ্নদোষ বৰ বেচিকৈ হলে হয়), ব্যক্তিৰ মুখৰ চমক আৰু সৌন্দৰ্য্য লুপ্ত হোৱা, মন দুৰ্ব্বল হৈ পৰা মস্তিস্কৰ দুৰ্ব্বল হৈ পৰা, চকু কোতৰত সোমোৱা দৃষ্টি দুৰ্ব্বলতা, মূৰত যত্ৰণা হোৱা, অলপ পৰিশ্ৰম কৰিলেই ভাগৰ লগা, শৰীৰত বিভিন্ন ধৰণৰৰোগ হোৱা মূৰটো সদায় গধূৰ লগা, কোস্ঠ-কাঠিন্য

হোৱা, প্ৰস্ৰাবৰ লগত বীৰ্য বাহিৰ হোৱা সময়-অসময়ত টোপনি অহা, শৰীৰ তব্যথা হোৱা, শৰীৰ ভাগি পৰা, কাম কৰিবলৈ ইচ্ছা নোহোৱা, খিংখিঙীয়া ভাব ইত্যাদি স্বপ্নদোষৰ মুখ্য লক্ষন।

পৰিণাম

কেৱল স্বপ্নদোষেক্ষ নহয়, যিকোনো ৰোগক যদি যথা সময়ত চিকিৎসা কৰা নহয় তেনেহলে তাৰ পৰিণাম ভয়ংকৰ হৈ উঠে। এই কথাটো স্বপ্নদোষৰ ক্ষেত্ৰতো প্ৰযোজ্য।

সঠিক সময়ত স্বপ্নদোষৰ চিকিৎসা নকৰিলে শৰীৰ অনেক ধৰণৰ ৰোগে বাস কৰিবলৈ আৰম্ভ কৰে। প্ৰথমতে কোষ্ঠ কাঠিন্যৰ সৃষ্টি হয় আৰু তাৰ লগে লগে শীঘ্ৰ পতন আৰু প্ৰমেহ আৰম্ভ হয়। মাত্ৰ সিমানেই নহয়, লাহে লাহে এই সাধাৰণ কিন্তু স্বাভাৱিক ৰোগৰ কাৰণে মানুহৰ যক্ষ্মাৰোগৰ নিচিনা ভয়ংকৰ ৰোগতো মানুহ আক্ৰান্ত হ'ব পাৰে।

স্বপ্নদোষ হৈছে এটা মানসিক ৰোগ ইয়াৰ পৰা ৰক্ষা পাবলৈ হলে সৰ্বোত্তম উপায় হল নিজৰ মনক সুস্হ আৰু নিৰ্মল কৰি ৰখা। মনক সৰ্বদায় শান্ত ৰাখক, মনত কেতিয়াও বিকৃত আৰু দূষিত চিন্তাৰ কৰিবলৈ নিদি, মনলৈ যাতে চঞ্চলতা নাহে ত প্ৰতি সদায় সতৰ্কতা অৱলম্বন কৰিব।

এইটো কথা সদায় মনত ৰাখিব আপোনাৰ চিন্তাভাবনা যাতে প্ৰদূষিত নহয়, তেনেহলে কোনো ৰোগে আপোনাক আক্ৰমণ কৰিব নোৱাৰিব। কুসঙ্গৰ পৰা দূষিত পৰিবেশত থকাৰ কাৰণে আপোনাৰ মনলৈ সদায় বেয়া আৰু কুৎসিত চিন্তাবোৰ নিশ্চয় আহিব আৰু আপোনাৰ মনক কুলুষিত কৰিব। কুসঙ্গীৰ লগত অশ্লীল কথাৰে যিকোনো বিষয় আলোচনা নকৰা অশ্লীল চিনেমা নো চোৱা, অশ্লীল নপঢ়া আটাইতকৈ জৰুৰী।

মনক শুদ্ধ, শান্ত আৰু পবিত্ৰ ৰখা হল স্বপ্নদোষৰ পৰা হাতৰ পৰা

বাচি থকাৰ সৰ্বোত্তম উপায়। এইটোৱেই হৈছে সঠিক চিকিৎস।

লাভক্ষতি

স্বপ্নদোষ সাধাণৰতে সেইবোৰ মানুহৰ হয় যাৰ কোনো এটা ৰোগত ভুগাৰ কাৰণে বীৰ্য পাতল হৈছে নাইবা যি জন মানুহ ক্ৰমাগত কামোত্তেজক পৰিবেশত বা কৰে আৰু যি নিজৰ উত্তেজনাক শান্ত কৰিবলৈ সুযোগ পায় তেওঁৰ স্বপ্নদোষ হোৱাৰ সম্ভাৱনা অতি কম। তথাপিও চিন্তিত হাৰ কোনো কাৰণ নাই। যদি স্বপ্নদোষ একেৰাহে হৈ থাকে তেনেহলে সেইটো চিন্তাৰ কাৰণ হৈ উঠিব পাৰে।

স্বপ্নদোষ এটা বিকাৰও নহয় ৰোগও নহয়। এইটো কোনো প্ৰকাৰৰ দুৰ্ব্বলতাও নহয়। কেতিয়াবা-কেতিয়াবা স্বপ্নদোষ হোৱাটোক শৰীৰৰ কোনো ধৰণৰ অনিয়মিত অৱস্থা বুলিও ক'ব নোৱাৰি। স্থান, পৰিস্থিতি আৰু খোৱা বোৱাৰ কাৰণে এনেকুৱা হোৱাটো সম্ভৱ।

শৰীৰত ভিতৰত সৰ্বদায় বীৰ্য তৈয়াৰ হৈ থাকে। যেতিয়া শৰীৰ বীৰ্যৰ বেচি হয়' আৰু বাহিৰলৈ ওলাবলৈ পথ নাথাকে, অৰ্থাৎ পত্নীৰ লগত সহবাস সম্ভৱ নহয় আৰু সেই মানুহৰ জনৰ যদি হস্তমৈথুনত আসক্তি নাথাকে, তেনেহলে এই ধৰণৰ পৰিস্হিতিত যদি স্বপ্নদোয হৈ পৰে, তেনে হলে সেইটো আশ্চৰ্য্যৰ বিষয় নহয়, কাৰণ পাত্ৰ ভৰিগলে সেই পাত্ৰৰ পৰা যি কোনো উপায়েৰে বাৰিলৈ ওলাই যোৱাটো স্বাভাবিক। যেতিয়া পুৰনি বীয শৰীৰৰ পৰা বাহিৰ হৈ যায় একমাত্ৰ নতুন বীৰ্যহি তাৰ স্হান গ্ৰহণ কৰে।

এনে ধৰণে মানি লোৱা হৈছে যে স্বপ্নদোষৰ মাধ্যমত যিমান বীৰ্য বাহিৰলৈ ওলাই যায়, তাৰ ভিতৰত শুক্ৰাণু নাথাকে অৰ্থাৎ তাত বীৰ্য কীট নাথাকে। এই ধৰণৰ ধাৰণাপোষনকাৰী চিকিৎক বেচি মাত্ৰাত দেখিবলৈ পোৱা যায় যাৰ বিশ্বাস যে এজন মানুহৰ যদি মাহত 3-4 বাৰ স্বপ্নদোষ হয়, তাক অস্বাভাবিক মনে কৰাটো ঠিক নহয়। ইয়াক কোনো ৰোগ বা বিকৃতি মনে নকৰিব। এইটো শৰীৰৰ ধৰ্ম।

চিকিৎসা

স্বপ্নদোষৰ চিকিৎসাৰ আটাইতকৈ জৰুৰী হল ৰোগীৰ মানসিকভাবে সুস্থ থকা। ৰোগীৰ মানসিক চিন্তা ভাবনা যেন কোনো মতেই দূষিত নহই পাৰে। ৰোগীৰ চিন্তাভাবনা দূষিত হলে চিকিৎসাৰ প্ৰভাৱ বৰ কম হয়, তেতিয়া যিমান ভাল ঔষধ খুৱালেও একো ভাল ফল নাপায়। গতিকে স্বপ্নদোৰ ৰোগীৰ চিকিৎসা চলি থাকোতে তেওঁৰ মনটো স্বচ্ছ ৰখা উচিত আৰু তাৰ কাৰণে যথাসম্ভৱ চেষ্টা কৰা উচিত।

স্বপ্নদোষ শাৰীৰিক ৰোগ কম, মানসিক ৰোগ বেচি। গতিকে তাৰ হাতৰ পৰা বাচি থাকিবলৈ মনক সকলো সময়ত শান্ত ৰখা উচিত। মনক কেতিয়াও বিকৃত আৰু দূষিত কৰা উচিত নহয়।

আয়ুৰ্বেদিক চিকিৎসা

সাধাৰণতে যিবোৰ ঔষধ প্ৰমেহ ৰোগত লাভদায়ক হয়, সেইবোৰ ঔষধ স্বপ্নদোষৰ কাৰণেও ভাল। প্ৰয়োজন অনুসাৰে সেইবোৰে ঔষধৰ মাজৰ পৰা যদি কোনো ঔষধ প্ৰয়োগ কৰা হয়, তেন্তে সেই ঔষধটো সফল প্ৰমাণিত হব পাৰে।

তাৰ বাহিৰেও বঙ্গ ভস্ম, শুদ্ধ শিলাজিত মিশ্ৰণ, আমলখিৰ ৰস, আৰু লগতে সেউজীয়া অমৰাৰ ৰস মিলালে ভাল লাভ পোৱা যাব।

ভীমসেনী কৰ্পূৰ, কাবাব চেনি আৰু হালধি মিলাই স্বপ্নদোষৰ কাৰণে স্বপ্নদোষহৰ চূৰ্ণও বনোৱা হয়। এইটো বৰ উপযোগী। এই চূৰ্ণৰ প্ৰয়োগত এসপতহত স্বপ্নদোষ দূৰহৈ যায়। ইয়াৰ দ্বাৰা ৰোগীৰ কোষ্ঠ কাঠিন্যও দূৰ হয়।

চ্যৱনপ্ৰাস আৰু স্বপ্নদোষনাশক ৰস ইত্যাদিও আয়ুৰ্বেদ মতে স্বপ্নদোষক দূৰ কৰিবলৈ ব্যৱহাৰ কৰিব পাৰি।

ইউনানী চিকিৎসা

হব্বে এহতি লাচ এনে কুৱা এটা স্বপ্নদোষনাশক বটিকা, যি মোটামুটি বাৰটা দ্ৰব্যৰ মিশ্ৰণত তৈয়াৰ হয়। ইয়াকখালে স্বপ্নদোষ

নিশ্চয় দূৰ হয় বুলি ইউনানী চিকিৎসা পদ্ধতিত মনা হয়।

স্বপ্নদোষৰ চিকিৎসাৰ কাৰণে ইউনানী চিকিৎসা পদ্ধতিত চূৰ্ণও বনোৱা হয়। চফুফে এহতিলাম এই ধৰণৰ এটা প্ৰসিদ্ধ চূৰ্ণ। এই চূৰ্ণ দহটা দ্ৰব্যৰ সংশ্ৰিণত বনোৱা হয়। এই চূৰ্ণক বিশুদ্ধ ফলৰ ৰস বা ছাগলীৰ গাখীৰৰ লগত খুৱাব পাৰি। স্বপ্নদোষৰ কাৰণে এই চূৰ্ণটো অতি লাভদায়ক।

প্ৰমেহ ৰোগৰ কাৰণে যিবোৰ ইউনানী চিকিৎসা পদ্ধতিত খাবলৈ দিয়া হয়, সেইবোৰ ঔষধ স্বপ্নদোষৰ কাৰণেও অত্যন্ত লাভজনক।

এলোপথিক চিকিৎসা

আধুনিক চিকিৎসা বিজ্ঞানত স্বপ্নদোষৰ অনেক ঔষধ আছে। ইনজেকচন দিও এই ৰোগক আৰোগ্য কৰিব পাৰি। আধুনিক চিকিৎসক সকলে ৰোগীক পুষ্টিকৰ ঔষধ খাবলৈ দিয়ে। তেওঁলোকৰ উদ্দেশ্য মাত্ৰ? ৰোগক দূৰৰ ভিতৰত সীমিত থাকে, ৰোগৰ কাৰণটো বাহিৰ কৰাত তেওঁলোক আগ্ৰহী নহয়। আধুনিক চিকিৎসা বিজ্ঞানত চিকিৎসা সকলে কীটাণুক মাৰিবওল স্চেটা কৰে। সেই কাৰণে স্বপ্নদোষ দূৰ কৰিবলৈ গৈ তেওঁলোকে পুষ্টিকৰ আৰু শান্তি কাৰক ঔষধ প্ৰয়োগ কৰে।

আধুনিক চিকিৎসা পদ্ধতিত পেটেন্ট ঔষধ তৈয়াৰ কৰি দিয়া হয় আৰু ঠিক এই প্ৰকাৰ পেটেন্ট ইঞ্জেকচনও দিয়া হয়। আধুনিক চিকিৎসা বিজ্ঞানত আয়ুৰ্বেদ নাইবা ইউনামী চিকিৎসা পদ্ধতিৰ নিচিনা কিবা দ্ৰব্য বিচাৰি তাক কাটি পিহি তাৰ মিশ্ৰণ ৰোগীৰ খাবলৈ দিয়া হয়। ইয়াত ৰোগী সকলক আগৰ পৰাই তৈয়াৰ কৰি ৰখা বটিকা, চৰবং আৰু ইঞ্জেকচন দিয়া হয়।

আম্লিবোন, কেলচিয়াম বোনেট, নিউপিস, ফোৰিজে, স্পীমান, চাভোবোল ইত্যাদি টেবলেটৰ স্বপ্নদোষৰ লাভ হয়।

এই নিচিনা উদ্ৰীপিন, ডিজিলী, পাসুমা-স্ট্ৰং, ল্যুটি চাই ক্লিন,

লুমোনাল, লেচিবিন ইত্যাদি ইঞ্জেকচনও স্বপ্নদোষৰ কাৰণে ভাল ঔষধ। ইয়াৰ বাহিৰেও পৰমেহ ৰোগত যিবোৰ ঔষধৰ প্ৰয়োগ কৰা হয় সেই বোৰৰ প্ৰয়োগ কৰিলে স্বপ্নদোষ ৰোগও ভাল হয়।

হোমিওপাথিক চিকিৎসা

হোমিওপাথিত স্বপ্নদোষৰ লক্ষণ আৰু জানি কোৱা হৈছে যে, টোপনি কিবা স্বপ্নৰ সৈতে বা নিজৰ পৰাই বীৰ্য স্খলিত হৈ যোৱাকেই স্বপ্নদোষ কয়। তেতিয়া এই বস্তুবোৰ বাৰে বাৰে হৈ থাকে তেতিয়া উদাসীন। লাজপোৱা স্বভাৱ, ভোক নলগা, কোষ্ঠ কাঠিন্য, মূৰৰ বিষ, এনিমিয়া ইত্যাদি লক্ষণ দেখা যায়।

হোমিওপাথিত এই ৰোগৰ উপশমৰ কাৰণে তলত দিয়া ঔষধবোৰ বিশেষকৈ ব্যৱহাৰ কৰা যায়।

এচিড ফচ ৩০, ২০০, অত্যাধিক স্ত্ৰীসহবাসৰ কাৰণে সৃষ্টি হোৱা দুৰ্বলতা আৰু সম্ভোগৰ সময়ত শীঘ স্খলিত হৈ পৰা। স্মৃতি ভঙ্গ হোৱাত এই ঔষধে ভাল কাম দিয়ে। কেলকোৰিয়া ফচ-৩০ ঃ সহবাসৰ তীব্ৰ ইচ্ছা, কিন্তু জ্ঞানেন্দ্ৰিয়ৰ উত্তেজনাৰ কাৰণে বীৰ্যপাত আৰু সম্পূৰ্ণ শৰীৰত দুৰ্বলতা হলে এই ঔষধ ভাল লাভ পোৱা যায়। কাহেৰিচ ৩০ ঃ গৰমৰ ৰোগৰ কাৰণে বীৰ্যপাত, কিদু কিদু কৰি প্ৰস্ৰাৱ হোৱা ইত্যাদিত এই ঔষধৰ প্ৰয়োগ লাভদায়ক হয়।

চায়না টও ঃ বাবে বাবে জননেন্দ্ৰিয়ত উত্তেজনা অহা, ভোক নলগা, সদায় এলাহ লগা, টোপনিত বীৰ্যপাত হোৱা ইত্যাদিত উত্তম ঔষধ।

নাক্স ভোমিক টও ঃ হজম-ক্ৰিয়াৰ গণ্ডগোল হোৱাৰ কাৰণে বীৰ্যপাত, স্ত্ৰীৰলগত সহবাসত লিপ্ত হবৰ কাৰণে তীব্ৰ ইচ্ছা মনত জাগি উঠা, কোষ্ঠবদ্ধতা, ভোক কাম ইত্যাদি লক্ষণত এই ঔষধ খালে বৰ উপকাৰ পোৱা যায়।

লুথাৰ লুটিথিম ক্যু ঃ স্বপ্নদোষ আৰু দুৰ্বলতা, মল নাইবা

মূত্ৰত্যাগৰ সময়ত বীৰ্যপাত হলে এই উত্তম ঔষধক খোৱা উচিত।

প্লোটিনা 50 ঃ শীৰ্ঘপতন, যৌৱনৰ প্ৰাৰম্ভিক অৱস্থাত হস্তমৈথুনৰ কাৰণে হোৱা আৰু সহবাসত দুৰ্বলতা ইত্যাদিত এই ঔষধ খাবলৈ দিয়া হয়।

ফচফোৰাচ 30 ঃ সোনকালে বীযপাত হোৱা, হস্তমৈথুনৰ কাৰণে বীৰ্য নস্ট হোৱা, সহবাসৰ সময়ত কেতিয়াবা চিন্তা, কেতিয়াবা অস্থিৰতা জাগলে এই ঔষধৰ পৰা ভাল লাভ পোৱা যায়।

বৈৰাটা কাৰ্য-.30 : বীৰ্যস্খলিত হৈ যোৱাৰ পিচত অস্থিৰতা আৰু দুবলতা আছিলে এই অৱস্থাত এই ঔষধটো খালে ভাল ফল পোৱা যায়।

স্বপ্নদোষ ঃ ভাৰতীয় দৃষ্টিকোণ

অৰ্দ্ধ-নিদ্ৰাৰ অৱস্থাত মানুহে নানা ধৰণৰ স্বপ্নৰ মুখ্য কেন্দ্ৰ বিন্দু মানুহৰ সংস্কাৰ আৰু চিন্তা-ভাৱনা। গোটেই দিনটো যি ধৰণৰ পৰিৱেশত মানুহ থাকে, সেইটোৱেই ৰাতি স্বপ্নত প্ৰকট হয়। আজিকালিৰ যুৱক যুৱতীবোৰে এইটো ভাবে যে সিহতৰ জন্মদিবলৈ বিশেষ একো চেস্টা কৰা নাই, তাৰ পিৰীতে সিহতৰ এই পৃথিৱীলৈ অহাটো হৈছে সিহতৰ মাক-বাপেকৰ কাম-ইচ্ছা তৃপ্তিতেই ফল। বাস্তবিকতে, এই ধাৰণাটো বৰ বেচি দূৰৰ নহয়। কাৰণ, সাধাৰণতে আজিকালৰ যুব-দম্পতিয়ে কাম তৃপ্তিকেই বিয়াৰ লক্ষ হিচাপে বিবেচনা কৰে। সেই কাৰণে, স্ত্ৰী আৰু সুযোগ পালেই পুৰুষ অন্য স্ত্ৰীৰ লগতো সম্ভোগত লিপ্ত হৈ উঠে। এই ধৰণৰ চিন্তা ভাৱনা সেই ব্যভিচাৰৰ পৰা জন্ম লোৱা সন্তানবোৰৰ মাজতো গঢ়ি উঠে।

আজি-কালিৰ পৰিৱেশ ইমান দূষিত আৰু বিষম হৈ উঠিছে যে সন্তান বিলাকক সুসংস্কৃতি প্ৰবল কৰি তোলাৰ পৰাই মাক-বাপেকে বিশেষ মনোনিবেশ কৰা নাই। ব্ৰহ্মচাৰ্য কি বস্তু আনকি আজি কালিৰ মাক-বাপেক হতেও নামানে, গতিকে তেওঁলোকে পুতেকহতক

ব্ৰহ্মচাৰ্য্য শিক্ষা কেনেকৈ দিব ? লৰাছোৱালী বিলাকক স্কুললৈ পঠালে তাত অনেক লৰাছোৱালীৰ লগত সিহতৰ পৰিচয় আৰ মিলা-মিশা হয়। কিন্তু সকলোৰে পৰিবেশ একে নহয়, কিছুমানৰ ভাল আৰু কিছুমানত বেয়া। কিন্তু সিহতে ভাল কোনটো আৰু বেয়া কোনটো বুজি নাপায় আৰু সেইকাৰণে সিহতে ভাল সংস্কাৰ নাপায়।

এই পৰিস্থিতিত ব্ৰহ্মচাৰ্য পালনৰ এনেকুৱা কি নিয়ম আছে যাক আজি-কালিৰ ভাৰতীয় লৰাছোৱালীয়েৰে ভাঙিছে ? আৰু এইভাবে জানি-শুনি মাত্ৰ ঘুমন্ত অবস্থাতেই নহয়, জাগ্ৰত অবস্থাতেও আমাৰ লৰাছোৱালীবোৰৰ বীৰ্যপাত হৈ থাকে।

নিদ্ৰাৱসত স্বপ্নত কাম ইচ্ছা তৃপ্তিৰ ৰূপ আৰু কেতিয়াবা কেতিয়াবা কোনো স্বপ্নক বাদ দিও বীৰ্যপাত হয়। বাস্তবিকতে এইটো এটা ভয়ংকৰ ৰোগ। অতি কম সৌভাগ্যবান মানুহে এই ভয়ংকৰ ৰোগৰ পৰা মুক্তি পাব, নহলেতো আজি গোটেই পৃথিৱী এই ৰোগত দুখী হৈ পৰিলে, ৰোগ গ্ৰস্ত হৈ পৰিছে। এই কাৰণে স্বপ্নদোষ বিনা ইচ্ছতেও হয়।

যি মানুহৰ এবাৰএই ৰোগটো হৈছে তেওঁ সেই ৰোগৰ পৰা সহজে মুক্তি নাপায়। এনেকুৱা অনেক মানুহ আছে। যি সকলে সচাকৈয়ে এই ৰোগটোৰ পৰা দূৰত থাকিবলৈ বিচাৰো কিন্তু মনত প্ৰবল ইচ্ছা থকা সত্বেও তেওঁলোকেৰ তাৰ পৰা নিস্তাৰ নেপায়। ইয়াৰ কাৰণ তেওঁলোকৰ খোৱা-বোৱা, বসবাস কৰাৰ ধৰণ-কৰণ আৰু সামাজিক পৰিবেশ। গতিকে যিবোৰ কাৰণত এই ৰোগটো হয়, সেই কাৰণবোৰক যদি দূৰ কৰি দিয়া হয়, তেন্তে এই ভয়ংকৰ ৰোগৰ পৰা হাত সাৰিব পাৰে। এই ভাবে চাবলৈ গলে, দেখা যাব যে, স্বপ্নদোষ ৰোগটো এটা ভয়ংকৰ ৰোগ নহয় যাক ভয়ংকৰ বুলি ভবা হয়। এই ৰোগটোৰ পৰা বচাৰ কিছুমান নিয়ম আছে। সেই নিয়মবোৰ যদি দৃঢ়ভাবে পালন কৰা হয় তেন্তে স্বপ্নদোষক নিশ্চয় কৰিলে নিশ্চিত ৰূপে ভাল ফল পোৱা

সম্ভৱ। এই ধৰনে ভবা হয় যে মানুহৰ মনটো ফটো তোলা কেমেৰাৰ নিচিনা। যিভাবে ফটো তোলাৰ সময়ত কেমেৰাৰ আগত যি বস্তু যি অৱস্থাত থাকে ঠিক তেনেভাবেই ফটো উঠে। মানুহৰ প্ৰতিটো কাম আৰু চিন্তাভাৱনাৰ ছাপ তেওঁৰ মনৰ ওপৰত অংকিত হৈ থাকে। মনে সেইবোৰ ফটোক সংগ্ৰহ কৰি থাকে আৰু সুযোগ পালে বা পৰিবেশ অনুযায়ী মনে সেই ফটোবোৰক ইলুটি-সিলুটি কৰিও দেখে। যিদিনা মানুহে অধিকাংশ সময় বিকৃত চিন্তা-ভাৱনা আৰু দূষিত পৰিবেশত কটাব, সেই দিনা তেওঁৰ স্বপ্নতো সেই ধৰণৰ দৃশ্য আৰু চিন্তা-ভাৱনা আহিব। এই দোষ, অপিবত্ৰতা আৰ বিকৃতিয়ে মানুহৰ জীৱ নষ্ট কৰি দিয়ে।

ইয়াত এটা উদাহৰণ দিলে বিষয়টো আৰু বেচি স্পষ্ট হব। এইটো কোনেও জোৰ দি কব নোৱাৰে যে কেতিয়াও কোনো মানুহে এনেকুৱা স্বপ্ন দেখা নাই য'ত তেওঁ প্ৰস্ৰাৱ কৰিছে। ইয়াৰ কাৰণ এইটোৱেই যে মানুহে কেতিয়াও এই বিষয়টোৰ বিষয়ে চিন্তা কৰা নাই। তেন্তে সেই বিষয়টোৰ তেওঁৰ স্বপ্নলৈ কেনেকৈ আহিল? কেতিয়াবা এইটোও কোৱা হয় যে 'মই তো স্বপ্নতো এইটো ভাৱিব নোৱাৰো', নাইবা, 'মই স্বপ্নতো এই বস্তুটো চিন্তা কৰিব নোৱাৰো।' ইয়াৰ পৰা এইটো স্পষ্ট হয় যে স্বপ্নত তাকেই দেখা হয়, যি আমি জাগ্ৰত অৱস্থাত কৰো বা চিন্তা কৰো।

দিনত মানুহে অশ্লীল কিতাপ পঢ়ে, কামোত্তেজিত উপন্যাস পঢ়ে অশ্লীল চলচ্চিত্ৰ দেখে। এনেকুৱা সঙ্গীবোৰৰ লগত মিলা মিশা কৰে, যি বিলাক মানহ সৰ্বদায় কাম বাসনাও লিপ্ত থাকে। এইভাবে গোটেই দিনটোত বহু পৰিমানৰ দূষিত সামগ্ৰী মানুহৰ মস্তিষ্ক ভৰপুৰ হয়। এইবোৰ সামগ্ৰী মনৰ স্বপ্ন অৱস্থাৰ কাৰণে হয়। মানুহে যদি ইচ্ছা কৰে যে তেওঁ কুৎসিত স্বপ্ন আৰু তাৰ পৰা উৎপন্ন স্বপ্নদোষৰ নিচিনা ভয়ংকৰ ৰোগৰ হাতৰ পৰা বাচি থাকিবলৈ ইচ্ছা কৰে তেনেহলে

তেওঁ বৰ সাৱধানে থাকিব লাগিব। বেয়া চিন্তা-ভাৱনাক নিজৰ মনলৈ আহিবলৈ দিবই নেলাগে। তেনে কৰিলে তেওঁ ৰাতি স্বপ্নত বেয়া দৃশ্য যেতিয়াও দেখা নাপাব যি তেওঁক উত্তেজিত কৰাৰ ফলত তেওঁৰ বীৰ্যপাত হব।

মানুহৰ চিন্তা-ভাবনা কোনো লোভী অতিথিৰ নিচিনাই হয়। যদি ঘৰলৈ কোনো অতিথি আহে, তেনেহলে তেওঁক ভাল খাদ্য খাবলৈ দিয়া হয়। তেওঁৰ মনোৰঞ্জনৰ কাৰণে ভাল বস্তুৰ যোগান ধৰা হয়। যদি সেই অতিথি লোভী হয় তেন্তে তেওঁ বাৰে বাৰে সেই মানুহ ঘৰলৈ আহিবলৈ ইচ্ছা কৰিব।

ঠিক এই কথাটো মানুহৰ ভাৱনা-চিন্তা ক্ষেত্ৰতো প্ৰযোজ্য। যি বোৰ ভাবনা-চিন্তাক মানুহে স্বাগত জনায়, সেই ভাবনা চিন্তা মানুহৰ মনত বাৰে বাৰে জাগি উঠে। আৰম্ভনিৰ পৰাই যদি মানহে দূষিত ভাবনা চিন্তাক ঘৃণা কৰিবলৈ আৰম্ভ কৰে তেওঁৰ মনত এই ভাবনা চিন্তা একেবাৰ নাহিব। যদি কেতিয়াবা আহেও, তেনেহলে দৃঢ় মনেৰে সেই ভাৱনা চিন্তাক দূৰলৈ ঠেলি আতৰ কৰি দিয়ক। এই সময়ত নিজৰ মনক অলপ নিয়ন্ত্ৰণত ৰাখিবৰ প্ৰয়োজন। মানুহে যদি এই অভ্যাসটো কৰি লয় তেনেহলে তেওঁ জাগ্ৰত অবস্থাটো এইবোৰ দূষিত এইবোৰ দূষিত ভাৱনা-চিন্তাৰ পৰা ৰেহাই পালে স্বপ্নৰ ভিতৰত এই দূষিত-ভাৱচিন্তা কোনো দিনো আবি নোৱাৰিব। এই বোৰ দূষিত ভাবনা চিন্তা মানুহৰ পৰম শত্ৰু।

এটা উদাহৰণ দিলে এই ভয়ংকৰ অবস্থাৰ পৰিচয় পোৱা যাব। কোনো এজন মানুহে এজন মানুহৰ গাত দাৰে কাটিলে নিশ্চয় তেওঁৰ গাৰ পৰা তেজ ওলাব কাৰণ সেইএটা স্বাভাৱিক কথা। এই এটা লৰা যদিও অনিচ্ছুক ব্ৰহ্মচাৰী হয়, কুসঙ্গ আৰু দূষিত পৰিবেশৰ কৰণে লৰা জনৰ মনৰ ওপৰত কুপৰিবেশৰ প্ৰভাৱ নিশ্চয় পৰিব। তাৰ দ্বাৰা তাৰ মনত, উষ্ণতা আৰু উত্তেজনাৰ সৃষ্টি হব আৰু সেই দূষিত

ভাবনা-চিন্তাইহিতাৰ সৰ্ব শৰীৰক মহৰ কৰি পেলাব। গতিকে যি বীৰ্য তেওঁৰ বৰ্ত্তমান শৰীৰত আছে আৰু যি বীৰ্যৰ এমাহৰ আগতে তেওঁৰ শৰীৰৰ পৰা বাহিৰ হ'বৰ কোনো সম্ভাৱনা নাই। সেই বীৰ্যই এতিয়া সেই দূষিত ভাৱনা-চিন্তাৰ দ্বাৰ সৃষ্টি হোৱা উত্তেজনা আৰু উষ্ণতাৰ ফলস্বৰূপে গলি স্বপ্নদোষৰ ৰূপত শৰীৰ পৰা বাহিৰৰ হৈ আহিবলৈ আৰম্ভ কৰিব। এই ভাবে কেৱলমাত্ৰ ব্ৰহ্মচৰ্যই নষ্ট নহব তাৰ বিপৰীতেও শাৰীৰিক শক্তিও ক্ষয় হব আৰু সেই শক্তি শৰীৰৰ আৰু মনৰ দিশৰ পৰা দুৰ্ব্বল হৈ পৰিব।

বীৰ্যক ৰক্ষা কৰাৰ কাৰণে মানুহৰ শুদ্ধ আৰু পবিত্ৰ ভাবনা-চিন্তাৰা বৰবেচি প্ৰয়োজন। বিশুদ্ধ পৰিবেশৰ প্ৰযোজন। দিনৰ দূষিত ভাবনা-চিন্তাৰ পৰা কামাগ্নি প্ৰজ্বলিত হৈ উঠি ৰাতিৰ স্বপ্নৰ ৰূপত তাৰ নিস্কাশন হয়। যাৰ ফল হল–বীৰ্যপাত আৰু বীৰ্যপাতৰ পৰিণামৰ ফল–শৰীৰৰ ক্ষয়।

সেই কাৰণে মানুহৰ উচিত, তেওঁ দিনৰ বেলা কোনো দূষিত কাম নকৰিব যাতে তেওঁৰ মনত কাম-প্ৰেৰিত ভাবনা-চিন্তাৰ উৎপত্তি হয় আৰু তেওঁৰ মনত ভিতৰত কামুকতাই নিজৰ স্হান তৈয়াৰ কৰি লবলৈ আৰম্ভ কৰে।

কেৱলমাত্ৰ দূষিত ভাবনা-চিন্তাই নহয়, কেতিয়াবা কেতিয়াবা ভয়, চিন্তা, শোক, ক্লেশ আৰু দুঃখ ইত্যাদিও নিদ্ৰাৱস্হাত ঘাতক বুলি প্ৰমাণিত হয়। এইবোৰ বস্তুৱেনিদ্ৰাৱস্হাত স্বপ্নদোষৰ ৰূপত শান্তি পাবলৈ চেস্টা কৰে। সেই কাৰণে, মানুহৰ উচিত তেওঁ কোনো পৰিস্হিতিতেই নিজৰ মনক দুৰ্ব্বল হবলৈ নিদিব। কাম, সোধ ইত্যাদিৰ ভাবনা-চিন্তাই মানুহক উত্তেজিত কৰে। তাৰ ফলত তেওঁলোকৰ বীৰ্যনাশ হয়।

মানুহৰ ভাৱনা-চিন্তাত যেতিয়া উত্তেজনা আহে, তেতিয়া তেওঁৰ স্নায়ু মণ্ডলত বিতত অৱস্হাৰ সৃষ্টি হয়। তাত কামতত্ত্ব উৎপন্ন হৈ

পৰে। এই উত্তেজনাৰ জাগ্রত অৱস্হাতেই হওক বা সুপ্ত অৱস্হাতেই হওক-বা সুপ্ত অৱস্হাতেই হওক-পৰিণাম স্বপ্নদোষৰ মাধ্যমত বীৰ্যপাতৰ ৰূপত সমুখলৈ আহে। উত্তেজনাৰ পিচতে স্বপ্ন আহে, স্বপ্নৰ পিচত কেতিয়াও উত্তেজনা নাহে। কাম, ক্রোধ, ভয় আৰু চিন্তা ইত্যাদিৰ ভাবনা-চিন্তাও উত্তেজনাৰ কাৰণেই হয়। এই ধৰণৰ ভাবনা চিন্তা যেন মানুহৰ মানলৈ লাহে, এইটোৱেই হৈছে স্বপ্নদোষৰ সৰ্বপ্ৰথম আৰু সৰ্বোত্তম মহৌষধ।

ইয়াত কোনো সন্দেহ নাই যে স্বপ্নদোষ আমাৰ সকলোৰে জীৱনত ক্ষতিকাৰক বস্তু। স্বপ্নদোষ হোৱা কোনোমতেই ভাল নহয়। কিন্তু স্বপ্নদোষক দেখি ভয় খোৱা বা দুশ্চিন্তাত পৰা তাতোকৈ বেচি ক্ষতিকাৰক। চিন্তাত ডুবি গলে স্বপ্নদোষৰ মাত্রা অলপো নকমিব। মানুহক দৃঢ় সংকল্প কৰা উচিত যে তেওঁ প্ৰভুৰ পুত্ৰ, অমৃতৰ পুত্ৰ। তেওঁ দুৰ্বল হৈ পৰা নিশ্চয় অসঙ্গত আৰু অনুচিত। তেওঁৰ শৰীৰ সাৰ তত্ত্ব মুঠেই বাহিৰলৈ যোৱা উচিত নহয়।

স্বপ্ন বিজ্ঞানৰ সিদ্ধান্তত যি সকলে আস্হা ৰাখে, সেই সকলো বিশেষজ্ঞাৰ অভিমত যে ডাঙৰ ডাঙৰ স্বপ্নই পাচ চেকেণ্ডৰ বেচি সময় নলয়। কিন্তু স্বাভাৱিক, অকৃত্ৰিম আৰু প্ৰাকৃতিক মৈথুনে ইয়াতকৈ বেচি সময় লয়। ইয়াৰ পৰা এইটো স্পস্ট হয় যে স্বপ্নদোষৰ ফলত মানুহৰ শৰীৰৰ পৰা সিমান বীৰ্যহি ওলায় যিমান বীৰ্য শৰীৰৰ বিভিন্ন অঙ্গৰ ভিতৰত ৰৈ বাচি যায়। যৌন বিজ্ঞান বিদ সকলৰ মতে মৈথুনৰ তুলনাত স্বপ্নৰ মাধ্যমত শৰীৰ পৰা যি বীৰ্য বাহিৰ হয়, তাৰমাত্ৰা অনেক কম। স্বপ্ন দোষত শৰীৰৰ মহন নহয়, সেই কাৰণে শৰীৰৰ প্ৰতিটো অঙ্গত জমা থকা বীৰ্য বাহিৰলৈ ওলাই নাহে।

ইয়াৰ ঠিক বিপৰীত, ভাৰতীয় দৃস্টি কোনে স্বপ্নদোষক সদায় ক্ষতিকাৰক বুলিয়েই ধৰি আহিছে। ভাৰতীয় দৃস্টিকোন অনুযায়ী বীৰ্যৰ দুটামাত্ৰ গতি থাকে–উৰ্দ্ধগামী আৰু নিম্নগ্ৰামী। উৰ্দ্ধগত আৰু অধোগতি।

যিভাৱে শৰীৰে ছটা ধাতুক গ্ৰহণ কৰে সেইকেইটাক বাহিৰলৈ বাহিৰৰ নকৰে। তেনেভাৱে বীৰ্যৰ নিচিনা অমূল্য তত্ত্ব ধাতুৰ সাৰতত্ত্ব মানুহৰ ইচ্ছা নাইবা ভুলৰ বাহিৰে শৰীৰৰ বাহিৰলৈ আহিব নোৱাৰে। বিনা ইচ্ছাতো শৰীৰৰ পৰা মল-মূত্ৰও বাহিৰ নহয়। গতিকে অজানিতে স্বপ্ন দোষৰ মাধ্যমত যি বীৰ্য শৰীৰৰ পৰা বাহিৰলৈ ওলাই আহে, তাক মানুহৰ স্বপ্নৱস্হা বুলি ধৰি ল'ব লাগিব।

হস্তমৈথুন

সাধাৰণ পৰিচয়

মানুহৰ হাত-ভৰি বা অন্যান্য অঙ্গত মাংসপেশী ভৰি থাকে কিন্তু জননেন্দ্ৰিয় নাইবা লিঙ্গত বেচি মাংসপেশী নাথাকে। তাত উত্তেজনাপূৰ্ণ তন্তুৰ সংখ্যা বেচি থাকে। অভ্যাস বা ভুল কৰি পেশীবোৰ বিস্তাৰিত হয় যেনেকৈ বিভিন্ন খেলাধূলা বা ব্যায়ামৰ দ্বাৰা শৰীৰৰ বিভিন্ন অঙ্গৰ বিকাশ হয়। কোনো খেলা বা ব্যায়াম কৰিলো হাত দীঘল হয়, আকৌ কোনো খেলা বা ব্যায়াম কৰিলে ভৰি দীঘল হয়। আকৌ হয়তো কোনো ব্যায়ামত কান্ধ বহল হয় আৰু কিছুমান ব্যায়ামত বুকু বহল হয়।

কিন্তু জননেন্দ্ৰিয়ৰ তুলনাত তেনেকুৱা একো নাই। লিঙ্গৰ ঘৰ্ষনত লিঙ্গৰ তন্তুৰ বিস্তাৰ নহয়, হ্ৰাস হে হয়। বাৰে বাৰে ঘহাঁলে বিশেষকৈ হস্ত মৈথুনৰ নিচিনাকৈ ঘহাঁলে, উত্তেজনা আহিলেও কিছুদিনৰ পিচত লিঙ্গ উত্তেজিত নহয়।

লিঙ্গৰ লগত মানুহৰ মস্তিস্কৰ বৰ গভীৰ সম্পৰ্ক আছে। শৰীৰৰ বিভিন্ন স্নায়ুৰ লগতো ইয়াৰ গভীৰ সম্পৰ্ক আছে। যদি যদি লিঙ্গত উত্তেজনা নাহে, তেনেহলে লাহে লাহে মানুহৰ সৰ্বশৰীৰ শিথিল হৈ

পৰিবলৈ আৰম্ভ মৰে। তেওঁৰ মস্তিস্ক নিস্ক্রিয় হৈ পৰে, ধীৰে ধীৰে স্মৰণ শক্তি ক্ষীণ হৈ পৰে। কেতিয়াবা কেতিয়াবা এই কাৰণত 'উন্মাদ' ৰোগ হোৱাৰ সম্ভাৱনাও থাকে।

লিঙ্গ মূলত তিনি ডাল নাড়ীৰ সঙ্গম আছে বুলি ধৰা হয়। এই তিনি ডাল নাড়ীৰ ভিতৰত প্ৰথম নাড়ী 'উদভিজন ৰ লগত সম্বন্ধিত যাক 'Nerve of organic life' কোৱা হয়। দ্বিতীয় নাড়ী 'বৃদ্ধি'ৰ লগত সম্পৰ্কিত তাক 'Nerve of Intelectual life' কোৱা হয়। তিনি নম্বৰ নাড়ী মনোচিকাৰৰ লগত সম্বন্ধিত, ইয়াক 'Nerve of Anikal life' কোৱা হয়। মনোবিকাৰ আৰু বুদ্ধি বিষয়ক নাড়ী দুটাৰ পৰস্পৰৰ লগত বৰ গভীৰ সম্পৰ্ক আছে। যিবোৰ মানুহে হস্তমৈথুন কৰে, তেওঁলোকৰ নাড়ী অতি দুৰ্ব্বল হৈ পৰে আৰু পৰিমান স্বৰূপে তেওঁলোকৰ মস্তিস্কও দুৰ্ব্বল হৈ পৰে। বুদ্ধি বিভ্ৰমৰ লগে লগে কেতিয়াবা কেতিয়াবা তেওঁলোকৰ 'উম্মাদও' হয়।

পাশ্চাত্য দেশবোৰত এনেকুৱা বিশ্বাস প্ৰচলিত যে কম বয়সীয়া লৰাবোৰও হস্তমৈথুনত লিপ্ত হয়, সিহতৰ শৰীৰলৈ যৌৱন সোনকালে আহে। কবলৈ, শুনিবলৈ আৰু পঢ়িবলৈ এই বোৰ বৰ ভাল লাগে, পঢ়ি আনন্দ পোৱা যায়, কিন্তু ভাৰতীয় চিকিৎসক সকলে সেই কথাবোৰ ভালদৰে বিশ্বাস নকৰে যে হস্তমৈথুন আসক্ত কম বয়সীয়া যুৱক বোৰৰ শৰীৰলৈ সোনকালে যৌৱন আহে আৰু সোনকালে সিহতৰ গোফ গজে। এইটো অতি স্বাভাবিক যে যৌৱন সোনকালে আহিলে শৰীৰৰ পৰা সোনকালে গুচিও যায়।

আজি কালিৰ ভাৰতে পাশ্চাত্য সভ্যতাক অনুকৰণ কৰিবলৈ ধৰিছে। মাত্ৰ 200 বছৰীয়া দাসত্বৰ সময়ত পাশ্চাত্য সভ্যতা ভাৰতীয় সকলৰ মনত সোমাই গৈছে। হাঙ্গেৰীৰ এজন মেজৰে এঠাইত লিখিছিল, 'এসময়ত মোৰ স্ত্ৰী মোৰ সোঁহত আছিল, কিন্তু এতিয়া মোৰ সোহাতটো হল মোৰ স্ত্ৰী।' নবযুৱক আৰু কিশোৰ বিলাকক ভ্ৰষ্ট

কৰাৰ কাৰণে এই উক্তিটো যথেস্ট। কিন্তু অস্বাভাৱিক কেতিয়াও স্বাভাৱিক হব নোৱাৰে, স্ত্ৰী ভোগ, অৰু হস্তমৈথুনৰ মাজত আকাশ-পাতাল পাৰ্থক্য–সেই গুণ আৰু পৰিণাম, উভয় দৃষ্টি তেই দেখা যায়।

যুৱকবোৰৰ তুলনাত যুবতীবোৰৰ হস্তমৈথুনৰ প্ৰচলন কম দেখা যায়। যিবোৰ ছোৱালীয়ে সহ-শিক্ষা স্কুল-কলেজত পঢ়ে কথাবতৰা পতা, মিহলিহোৱাৰ কাৰণে পৰ্য্যাপ্ত মাত্ৰাত পূৰ্ণ হৈ শান্ত হৈ থাকে। ইয়াৰ ঠিক বিপৰীত ছোৱালীৰ স্কুলত পঢ়া ছোৱালীবোৰৰ মাজত হস্তমৈথুন আৰম্ভ কৰি দিয়ে, তাত 16 বছৰৰ ছোৱালীকোৰে হস্ত মৈথুন আৰম্ভ কৰে। পাশ্চাত্য দেশত হস্তমৈথুনক স্বাভাৱিক আৰু প্ৰাকৃতিক ক্ৰিয়া বুলি ধৰি লৈছিল। তেওঁলোকৰ বক্তব্য আছিল যে ইয়াৰ ফলত নাড়ী সম্বন্ধীয় বিকাৰ উৎপন্ন নহয়। মস্তিস্কও দুৰ্ব্বল নহয় আৰু শৰীৰৰ কোনো অংশৰো ক্ষতি নহয়। কিন্তু হস্তমৈথুন যেতিয়া মৈথুনৰ বিকল্প হৈ উঠে তেতিয়া সেইটো নিশ্চয় ক্ষতিকৰ হৈ উঠে।

হস্ত মৈথুনক ইংৰাজীত মাস্টাৰৱেচন কোৱা হয়। এইটো হল দুটা লেটিন শব্দৰ সংমিশ্ৰণ। প্ৰথমটো শব্দ হল 'ম্যানয়ু' যাৰ অৰ্থ হল হাত আৰু দ্বিতীয় শব্দটোৰ অৰ্থ হল হাত আৰু দ্বিতীয় শব্দটোৰ অৰ্থ হল 'ষ্টুপৰাৰে' যাৰ অভিপ্ৰায় হল বেয়া কাম। এইটোৰ পৰা এইটো স্পস্ট হৈ উঠে যে 'মাস্টাৰ ৱেচন' শব্দটো গঠন কৰা সময়ত ভাষাবিদ সকলাৰ মস্তিস্কত এই প্ৰশ্নটো নিশ্চয় মানি উঠিছিল যে 'হস্তমৈথুন' এটা বেয়া কাম। মাত্ৰ ইমানেই নহয়। হস্ত মৈথুনৰ কাৰণে ইংৰাজী সাহিত্যৰ ঠায়ে ঠায়ে চেল্ফ এবিউজ অৰ্থাৎ নিজে নিজকে নস্ট কৰা, 'চালটেৰী ভাইচ' অৰ্থাৎ একান্ত বদভ্যাস বা পপা নাইবা 'চিন অফ্ ইউথ' অৰ্থাৎ যৌবনৰ পাপ কোৱা হৈছে।

ইমান বেচি কোৱা সত্ত্বেও যদি কোনো পৰিস্হিতিত বিবশ হৈ কোনেও হস্ত মৈথুন কৰে আৰু তাৰ ওপৰত তেওঁৰ আসক্তি

নাথাকে, তেনেহলে সেই মানুহ জনে কোনোমতেই লাজ পোৱা উচিত নহয়। মৈথুনৰ তীব্ৰ ইচ্ছা পূৰা কৰা যদি স্বাভাবিকৰূপত নহয় আৰু কামবেগ অসহ্য হৈ উঠিলে কোনো কেতিয়াবা হস্তমৈথুন কৰি নিলে সেইটো কোনো পাপ কাম নহয়। তেওঁ নিজেৰ শাৰীৰিক আবশ্যকতাক পূৰা কৰি লৈছে।

হস্তমৈথুনৰ লাভ ক্ষতি

সাধাৰণতে মানুহৰ মনত এইটো ধাৰণা বদ্ধমূল হৈ আছে। যে শতকৰা এশজনৰ ভিতৰত নিৰানব্বৈজন যুবকে হস্তমৈথুন কৰে। এইটোক যদি প্ৰমাণিত বুলি মানি লোৱা হয়, তেনেহলে এইটো স্বীকাৰ কৰিবই লাগিব যে হস্তমৈথুন এটা আসক্তি য'ত অধিকাংশ যুৱক গ্ৰস্ত হৈ থাকে। মানুহৰ মনত এইটোও ধাৰণা হৈ আছে যে এশতাংশ যুবকে হস্তমৈথুন নকৰে, তেওঁলোকে হয়তো সাসংৰিক জগত সম্বন্ধে অপৰিচিত নাইবা নপুংসক।

এই সম্বন্ধে এটা যুক্তিও দিয়া হয় যে যি কাম অধিকাংশ মানুহে কৰে তাক পাপ বুলি কব নোৱাৰি আৰু হস্তমৈথুন তো এনেকুৱা এটা আসক্তি যি গোটেই বিশ্বত বিয়পি আছে। সেই কাৰণে, যি আসক্তি আজি গোটেই বিশ্বৰ মানুহৰ মাজত বিয়পি আছে তাক অপ্ৰাকৃতিক নাইবা অনৈতিক বুলি কেনেকৈ ক'ব পাৰি ?

কোনো কোনো মানুহৰ এনেকুৱাও বক্তব্য শুনা যায় যে নিৰপেক্ষ ভাবে বিচাৰ কৰিলে হস্তমৈথুনৰ অলপ উপযোগিতাও লক্ষ্য কৰা যাব। অনেকৰ মতে সীমাৰ ভিতৰত থাকি কেতিয়াবা কেতিয়াবা হস্তমৈথুন কৰাটো পাপ নহয়, অপৰাধ নহয় আৰু এনেকুৱা এটা কাম নহয় যাক গোটো জীৱনৰ কাৰণে ত্যাগ কৰিব লাগে। তেওঁলোকৰ বক্তব্য হল হস্তমৈথুন কৰিলে মানুহৰ একো ক্ষতি নহয়।

অত্যাধিক মাত্ৰাত সীমাৰেখা পাৰ হৈ গৈ হস্ত মৈথুন কৰাটো নিশ্চয় পাপ। সীমাৰেখা পাৰ কোনো কামতে হোৱা উচিত নহয়। অতিবেচি

ভক্তি পূজা কৰাটোও মানুহৰ পক্ষে ক্ষতিকৰ বুলি প্ৰমাণিত হ'ব পাৰে। এইটো তো এটা মৈথুন। অতিবেচি খাদ্য খোৱাও মানুহৰ কাৰণে ক্ষতি কাৰক বুলি প্ৰমাণিত হৈছে এনে ধৰনে, সীমাৰেখাৰ ভিতৰত থাকি থাকি কেতিয়াবা কেতিয়াবা হস্ত মৈথুন কৰিেল মানুহৰ কাৰণে ক্ষতি কাৰক হয়। যদি মানুহে পুষ্টিৰ আহাৰ গ্ৰহণ কৰে তেনেহলে সেইটো ক্ষতিৰ কাৰণ হব পাৰে। যদি মানুহে পুষ্টিকৰ আহাৰ গ্ৰহণ কৰে আৰু তেওঁৰ শৰীৰ বলীস্ঠ হয়। তেনহলে এবাৰ দুবাৰ হাতমৈথুন কৰিলে সেই ক্ষতিকৰ নহৈ লাভদায়ক হব। ইয়াত তেওঁৰ মন আৰু মস্তিস্কৰ পৰা মানসিক টনাটনি দূৰ হৈ যাব।

হস্ত মৈথুন তেতিয়াই কৰা উপযুক্ত যেতিয়া পত্নীৰ লগত নাইবা আন কেনো স্ত্ৰীৰ লগত মৈথুন কৰা সম্ভৱ নহয়। পত্নী যদি ৰুগ্না হয়, ৰজঃস্বলা হয় বা ঘৰত নাথাকে, তেনেহলে সেই পৰিস্হিতিত হস্তমৈথুন কৰাটো দোষনীয় নহয়।

পৰিচয়

হস্তমৈথুন কোনো ৰোগ নহয়, এটা আসক্তি। ইয়াৰ কাৰণে মানুহে অনেক ধৰণৰ ৰোগৰ বিকাৰ হৈ পৰে। পুৰুষ লিঙ্গক হাতেৰে ঘৰ্ষণ কৰি ৰতি সম্ভোগৰ মুখ লাভ কৰাটোকে 'হাত মৈথুন' কোৱা হয়।

গৰম দেশৰ বাসিন্দা 15-16 বছৰীয়া লৰয়ো হস্তমৈথুনও অভ্যস্ত হয়। আনপিনে শীত প্ৰধান দেশৰ বাসিন্দা সকলে আৰু কেইটামান বছৰ এই কু অভ্যাসৰ পৰা নিজকে ৰচাই ৰাখিব পাৰে।

হস্ত মৈথুনত ঘৰ্ষণৰ দ্বাৰা লিঙ্গৰ স্নায়ু উত্তেজিত হয়। তাৰ পৰিণাম স্বৰূপ আসক্ত মানুহে আনন্দ উপভোগ কৰিব পাৰে। বাৰে বাৰে ঘযৰ্ণ কৰি বেচি বাৰ উত্তেজনা উংপন্ন কৰিলে লিঙ্গই কেৱল নহয়, মানুহৰ গোটেই শৰীৰ শিথিল হৈ পৰে। তেওঁৰ মস্তিস্ক নিস্তেজ হয়। তাৰ লত আসক্ত ব্যক্তিৰ ওপৰত কু প্ৰভাৱ পৰে। তেওঁৰ স্মৰণ শক্তি ক্ষীণ হৈ পৰে।

হস্তমৈথুনত আসক্ত ব্যক্তিৰ অনান্য অঙ্গৰ পূৰ্ণ বিকাশ হব নোৱাৰে আৰু যিমান কণ বিকাশ হৈছিল সিও অবৰুদ্ধ হৈ পৰে। মানসিক তো আগৰদৰেই অবৰুদ্ধ হৈ পৰে। তাৰ লগে লাগে শীঘ্ৰ পতন আৰু স্বপ্নদোষৰ নিচিনা ৰোগও হয়।

লক্ষণ ঃ যিবোৰ লৰা-ছোৱালীয়ে হস্ত মৈথুন কৰে, সিঁহতৰ মনত সদায় এটা লাজৰ ভাৱ উৎপন্ন হয়। এইটো সিঁহতৰ অসহায় মনোভাৱৰ কাৰণে হয়। সিহতৰ দুঃখ বৃদ্ধি হয় আৰু শৰীৰ আৰু মন দুয়ো পিনৰ পৰা দুৰ্বল হয়। সিহতৰ চকুৰ চাৰিও পিনে ক'লা ক'লা দাগ ওলায় স্মৰণ শক্তি ক্ষীণ হৈ পৰে।

যদি হস্তমৈথুনত আসক্ত হোৱা মানুহৰজনৰ বয়স কম আৰু তেওঁ অবিবাহিত হয়। তেওঁৰ শুভাকাঙ্ক্ষী আৰু চিকিৎসক সকলৰ উচিত যে তেওঁক সোনকালে বিয়া কৰিবলৈ কয়। বিয়া কৰিলে তেওঁ ৰতিক্ৰিয়াৰ স্বাভাবিক আনন্দ উপভোগ কৰিব পাৰিব। বিয়া কৰিলে তেওঁৰ কু অভ্যাস গুচি যাব।

কাৰণ

আমি এই আসক্তি পৰিচয় দিওতে ইতিপূৰ্বেই কৈছো যে কুসঙ্গতিৰ এই ৰোগ নাইবা আসক্তিৰ মূল কাৰণ হল যেনে অশ্লীল সাহিত্য পঢ়া, অশ্লীল চলচ্চিত্ৰ চোৱা, আন মানুহে কৰি থাকোতে আগ্ৰহেৰে চোৱা, জননেন্দ্ৰিয়ক পৰিস্কাৰ-পৰিচ্ছন্ন কৈ নৰখা, কোষ্ঠ কাঠিন্য হোৱা অন্ত্ৰত পেলু হোৱা, লিঙ্গত খজুৱাতি হোৱা। লিঙ্গক খজুৱাই থাকোতে উত্তেজনা আহি যোৱা ইত্যাদি। কেতিয়াবা কেতিয়াবা কৌতূহল বশতঃ মানুহে হস্তমৈথুন কৰিবলৈ আৰম্ভ কৰি দয়ে। পিচত সেইটো তেওঁলোকৰ অভ্যাসত পৰিণত হৈ পৰে।

লক্ষণ

ইয়াৰ আগতে আমি লক্ষণ পৰ্যায়ত কৈ আহিছো যে হস্তমৈথুনত আসক্ত হোৱা মানুহ একান্তপ্ৰিয় হৈ উঠে। মানুহৰ আগত তেওঁলোকৰ

মুখত লাজৰ ভাৱটো বিৰিঙি থাকে। তাৰ বাহিৰেও ভীৰুতা তেঁওঁলোকৰ স্বভাৱ হৈ উঠে। মাত ভাগি যায়, স্মৰণ শক্তিও কম হয়। ভোক বৰ কম লাগে বা একেবাৰে নেলাগে। বদ হজম আৰু কোষ্ঠ কাঠিন্যৰ অভিযোগও থাকে। লিঙ্গ দূৰ্বল আৰু শিথিল হৈ পৰে। মূৰত বিষ হয়। কানৰ ভিতৰতো ভোঁ ভোঁ শব্দ হয়। চকুৰ চাৰিও পিনে কলা দাগ পৰে, মুখ কুৎসিত হয়। এবোৰৰ বাহিৰেও আমি হস্ত মৈথুনৰ লক্ষণবোৰ আগতে বৰ্ণনা কৰি আহিছো।

স্বাভাৱিক মৈথুন

স্বাভাৱিক মৈথুনত মানুহৰ গোটেই শৰীৰটো কাযত ব্যস্ত থাকে। সেই কাৰণে সম্পূৰ্ণ শৰীৰে মৈথুনৰ পূৰা আনন্দ লাভ কৰে। সম্ভোগ হৈছে এটা পূৰক ক্ৰিয়া। সম্ভোগ যদি স্বাভাৱিক হয়, সেইটো শক্তিনাশক নহয়, বৰঞ্চ শক্তি বৰ্দ্ধক হয়। হস্তমৈথুনক পূৰক ক্ৰিয়া বুলি ক'ব পাৰি, শক্তি বৰ্দ্ধকো কব নোৱাৰি। এইটো এটামাত্ৰ আসক্তি। অতি মাত্ৰাত হস্তমৈথুন কৰিলে তাৰ কুঅভ্যাস কয়।

হস্তমৈথুনৰ দোষ

হস্ত মৈথুনত মানুহক কল্পনাৰ মাধমত স্পৰ্শ ইত্যাদি বাহিৰৰ সাধনৰ দ্বাৰা নিজৰ কামাঙ্গত উত্তেজনা আনিব লগীয়া হয়।

হস্ত মৈথুন নিতান্ত একাঙ্গী হয় আৰু ঠিক তাৰ ওলোটাটো স্বাভাৱিক ৰতিক্ৰিয়াত স্ত্ৰী আৰু পুৰুষ-দুজনেই সকলো পিনৰ পৰা এজনে আন জনৰ সহযোগীহে আনন্দৰ সহভাগী হয়।

হস্ত মৈথুনৰ দ্বাৰাই কাল্পনিক উত্তেজনা সৃষ্টি কৰাৰ ফলত স্নায়ু বোৰৰ ওপৰত তাৰ বিপৰীত প্ৰভাৱ পৰে। গতিকে হস্তমৈথুন স্বাভাৱিক সম্ভোগৰ পৰ্যায়ত নাহে। ইয়াৰ পৰা কোনো লাভ নহয়। স্বপ্নদোষ ইমনাবেচি ক্ষতিকাৰক নহয় কিন্তু হস্ত মৈথুন সকলো পিনৰ পৰা ক্ষতিকাৰক।

হস্ত মৈথুনত আসক্ত থকা মানুহৰ মনত এটা হীনমন্যতা ভাব

সদায় থাকে। যি হস্ত মৈথুন কৰে তেওঁ নিজকে অপৰাধী অনুভৱ কৰে। তাৰ ফলত তেওঁৰ জীৱনৰ বিকাশৰ পথ অবৰুদ্ধ হৈ পৰে। মাত্র ইমানেই নহয়, কেতিয়াবা কেতিয়াবা মানুহৰ জীৱনত হস্ত মৈথুনৰ ফলত ভয়ংকৰ প্ৰভাৱ পৰে। হস্ত মৈথুনত আসক্ত মানুহে নিজকে সদায় নাৰীসকলৰ পৰা দূৰত থাকিবলৈ বিচাৰে। তাৰ ফলত তেওঁৰ আত্মবিশ্বাস লুপ্ত হয়।

পৰিণাম

অতি বেছি হস্তমৈথুনৰ ফলত মানুহৰ স্নায়ু অতিবেছি ক্লান্ত আৰু অৱসন্ন হৈ থাকে। তাৰ ফলত গধূৰ বস্তু তোলা তেওঁৰ পক্ষে অসম্ভৱ হয়। তেওঁৰ মস্তিস্ক সদায় কাম-বাসনাৰ কাৰণে লালায়িত হৈ থাকে, যাৰ ফলত তেওঁ সময়ে-অসময়ে হস্তমৈথুন কৰিবলৈ আৰম্ভ কৰি দিয়ে। কোনো কোনো মানুহৰ এই ধাৰণা যে স্বপ্নদোষৰ দ্বাৰা বীৰ্যপাত কৰাতকৈ হস্তমৈথুনৰ দ্বাৰা বীৰ্যপাত অনেক ভাল আৰু এই ধাৰণাৰ বশৱৰ্ত্তী হৈ তেওঁলোকে হস্তমৈথুন কৰিবলৈ আৰম্ভ কৰি দিয়ে। কিন্তু তেওঁলোকৰ এই ধাৰণা সম্পূৰ্ণ ভুল আৰু বৰ ক্ষতিকাৰকও।-তথাপিও স্বপ্নদোষ এটা স্বাভাৱিক প্ৰক্ৰিয়া, কিন্তু হস্তমৈথুন এটা অস্বাভাৱিক বুলি ক্ষতিকাৰকো।

এই বদভ্যাসৰ কাৰণে মানুহৰ মেৰুদণ্ডত ৰোগ, মস্তিস্কৰ ৰোগ, প্ৰমেহ বহুমূত্র অজীৰ্ণ, চিত্তবিকাৰ অবসাদ ইত্যাদিৰ নিচিনা ভয়ংকৰ ৰোগ পাৰে। কেতিয়াবা যাব এই ৰোগটো হয় তেওঁৰ আত্মহত্যা কৰিবৰ ইচ্ছা হয়। মূৰ্চ্চাযোৱা, উন্মাদ, যক্ষা, কাহ, শ্বাসকস্ট, অৰ্শ আৰু নপুংসকতা ইত্যাদি ৰোগও হস্তমৈথুনৰ ফলত হ'ব পাৰে।

আনুষঙ্গিক চিকিৎসা

আটাইতকৈ আগতে ইয়াৰ মূল কাৰণ বোৰ দূৰ কৰিবলৈ চেস্টা কৰিব লাগে। যদি ৰোগীৰ বদহজম বা কোষ্ঠকাঠিন্য থাকে তেনেহলে প্ৰথমতে তাক আৰোগ্য কৰা উচিত। ইয়াৰ বাবে সাধাৰণ ঔষধ

এনিমাক প্ৰয়োগ কৰিব পাৰি। তাৰলগে লগে পেটৰ ৰোগ, হৃদ ৰোগ আৰু ৰক্তসল্পতাৰ পিনেও চকু দিয়া উচিত। লগতে ৰোগীৰ শাৰীৰিক দুৰ্ব্বলতা দূৰ কৰিব লাগে।

হস্তমৈথুনত অভ্যস্ত থকা মানুহ একান্ত প্ৰিয় হৈ উঠে। এই বিষয়ে আমিলক্ষণ পৰ্যায়ত আলোচনা কৰিছো। গতিকে ৰোগীৰ একান্ত প্ৰিয়তাক দূৰ কৰাৰ ওপৰত গুৰুত্ব দিয়া উচিত। যাতে এই ধৰণৰ কাম-চিন্তাৰ হাতৰ পৰা নিজকে দূৰত ৰাখিব পাৰি। ৰোগীকে একেৰাহে কোনো কামত ব্যস্ত ৰাখিব লাগে। যাতে নিজৰ কথা ভাবিবলৈ সময় আৰু সুযোগ নাপায়।

ৰোগীয়ে ব্যায়াম কৰি লাগে আৰু পাতল আহাৰ খাব লাগে যাতে বদহজম নহয়। হস্তমৈথুনৰ ৰোগীয়ে মাদক দ্ৰব্য ব্যৱহাৰ কৰা একেবাৰে অনুচিত।

ৰোগক সংযম কৰি জীৱনযাপন কৰাৰ বিষয়ে সদায় উপদেশ দিব লাগে। ভাৰতীয় পৰম্পৰা অনুযায়ী সাধাৰণ জীৱন আৰু উচ্চ চিন্তাৰ পিনে তেওঁক অনুপ্ৰেৰিত কৰা উচিত।

চিকিৎসক সকলে হস্তমৈথুনৰ ৰোগীক উত্তেজক ঔষধ দিয়া উচিত নহয়। আটাইতকৈ আগতে ৰোগৰ মূল কাৰণৰ ওপৰত দৃষ্টি ৰাখি সেই কাৰণ বোৰ দৰ কৰিব লাগে। পেট পৰিস্কাৰ ৰখাটো আটাইত আবশ্যক। পেটৰ ভিতৰৰ মল বাহিৰ হৈ গলে অনেক ৰোগ নিজে নিজে আৰোগ্য হৈ যায় আৰু মনওলে ফুৰ্ত্তি আহে।

চিকিৎসা ঃ হস্তমৈথুন কোনো ৰোগ নহয়, এটা আসক্তি মাত্ৰ। তাৰ ফলত শীঘ্ৰ পতন, স্বপ্নদোয, প্ৰমেহ, ধাতুদৌব্যন্য আদি ৰোগ উৎপন্ন হয়। এই ৰোগবোৰক দূৰ কৰি বলৈ কিছুমান নিৰ্দিষ্ট ব্যবস্থা আছে যাক তলত সংক্ষেপে উল্লেখ কৰা হৈছে।

আয়ুৰ্বেদিক আৰু ইউনানী চিকিৎসা

সংযমসূচক যৌবন হৈছে সৰ্বোত্তম ঔষধ। এই আসক্তিক দূৰ

কৰিবৰ্লে মানুহে নিজৰ পৰিবেশক বদলি কৰিব লাগিব। তাৰ পিচতে ঋঋদায়ক নষ্ট কৰা ঔষধক প্ৰয়োগ কৰিব লাগিব। অবশ্যে ইয়াৰ কাৰণে উত্তেজনাপৰ্ণ ঔষধ একেবাৰে বাদ কিয়নো এই ঔষধে লাভহকৈ অনেক ক্ষতি কৰিব।

সকলোৰে আগতে কোষ্ঠ-কাঠিন্য দূৰ কৰা উচিত। পেটৰ মল বাহিৰলৈ গলে শৰীৰৰ বিষ বাহিৰ হৈ যায় আৰু কামোত্তেজনাও কমি যায়। মলবাহিৰ কৰিবলৈ যদি সামধাৰণ বটিকাই গুণ নিদিয়ে তেতিয়া 'এনিমা'ক প্ৰয়োগ কৰিব পাৰে। ইয়াৰ দ্বাৰা পেট ভাল ধৰণে পৰিস্কাৰ হয়।

এইবোৰক প্ৰয়োগ কৰিবলৈ হলে তাত 'চোভা বাই কাৰ্বক' মিহলি কৰি দিলে ভাল হব।

সাধাৰণতে ব্ৰাহ্মী, সৰু ইলাচি, ভজাবাদাম, জালুক আদি মিহলি কাৰ কৰ্পূৰ আৰু চন্দ্ৰপ্ৰভা বটি আদি বৰৰ উপযোগী ঔষধ। আৰ লোহাচব কুমায়চিব ইত্যাদিৰ পৰা ভাল ফল পোৱা যায়।

এলোপাথিক চিকিৎসা

এলোপাথিক চিকিৎসা পদ্ধতিত এই আসক্তিৰ পৰা মুক্তি পাবলৈ মানুহক আটাইতকৈ আগতে সুস্থ আৰু সবল কৰি তোলা আবশ্যক ভিটামিন 'এ', ভিটামিন 'বি' কমপ্লেক্স, ফোৰ্ট, আইৰণ বাটিকা, পেটোচ প্ৰেমাইড, টিংচাৰ হায়োচাইমচ, স্পিৰিট ক্লোৰোফৰ্ম ইত্যাদি ঔষধবোৰে হস্ত মৈথুনৰ প্ৰবৃত্তিক হ্ৰাস কৰাত সাহায্য লাভ দায়ক হ'ব।

বিভিন্ন ঔষধ উৎপাদককে হস্তমৈথুনৰ প্ৰবৃত্তিক দূৰ কৰিবলৈ বিভিন্ন ধৰণৰ পেটেট ঔষধ তৈয়াৰ কৰিছে।

হোমিওপাথিক চিকিৎসা

হোমিওপাথিক চিকিৎসক সকলৰ মতানুযায়ী হস্তমৈথুন এনে এটা বিকাৰ যাব প্ৰভাৱত যদি বালক-বালিকা পৰি যায় তেন্তে তেওঁলোকৰ

গোটেই জীৱ নষ্ট হব। এই অশান্তি সোনকালে ভাল নহয়। যিবোৰ মানুহে নিজে বীৰ্যপাত কৰায়, নিজৰ মুখক শ্ৰীহীন আৰু নিস্তেজ কৰি তোলে, সেই ভয়ংকৰ বদ অভ্যাস বাঢ়ি গৈ থাকে তাক তেওঁলোকে হঠাতে বন্ধ কৰিব নোবাৰে। তাৰ পৰিণাম স্বৰূপে, শেহত নপুংসক হৈ পৰে আৰু নিজৰ জৱনটোক নিজে কৰো। তথাপিও, নিজকে ৰক্ষা কৰিবলৈ তলত কেইটামান হোমিওপাথিক ঔষধৰ নাম উল্লেখ কৰিছো যি কেইটা ঔষধৰ ফলত তেওঁলোকৰ ধ্বংস প্ৰায় জীৱনটো ধ্বংস নহব পাৰে।

অস্তেলিগো তঃ হস্ত মৈথুন কৰাৰ ইচ্ছা যেতিয়া নিয়ন্ত্ৰণৰ বাহিৰ হৈ যায়, সেই অৱস্থাত এই ঔষধটো খালে ভাল ফল পোৱা যাব।

ঔৰিগেনিচ মেজৰোনা 3 ঃ খোৱাৰ আগতে যদি এই ঔষধটো খায় তেন্তে হস্ত মৈথুনৰ বদ অভ্যাসৰ পৰা মুক্তি পাব পাৰে।

এচিড ফচ 30, 200 ঃ অত্যাধিক দুৰ্ব্বলতা, অতিবেচি প্ৰস্ৰাৱ, ক্ষণমূহৰ্ত্তৰ উত্তেজনাত জননেদ্ৰিয় উত্তেজিত হোৱা ইত্যাদি পৰিস্হিতিত এই ঔষধে ভাল কাম দিব।

কুহৰিচ 6 ঃ যিবোৰ লৰ কম বয়সত হস্তমৈথুনৰ 'নিচিনা কু প্ৰবৃত্তিৰ চিকাৰ হয় তেওঁলোকে এই ঔষধটো খালে সোনকালে অভ্যাসটো এৰি দিব।

প্লেটিনা 6 ঃ বালিকা বা মহিলা যদি হস্তমৈথুনত আশক্ত হৈ পৰে আৰু তেওঁলোকৰ হস্তমৈথুন কৰাৰ ইচ্ছা প্ৰবল হৈ উঠে তেন্তে এই ঔষধৰ ব্যৱহাৰ তেওঁলোকে নিজে অধঃপতনৰ পৰাৰক্ষা কৰিব পাৰিব।

আমি ইয়াৰ আগতে বিভিন্ন ঠাইত সংকেত দি আহিছো যে হস্তমৈথুন ৰোগত নিজৰ চিকিৎসা নিজে কৰিলেম ক্ষতিকাৰক হব পাৰে। গতিকে এইটো উচিত হব যে তেওঁলোকে যেন কোনো যোগ্য চিকিৎসকৰ লগত পৰামৰ্শ কৰি যথাযোগ্য ঔষধ খায়।

শীঘ্ৰ পতন

পৰিচয়

ইয়াৰ মুখ্য পৰিচয় এইটোৱেই যে পুৰুষ যেতিয়াস্ত্ৰীৰ লগত ৰতিক্ৰিয়াত লিপ্ত হয় তেতিয়া মৈথুন ক্ৰিয়া নকৰাকৈয়ে পুৰুষৰ বীৰ্যপাত হয়। তাৰ ফলত তেওঁৰ সঙ্গিনী অতৃপ্ত থাকি যায়। এইটো কলে অসঙ্গত নহ'ব যে স্ত্ৰীৰ এই অতৃপ্তিৰ ফলত শেহত বৰ সাংঘাতিক ৰূপ ধাৰণ কৰে। সেই অতৃপ্তিৰফল স্ত্ৰী ৰোগিনীও হ'ব পাৰে। তেওঁক লাহে লাহে হিষ্টিৰিয়া অৰ্থাৎ মৃগী ৰোগেও আক্ৰমণ কৰিব পাৰে। গতিকে সকলোৱে জনা উচিত যে শীঘ্ৰ বীৰ্যপতনৰ কাৰণে অতৃপ্ত স্ত্ৰী শেষত মূৰ্চ্ছা ৰেখাগ্ৰস্তা হ'ব পাৰে।

পুৰুষৰ ভিতৰত যদি শীঘ্ৰ পতন বিকাৰ স্থায়ী হয় তেনেহলে কিছুমান দিনৰ পিচত সেই পুৰুষ নপুংসক হব পাৰে। এনেয়েও ৰতি কাল অবশ্যে ক্ষণস্হায়ী, বেচি-সময়ৰ কাৰণে নহয়, তথাপিও এই ক্ষণকাল ৰতি কালতো যদি পুৰুষৰ উচিত নিজৰ দাম্পত্য জীৱৰ সুখময় কৰি তোলাৰ কাৰণে যিমান সোনকালে পৰাৰ যায় সিমান সোনকালে চিকিৎসা কৰি লওক। নহলে তেওঁ চিৰদিনৰ কাৰণে নপুংসক হৈ পৰিব আৰু স্ত্ৰী ও হিষ্টিৰিয়া, মানসিক টনাটনি, স্হায়ু বিকশতাত ভুগি ভয়ংকৰ ৰোগত আক্ৰান্ত নহয়।

কাৰণ

শীৰ্ঘ পতনৰ প্ৰধান কাৰণবোৰ হল – অতিবেচি হস্ত মৈথুন, অতি বেচি স্ত্ৰী সম্ভোগ, শাৰীৰক অনুচিত কাম কৰি ক্ষয় কৰা, পুষ্টিকৰ খাদ্যৰ অভাৱ, ঘনেঘনে স্বপ্নদোষ হোৱা, মাদক দ্ৰব্য খোৱা।

এইৰোগৰ পৰা নিস্তাৰ পাবলৈ লে উপৰোক্ত কাৰণ বো নিজৰ শৰীৰৰ ওপৰত হবলৈ নিদিয়াটোৱেই একমাত্ৰ উপায়।

ইয়াৰ বাহিৰেও মানসিক চিন্তা, হীনমন্যতা আদি শীঘ্ৰ পতনৰ কাৰণ হ'ব পাৰে।

ৰোগতকৈ ৰোগৰ কাৰণবোৰৰ প্ৰতি যদি বিশেষ দৃষ্টি দিয়া যায় তেন্তে ৰোগ হোৱাৰ সম্ভাৱনা বৰ কম থাকে আৰু চিকিৎসাও সহজভাবে কৰিব পৰা যায়।

লক্ষণ ঃ সম্ভোগ-ক্ৰিয়াৰ আগতেই বীৰ্য স্খলন হোৱাটো মুখ্য লক্ষণ। ইয়া ফল সম্ভোগ কাল অনেক হ্ৰাস হয়। ৰোগৰ মিয়াদ বৃদ্ধি হয়, বীৰ্যও সোনকালে পৰিবলৈ ধৰে। এনেকুৱা ও হব পাৰে যে পত্নীক আলিঙ্গন কৰাৰ লগে লগে বীৰ্যপাত হয়। এন পৰিস্হিতি পুৰুষৰ কাৰণে অতিবেয়া আৰু তাৰ ভবিষ্যত পৰিণামও মাৰাত্মক হয়। সেই পৰিস্হিতিত যদি ৰোগৰ চিকিৎসা কৰা হয় তাতকৈ উত্তম উপায় আৰু একো নাই।

চিকিৎসা তথা পথ্য ঃ তেল মালিচ স্নান, সুগন্ধি ফুল, ফুলৰ মালা, উত্তম সুদৰ্শন পোছাক, প্ৰাকৃতিক সৌন্দৰ্য্য দৰ্শন, সুন্দৰীনাৰীৰ নৃত্য-সঙ্গীত দৰ্শন আৰু শ্ৰৱণ এই ৰোগত ভাল কামত আহে। কিন্তু এইবোৰ পৰিস্হিতিতেই ব্যক্তিৰ ভাবনা-চিন্তাত কোনো প্ৰকাৰৰ উত্তেজনা আহিবলৈ দিয়া উচিত নহয়। নহলে, এই পথ্য বোৰ কুপথ্য হৈ পৰিব আৰু ৰোগক আৰু বেচি বৃদ্ধি কৰিব।

টেঙা, তেল, জাল, আন মুখৰোচক পদাৰ্থ, গেলা, বাহী বস্তু ভোজন, লঘোন, অতিবেচি পৰিশ্ৰম, অধিক মৈথুন, ব্যাভিচাৰ, পৌঢ়া বা বৃদ্ধাৰ লগত সম্ভোগ, হস্তমৈথুন, দিনত শোৱা, শোক, ভয়, চিন্তা, বেচি খোজ কঢ়া, বৰবেচি গৰম বা ঠাণ্ডাত থকা এই ধৰণৰ সকলো কাম আৰু আহাৰ অপথ্য হোৱাৰ কাৰণে ক্ষতিকাৰক।

আহাৰ

যৱ, গম, অৰহৰ দাইল, মাটি মাহ, আলু কবি, কোমোৰা, ভেণ্ডি, কল, লাভ, ৰঙালাও, ওল, গাখীৰ, ঘিউ, দৈ-গাখীৰ, গুড়,

গোলাপজাম, মালপোৱা, লুচি আপেল, বেদানা, আঙুৰ ইত্যাদি পুষ্টিকৰ পদাৰ্থ এই ৰোগবোৰৰ কাৰণে উপযুক্ত।

শীঘ্ৰ পতন কিয় হয়?

শীঘ্ৰ পতন বিভিন্নপ্ৰকাৰ বিকৃতি, আসক্তি আৰু ৰোগ ইয়াৰ মুখ্য কাৰণ। ইয়াত এই সম্বন্ধে দু আষাৰ মান কথা কলে অপ্ৰাসাংগিক নহ'ব।

এনেয়ে কোনো ৰুচিকৰ পদাৰ্থ যদি অনেক দিনৰ পিচত খোৱা হয় তেনেহলে তাৰ স্বাদৰ মাত্ৰা বাঢ়ি যায়। ঠিক তেনেকৈয়ে মানুহে যেতিয়া অনেকদিনৰ পিচত সম্ভোগ কৰিবলৈ সুযোগ পায়, তেতিয়া তেওঁৰ লিঙ্গ অনেক মাত্ৰাত সংবেদনশীল হৈ উঠে। এই কাৰণতে তেওঁৰ বীৰ্য ঘনে ঘন স্খলিত হয়।

এই বিষয়টো কোনো ব্যক্তি বিশেষৰ ওপতে প্ৰযোজ্য নহয় বৰঞ্চ, এই ধৰণৰ পৰিস্থিতি যি কোনোসময়ত হব পাৰে। গতিকে এইটো কোনো পৰম্পৰৰ ৰোগ নহয়। এই প্ৰক্ৰিয়াটো একেবাৰে অস্থায়ী।

যদি এই বিষয়টো স্থায়ী হয় আৰু একে লগে এই বস্তুটো চলি থাকে তেন্তে অবশ্যে ইয়াক ৰোগ বুলি ভবা উচিত নহয়। মানসিক শাৰীৰিক আৰু আৰ্থিক পৰিস্থিতিও ইয়াৰ কাৰণে দাবী।

যিমানুহৰ বীৰ্য সম্ভোগৰ আগতে বাহিৰ হয় তেওঁ পত্নীৰ সন্তুষ্টি আৰু তৃপ্তিৰ কাৰণে বিশেষৰূপত সতৰ্ক হৈ সম্ভোগ কৰৱা উচিত। মানুহৰ এই বিষয়টো সকলো সময়ত মনত ৰখা উচিত, এইটো কোনো ৰোগ নহয়। এইটো কোনো ৰকমৰ মানসিক ৰোগও নহয়। সম্ভোগৰ সময়ত যদি কোনো মানুহৰ শীঘ্ৰ পতন হয়, তেনেহলে, তাৰ নিজৰ পত্নীৰ ভগ্নাসাত নিজৰ আঙুলিৰে ঘঁহি থাকিব লাগে। এই কামটো সাধাৰণত পুৰুষৰ লিঙ্গই কৰে কিন্তু যদি লিঙ্গ সেউ সেউ হৈ থাকে তাৰ ঠাই আঙুলিৰে কৰিব লাগে। এনে কৰিলে পত্নীয়ে অলপমান নিশ্চয় তৃপ্তি পাব।

এনেকুৱা কিছুমান মানুহ আছে যি বীৰ্য পতনৰ আচল অৰ্থটোকে নাজানে। সম্ভোগৰ সময় কাল বৰ দীঘল নহয়। তথাপিও মানুহৰ মনত হয় যেন বহু সময় পাৰ হৈ গৈছে। কাৰণ হল সম্ভোগৰ স্হিতিত দম্পতি আনন্দৰ অনুতিত লীন.হোৱাৰ কাৰণে সময়ৰ সঠিক হিচাপ ৰাখিব নোৱাৰে। সেই আনন্দৰ মুহূৰ্ত্তত তেওঁলোকৰ এনেকুৱা মনত ধৰে যেন সময় অতিসোনকালে পাৰ হৈ গৈছে। এই সময়ত পুৰুষৰ নিজৰ প্ৰতি সন্দেহৰ সৃষ্টি হয় তেওঁ শীঘ্ৰ পতনৰ চিকাৰ হোৱা নাই তো ? এবাৰ এই সন্দেহটো বদ্ধমূল হলে তেওঁৰ বীয বৰ সোনকালে স্খলিত হব। এনে ধৰণৰ মিছা ভ্ৰম দূৰ কৰা অত্যন্ত আৱশ্যক।

চিকিৎসা ঃ বীৰ্যৰ শীঘ্ৰ পতন বস্ত্তটো সিমান বেচি ৰোগ নহয় যিমান বেচিকৈ আগৰ কোনো ৰোগৰ কাৰণে হয়। এইবাবে ৰোগীক চিন্তাইঘেৰি ধৰে আৰু দিনে দিনে দুৰ্ব্বল হৈ থাকে আৰু তাৰ ফলত তেওঁৰ ৰোগও সেই অনুপাতে বাঢ়ি থাকে। সেই কাৰণে আৰম্ভনিতে ইয়াৰ সঠিক চিকিৎসা নিশ্চয় কৰা উচিত।

আয়ুবৈদিক চিকিৎসা ঃ আমাৰ দেশ ভাৰতবযৰ্ভত যৌন ৰোগ পৃথিবীৰ অন্যান্য দেশৰ তুলনাত মোগল আৰু ইংৰাজৰ কাৰণে বেচি বিয়পি পৰিছে। প্ৰাচীন যুগত, আমাৰ দেশত এই ৰোগ অল্প আছিল। সেই কাৰণে আৰ্য়ুবেদত এইবোৰৰ ৰোগৰ চিকিৎসাৰ বিধান পোৱা যায়।

আৰ্য়ুবেদ চিকিৎসা প্ৰণালীত এই ৰোগৰ কাৰণে বিভিন্ন ৰোগৰ কাৰণে বিভিন্ন ধৰণৰ ঔষধ আছে। শিলাজিতাদি বটি এইৰোগৰ কাৰণে সৰ্বোত্তম ঔষধ হিচাপে পৰিচিত। এই বীৰ্যক আনেক ঔষধৰ সংমিশ্ৰণত বনোৱা হয়।

শীঘ্ৰপতননাশক চূৰ্ণও প্ৰায় 16 টা দ্ৰব্যৰ সংমিশ্ৰণত তৈয়াৰ কৰা হয়। ইয়াত শীঘ্ৰ পতনত চমৎকাৰ ফল পোৱ যায়। ইয়াকখালে স্বপ্নদোষ বৰ সোনকালে ঠিক হৈ যায় + স্বপ্নদোষ বীৰ্যৰ শীঘ্ৰ পতনৰ

মুখ্য কাৰণ। এই ভাবে হস্তমৈথুনৰ পৰা সৃষ্টি হোৱা বিকাৰ দূৰ কৰিবলৈও বিশেষ উপযোগী হিচাপ প্ৰমাণিত হৈছে।

মকৰধ্বজ বটি প্ৰায় 14 টা বহুমূল্য দ্ৰব্যৰ মিশ্ৰণত তৈয়াৰ কৰা হয়। শীঘ্ৰপতনৰ লগে লগে স্বপ্নদোষ, প্ৰমেহ, নপুসংকতা আৰু কেইয়ামান বীৰ্য বিকাৰ দূৰ কৰত এই বটি উপযোগী আৰু বাজীকৰণ ৰসায়ণ আৰু বীৰ্য স্তম্ভকৰ কামও কৰে।

ইউনানী চিকিৎসা

ইউনানী চিকিৎসা পদ্ধতিত শীঘ্ৰপতনৰ কাৰণে মাজুন ফল সেয়ৰ যি মোটামুটি 40 া দ্ৰব্যৰ সংমিশ্ৰণত তৈয়াৰ কৰা হয়, বিশেষকৈ লাভজনক হিচাপে প্ৰমাণিত হৈছে। ইয়াক মৈথুনত লিপ্ত হেৱাৰ এঘণ্টা আগতে মিছিৰিক গৰু গাখীৰৰ লগত খোৱা কৰা উচিত। ইয়াক খালে শীঘ্ৰপতন ৰোগ দূৰ যায় আৰু স্তম্ভন শক্তি বাঢ়ে। এইটো বাজীকৰণৰ কামও কৰে আৰু বীৰ্য স্তম্ভনৰ কামও কৰে। ইয়াৰ পৰা মানুহৰ নপুংসকতা ভাল হয়।

ইউনানী চিকিৎসা পদ্ধতিত হবে সীমাজ, হব্বে নিয়াত নাইবা হব্বে খুচৱন্তী ইত্যাদিও উপযোগী।

এইবোৰ ঔষধ শীঘ্ৰপতনৰোধক হোৱাৰ আগতে লগেলগে বীৰ্যস্তম্ভনৰ কামও কৰে। ইয়াৰ লগে লগে বীকৰণত ও ই সহায়ক সিদ্ধ হয়।

স্ত্ৰীৰ স্খলিত কৰাৰ যোগ

শীঘ্ৰ পতনত পুৰুষৰ মানসিক অৱস্থা বৰ অদ্ভূত হৈ উঠে। কেতয়িাবা কেতিয়াবা নিজৰ পত্নীৰ দৃষ্টিত তেওঁ তললৈ যায়। এনে পৰিস্হিতি কোনো কোনোৰ আত্মহত্যা কৰাৰ কথাও মনলৈ আহে। এনে পৰিস্হিতিত পুৰুষৰ উচিত যে তেওঁ নিজৰ শীঘ্ৰ পতনক বাধাদিবৰ কাৰণে লগেলগে নিজৰ পত্নীৰও শীঘ্ৰ স্খলিত হোৱাৰ ব্যবস্হা কৰিব।

ইয়াত আমি এনেকুৱা কিছুমান যোগৰ কথা উল্লেখ কৰিছে, যি

ইয়াত সাহায্য কৰিব পাৰে ঃ

(1) সুহাগৰ ফুলা আধাৰ পৰা এক গ্ৰাম লৈ পানৰ লগত সহবাহ কৰিলে সোনকালে স্খলিত হব।

(2) খানি মৌ জোলত ত্ৰিফলাৰ চূৰ্ণক ঘুলি লৈ পত্নীৰ য়োনিত লগাই মৈথুন কৰিলে পত্নী সোনকালে স্খলিত ওহ পৰিব।

(3) গোৰখমুৰ্ত্তিৰ ফুল, কৰ্পূৰ আৰু লতা-পাতৰ সমান মাত্ৰাও ওল পানীত ঘঁহি পুৰুযে নিজৰ লিঙ্গত লগাই দিয়ক। যেতিয়া যোই বস্তটো শুকাই যাব, তেতিয়া পত্নীৰ লগত সহবাসতছ লিপ্ত হলে পত্নী সোনকালে স্খলিত হব।

(4) মাটি মাহ আৰু মটৰ মাহক সমান মাত্ৰাত লৈ অসগন্ধৰ মূলৰ ৰসত পিহি তাক পত্নীক খুৱাই সহবাস কলি পত্নী সোনকালে স্খলিত হব।

(5) গন্ধকক মৌজোলৰ লগত মিহলি কৰি লিঙ্গত লগোৱাৰ পিচত পত্নীৰ লগত মৈথুন কৰিলে পত্নী সোনকালে স্খলিত হব।

(6) মৌজোল, সুহগা, বুৰ্নিমানুহৰ চুলি এই তিনিটা বস্তুক লিঙ্গক লগাই সম্ভোগ কৰিল পত্নী সোনকালে স্খলিত হব।

(6) জালুক, ধুতুৰাৰ গুটি, সৰু পিপলিক বিহি কৰি পিহিলে মৌজেলৰ লগত মিহলি কৰি লিঙ্গত লগালে আৰু তাৰ একটাৰ পিচত সহবাস কৰিলে পত্নীৰ কামাগ্নি অতি সোনকালে শন্ত হব।

নপুংসকতা

পৰিচয়

পুৰুষৰ জননেন্দ্ৰিয় অৰ্থাৎ লিঙ্গৰ আংশিক বা পূৰ্ণ দুৰ্ব্বলতা বা অসমৰ্থতাক 'নপুংসকতা' কোৱা হয়। আয়ুৰ্বেদিৰ ভাষাত ইয়াক ধ্বজভঙ্গ কোৱা হব। এই ৰোগত লিঙ্গৰ উত্তেজনা শক্তি সমাপ্ত হয় যাৰ পৰিণাম স্বৰূপে, পুৰুষ মৈথুনৰ কাৰণে উত্তেজিত নহয়। ইয়াৰ ফল এইটো হয় যে পুৰুষ মৈথুন ক্ৰিয়াত একেবাৰে অসমৰ্থ হয়। এই ধৰণৰ পুৰুষক নপুংসক কোৱা হয়।

যি পুৰুষ জমৰ পৰা জননেন্দ্ৰিয় বিহীন নাইবা বিকৃত জননেন্দ্ৰিয় লৈ জম হয়, তেওঁকো সভ্য ভাষাত 'নপুসংক' কোৱা হয়। কিন্তু এইটো কোনো ৰোগৰ শ্ৰেণীত নপৰে। এইটো হল এটা জন্মগত শাৰীৰিক বিকৃতি। গতিকে ইয়াত তাৰ উল্লেখ আৰু তাৰ চিকিৎসাৰ বিষয়ে একো উল্লেখ কৰা নহ'ল, কাৰণ সেইটো কোনো যৌন ৰোগ নহয়।

কাৰণ

স্ত্ৰীৰ লগত অতিবেচি সহবাস, হস্ত মৈথুন, লিঙ্গ কোনো ধৰণৰ আঘাত লগা, ব্যক্তিৰ শৰীৰৰ চৰ্বী বাঢ়ি যোৱা, কোনো আন ধৰণৰ ভয়ংকৰ ৰোগ আৰু সেইকাৰণত উৎপন্নহোৱা দুৰ্বলতা, অণ্ডকোষ সৰু হোৱা, কোনো ৰোগৰ কাৰণে অণ্ডকোষ বাহিৰ কৰি দিয়া। বাৰে বাৰে প্ৰস্ৰাব কৰা, অগ্নিমান্দ্য, হাৰ্ণিয়া, বহুদিন কৰি দিয়া, বাৰে বাৰে প্ৰস্ৰাব কৰা, অগ্নিমান্দ্য, হাৰ্ণিয়া, বহুদিন ধৰি শক্তিশালী ঔষধ খোৱা, অতি বেচি মাত্ৰাত মদ খোৱা, অতিবেচিকৈ কানি খোৱা নাইবা মাদক

দ্ৰব্য খোৱা ইত্যাদিবোৰ হল–নপুংসকতাৰ মূল কাৰণ।

নপুংসকতাৰ প্ৰাথমিক অৱস্থাত পুৰুষে মৈথুনত লিপ্ত হবলৈ ভয় কৰে। তাৰ ফলত এইটোৱেই হয় যে নপুংসকতা দিনে দিনে বৃদ্ধি হয় আৰু এটা সময়ত মানুহজন সম্পূৰ্ণৰূপে নপুংসক হব।

লক্ষণ

এইৰোগৰ কাৰণত মানুহৰ মাজত মৈথুন কৰাৰ শক্তি কম হয় নাইবা সম্পূৰ্ণৰূপে নস্ট হয়। এই ধৰণৰ পৰিস্হিতিত পুৰুষৰ মনত স্ত্ৰী সহবাসৰ ইচ্ছা পূৰাপৰি থাকে কিন্তু তেওঁৰ লগত মৈথুন কৰাৰ সামৰ্থ্য নাথাকে। নিজৰ গুপ্ত ইন্দ্ৰিয়ৰ দুৰ্বলতাৰ কাৰেণ তেওঁ স্ত্ৰীৰ ওচৰলৈ যাবলৈকো ভয় কৰে।

পুৰুষৰ এই ভয়ে তেওঁক আৰু বেচি নপুংসক কৰি তোলাত সাহায্য কৰে। তেওঁ যদি সম্ভোগত লিপ্তও হয়, তথাপিও সম্ভোগ কালত তেওঁৰ উশাহ ফুলি থাকে, তেওঁৰ সৰ্বশৰীৰৰ পৰা ঘাম ওলায় আৰু আটাইতকৈ ডাঙৰ কথা হল যে তেওঁৰ লিঙ্গত কোনো উত্তেজনা পৰিলক্ষিত নহয়। এনে পৰিস্হিতিত পুৰুষ লাজৰ সীমা নাথাকে। এই লাজ হল তেওঁৰ দুঃখৰ প্ৰধান কাৰণে হয়।

নপুংসক লোক নিজৰ নপুংসকতাৰ কাৰণে দিনে ৰাতিয়ে চিন্তা কৰি থাকে। নিজৰ সম্বন্ধে আনৰ লগত আলোচনা কৰিবলৈ লাজ পায়। তেওঁক সদায় সংকোচে ঘেৰি থয় আৰু মূৰত বিষ হয়। কেতিয়াবা কেতিয়াবা তেওঁৰ মূৰ ঘূৰায়, হৃদস্পদনৰ গতি বৃদ্ধি ইমান বেচি বৃদ্ধি হয় যে ৰাতি তেওঁৰ টোপনি নাহে।

পুৰুষৰ এইধৰণৰ নপুংসকতাই তেওঁৰ পত্নীৰ ওপৰত অতিবেচি প্ৰতিকূল প্ৰভাৱ বিস্তাৰ কৰে। সেই প্ৰতিকূল প্ৰভাৱক ভাষাৰে প্ৰকাশ কৰিব নোৱাৰি। তেওঁৰ অবস্হা বৰ দুঃখৰ আৰু শোচনীয় হৈ পৰে।

সাধাৰণতে, নপুংসকতাৰ চাৰিটা পৰ্যায় আছে। প্ৰথম পৰ্যায় হল মৈথুনৰ

সময়ত উত্তেজনা সৃষ্টি হয় কিন্তু লিঙ্গত যথোচিত কঠোৰতা নাথাকে। প্ৰথমে প্ৰথমে লিঙ্গত অল্প কঠোৰতা আহে কিন্তু অতি সোনকালে শিথিল হৈ যায়। এই ভাবে ব্যক্তিৰ কাম শক্তি বৰ কম হয়।

দ্বিতীয় পৰ্যায়, পুৰুষৰ মৈথুন কৰিবৰ ইচ্ছা জাগিলে লিঙ্গলৈ অলপ কঠোৰতা আহে কিন্তু সেই কঠোৰতা ক্ষনস্থায়ী কিয়নো পিচ মূহুৰ্ত্ততে লিঙ্গ শিথিল হৈ পৰে।

তৃতীয়ট পৰ্যায়, মৈথুনৰ কাৰণে প্ৰবল ইচ্ছা হোৱা সত্ত্বেও লিঙ্গত কোনো প্ৰকাৰৰ উত্তেজনা সৃষ্টি নহয় আৰু লিঙ্গত অতি কম কঠোৰতা থাকে। সেই পৰিস্হিতি কোনো মহে মৈথুন কৰা সম্ভৱ নহয়।

চতুৰ্থ পৰ্যায়ত, পুৰুষৰ মনত মৈথুন কৰিবৰ ইচ্ছা সমূলি নাথাকে। তেওঁৰ লিঙ্গত কোনো ৰকমৰ চেতনাই নাথাকে। এইভাবে তেওঁ পত্নীৰ লগত সম্ভোগ কৰিবলৈ অযোগ্য হয়।

.এতিয়ালৈকে নপুংসকতাৰ কিছুমান কাৰণৰ ওপৰত ভালকৈ আলোকপাত কৰিছো। অতি বেচি মৈথুন, বেশ্যাগমন, হস্তমৈথুন, পশু মৈথুন ইত্যাদি কাৰণত যদি কোনো ব্যক্তিৰ নপুংসকতা সৃষ্টি হয়, তেন্তে তেওঁ নিজে নিজৰ জীৱনটো ধ্বংস কৰিছে বুলি ক'ব লাগিব। চিকিৎসক সকলৰ বক্তব্য হল এই ধৰণৰ নপুংসকতা চিকিৎসাৰ কাৰণে অযোগ্য নহয়। ইয়াৰ চিকিৎসা সম্ভৱ আৰু ৰোগীৰ খাত পুৰুষত্বক নতুনকৈ সৃষ্টি কৰিব পাৰি।

মানুহৰ ভিতৰত নপুংসকতাৰ এটা কাৰণ বংশগতও হয়। দেউতাকৰ যদি বীৰ্যদোষ থাকে বা বীয কম হয় তেন্তে সন্তানৰ ওপৰতো তাৰ প্ৰভাৱ পৰে। পৰিণাম স্বৰূপে সন্তান জন্মগতভাবে নপুংসক হৈ জন্ম হয়। তেওঁক স্ত্ৰী বুলিও কব নোৱাৰি আৰু পুৰুষ বুলিই ক'ব নোবাৰি। এই ধৰণৰ নপুংসকতা চিকিৎসা অসাধ্য হয়।

মানসিক নপুংসকতা

মানুহৰ মনত যেতিয়া আত্ম বিশ্বাসৰ অভাৱ হয়, নাই বা আন

কোনো কাৰণত তেওঁৰ মনত এইটো ধাৰণা হয় যে তেওঁ মৈথুন কৰিব নোৱাৰে, তেনেহলে সেই পৰিস্থিতিনো নপুংসক নোহোৱা সত্ত্বেও নপুংসক হৈ পৰে। ইয়াক মানসিক নপুংসকতা কোৱা হয়।

কুসঙ্গত পৰি যেতিয়া কোনো যুৱকে নানা প্ৰকাৰৰ মৈথুন সম্বন্ধীয় কথাবতৰা শুনে, তেতিয়া মনৰ দুৰ্বলতাৰ কাৰণে সেই কথা বোৰে যুৱক বিলাকক আকৰ্ষণ কৰে আৰু কিছুদিন অসৎভাবে মৈথুন কৰি (হস্ত মৈথুন) একে কৰে নপুংসক হৈ পৰে।

এইটো কেৱলমাত্ৰ মানসিক নপুংসকতা শাৰীৰিক নপুংসকতা নহয়। গতিকে এই চিকিৎসাও সেই দৃষ্টিতে কৰা উচিত।

পথ্য

গাখীৰ, মাখন ঘিউ, পানীৰ, দৈ – এই ধৰণৰ গাখীৰৰ পৰা তৈয়াৰ হোৱা সকলো বস্তু, মাছ, ভজা, মাংস, কণী, পশুৰ কণী, সকলো ধৰণৰ ফল, সকলো ধৰণৰ শাক-পাচলি ইত্যাদি খাব লাগে।

নপুংসতাত এই সকলো বস্তু খাব পাৰে। প্ৰয়োজনৰ তুলনাত বেচি কোন পদাৰ্থই লাভদায়ক নহয়। সঠিক মাত্ৰাত নাখালে কেতিয়াবা কেতিয়াবা এইবোৰ বস্তু ক্ষতি কাৰক হয়। গতিকে মানুহে সেই মাত্ৰাত বস্তু খাব লাগে যিখিনি তেওঁ হজম কৰিব পাৰিব বুলি ভাবে।- জনা উচিত যে হজম কৰা বস্তুৰ পৰা তেজ উৎপন্ন হয়।

টেঙা আৰু ঠাণ্ডা নপুংসক সকলে খাব নালাগে। ধূম্ৰপান, মদ্যপান, কানি আদি বস্তুবোৰ সম্পূৰ্ণ বৰ্জিত। এনে ভাবে গেছ সৃষ্টি কৰা আৰু পলমকৈ হজমহোৱা বস্তুও নপুংসক ৰোগীয়ে খাব নেলাগে।

মচুৰ দাইল, বেচন, তন্দুৰী ৰুটি, শুকান জলকীয়া, তেল, তেলত ভজা বস্তু, গুড়, গুড়েৰে বনোৱা বস্তু, দালদা, ঘিউ ইত্যাদি বস্তু নপুংসক ৰোগীৰ কাৰণে বৰ ক্ষতিকাৰক। ভজা বস্তু আৰু মিঠাই, পায়স আদিও ক্ষতিকাৰক। গেছ সৃষ্টিকৰা, সহজে হজম নোহোৱা বস্তু আৰু মাদক দ্ৰব্য নপুংসক ৰোগীয়ে বৰ্জিত বস্তু হিচাপে গণ্য

কৰিব লাগে। বিশেষকৈ চিকিৎসা চলি থাকোতে এইবোৰ বস্তু নিশ্চয় খাব নেলাগে।

নপুংসকতা আৰু মৈথুন

মানুহৰ শৰীৰত বিশেষকৈ যুবকৰ শৰীৰত বীৰ্য ভঁৰাল থাকে। মৈথুনৰ পিচত বীৰ্য ক্ষীন হৈ পৰাত তাৰ অভাৱ পূৰণ সহজে নহয়। মানুহৰ মনত সোমোৱা এই ভ্ৰান্তিক তৎক্ষনাত দূৰ কৰা উচিত। বীৰ্যৰ অভাৱ পূৰণ উপযোগী আৰু পুষ্টিকৰ খাদ্য খালে অতি সোনকালে মানুহ নিজৰ মনত পৰা ভুল ধাৰণাবোৰ একেবাৰে বাহিৰ কৰি দিয়া উচিত। নপুংসক ৰোগীয়ে বিভিন্ন মানুহে কোৱা কথাবোৰ সচাবুলি ধৰিলোৱা উচিত হয়।

'মানুৰ বীৰ্যপাত হলেই মানুহ' মৰিব – কথাষাৰ ঘোৰ স্বাৰ্থপৰ মানুহে কৈ ভ্ৰান্ত ধাৰণাৰ সৃষ্টি কৰে। সঠিক সৰু মৈথুন কাম মানুহৰ এটা স্বাভাৱিক কাম। গতিকে তাক অবহেলা কৰিব নালাগে বা। কৰা উচিত নহব। শৰীৰৰ পুষ্টিৰ কাৰণে যেনেকৈ ভোজনৰ প্ৰয়োজন ৰৈছে। ঠিক তেনেকৈয়ে যথা সময়ত মৈথুন কৰাটোও অত্যন্ত জৰুৰী। ইয়াৰ পৰা লাভেই হব, ক্ষতি নহয়।

ইয়াৰ ঠিক বিপৰীতত যি মানুহৰ নপুংসকতা আছে, তেওঁৰ চিকিৎসাৰ লগেলগে মৈথুন কৰাৰ চেষ্টাও কৰিব লাগিব যাতে নিজৰ সঠিক আৰু বাস্তৱিক অবস্থাটো নিজে জানবি পাৰে।

স্ত্ৰী আৰু পুৰুষৰ কাম-বাসনাৰ মাজত বিৰাট পাৰ্থক্য আছে। পুৰুষ অতি কম সময়ত উত্তেজিত হয়। কিন্তু স্ত্ৰীৰ অলপ সময় লাগে। কিন্তু স্ত্ৰী এবাৰ উত্তেজিত হলে উত্তেজনাৰ বেগ প্ৰবল হয়। গতিকে সম্ভোগ কৰোতে পুৰুষৰ উচিত যে নিজে বেচি উত্তেজিত নহৈ সোনকালে উত্তেজিত কৰিবলৈ চেষ্টা কৰিব লাগে। স্ত্ৰীক কেনেকৈ অতি সোনকালে উত্তেজিত কৰিব লাগে তাৰ কাৰণে মাত্ৰ দুটা কি কাম কৰিব লাগে আগতে কোৱা হৈছে। তথাপি পাঠকৰ

সুবিধাৰ কাৰণে আকৌ পুনৰাবৃত্তি কৰিছো। (1) যোনিত লিঙ্গ সুমুৱাবলৈ দুয়ো প্ৰস্তুত হোৱাৰ সময় পুৰুষে প্ৰথমতে স্ত্ৰীৰ মেখেলাখন দাঙি আগতেই প্ৰস্তুত কৰি যোৱা টান লিঙ্গটোকে যোনিৰ ভিতৰত মাত্ৰ আধা ইঞ্চিমান সুমুৱাই সাত-আঠবাৰ মান ঘূৰাই থাকিব লাগে। সেই ঘঁহানিত স্ত্ৰী নিশ্চয় উত্তেজিত হব আৰু উত্তেজিত হলেই পুৰুষে তেওঁ হাতেৰে স্ত্ৰীৰ হাতটো ধৰি লিঙ্গটোক খামোচ মাৰি ধৰাই খামোচটো পুৰুষৰ হাতেৰে ধৰি লিঙ্গটোৰ গুৰিৰ পৰা লিঙ্গ মুণ্ডলৈকে স্ত্ৰীৰ আঙুলিৰে ভালকৈ পিটিকাই লিঙ্গটো কিমান দীঘল তাক অনুমান কৰিবলৈ দিব লাগে। স্ত্ৰীয়ে অনুমান কৰাৰ পিচত পুৰুষে ক'ব লাগে, 'আচলতে, উখহা অবস্হাত মোৰ লিঙ্গটো আঠ ইঞ্চি হয় যি তোমাৰ যোনিক বৰ সুখ দিব পাৰিব। এতিয়া তুমি লিঙ্গটোক তোমাৰ যোনিত সোমাবলৈ দিয়া আৰু সোমেৱাৰ পিচত তাক কামুৰি ধৰিবলৈ যোনকি কোৱা যাতে মৈথুন কৰোতে যোনিক আৰু লিঙ্গই চৰম আনন্দ তৃপ্তি পায়।'

(2) কোৱাৰ লগে লগে পুৰুষে লিঙ্গটোক যোনিৰ পৰা উলিয়াই লৈ তেওঁৰ তৰ্জনী আঙুলিটো যোনিত সুমুৱাই যোনিৰ ভিতৰত ওপৰফালে স্ত্ৰীৰ দেহৰ আটাইতকৈ স্পৰ্শ কাতৰ স্হান ভগনাশাক আঙুলিৰ মূৰটোৰে 3/4 বাৰমান খজুৱাই দিব লাগে। খজুৱাই দিয়াৰ লগে লগে স্ত্ৰী ইমান উত্তেজিত হব যে সেই মূহুৰ্ত্ততে লিঙ্গটো যোনিত ঠাহি ঠাহি নুসুমোৱালে তেওঁ পগলা হৈ যাব।

আত্ম বিশ্বাসেই হৈছে মানুহৰ ডাঙৰ সম্বল, তাক কেতিয়াও হেৰুওৱা উচিত নহয়।

অস্হায়ী নপুংসকতা

কোনো কোনো যুবকৰ যৌন-বিজ্ঞান সম্বন্ধে ভাল জ্ঞান নাথাকে। যদি তেওঁলোকৰ মনলৈ কোনো দূৰ্বলতা আহে যে তেওঁলোক নপুংসক, সেই ভাবটো অহাৰ লগে লগে তেওঁলোকৰ নিৰাশ আৰু হতাশা আহি

যায়। এই হতাশ আৰু নিৰাশাৰ পৰিণাম স্বৰূপে তেওঁলোকৰ মনত বদ্ধমূল হব যে তেওঁলোকক নপুসংকতাৰ পিনে আগ বাঢ়ি গৈছে। যি পুৰুষৰ মন যদি এবাৰ দুৰ্বল হৈ পৰে তেনেহলে তেওঁ যিমানেই শক্তিশালী নহওক, মৈথুনত আনন্দ পাব নোৱাৰে।

যদি এজন যুবকৰ দৃঢ় বিশ্বাস হয় যে তেওঁৰ লিঙ্গত নপুংসকতাৰ পৰিস্হিতিত তেওঁৰ নিৰাশা ভাৱ আতৰি যাব। গতিকে মানুহে শৰীৰ ক্ৰিয়া বিজ্ঞানৰ যথেস্ট জ্ঞান থকা উচিত।

সাধাৰণতে দেখা যায় যে মানসিক ব্যাকুলতা, ভয়, ক্ৰোধ, ৰাগ, নিৰাশা আৰু বিষদৰ নিচিনা মানসিক বিকাৰৰ কাৰণে পুৰুষৰ লিঙ্গ উত্তেজিত নহয়। এই সময়ত ব্যক্তিয়ে এইটোকেই ভাবে যে তেওঁৰ লিঙ্গলৈ নপুংসকতা আহি গৈছে। এই ধৰণৰ যুবক সকলক পৰামৰ্শ দিয়া হৈছে। যেন তেওঁলোকে নিজৰ মনৰ পৰা এই ধৰণৰ ভ্ৰম দূৰলৈ ঠেলি পঠায় আৰু কেতিয়া তেওঁৰ শৰীৰৰ কি প্ৰয়োজন–তাকতেওঁ চিনি পায়। এনেকুৱা কৰিলে এই অস্হায়ী মানসিক নপুংসকতা দুই-চাৰিদিনৰ ভিতৰতে ঠিক হৈ যাব পাৰে। এইটো কোনো ৰোগ নহয়। তথাপিও যুৱকৰ মনৰ অবস্হা যদি এই নিচিনা হয়, তেনেহনে ক'ব লাগিব যে তেওঁ নিজৰ ৰোগক নিজেই মাতি আনিছে।

কেৱল ইমানেই নহয় যদি কোনো মানুহ বাস্তবিকতে নপুংসকহৈ পৰে, তেনেহলে এই পৰিস্হিতিতে তেওঁৰ আগতমৈথুন সুখ লাভ কৰাৰ সকলো ধৰণৰ সম্ভাৱনা খোলা থাকে। আচল কথা হল–মানৱ শৰীৰত বীৰ্যৰ পৰ্য্যাপ্ত ভঁৰাল থাকে। এই ভঁৰাল সোনকালে শেষ নহয়। কোনো কোনো মানুহৰ এটা ভুল ধাৰনা আছে যে এবাৰ খালী হোৱা বীৰ্যৰ অভাৱ পূৰ হবলৈ সময় লাগে। আচলতে মৈথুন ক্ৰিয়াৰ ফলত স্খলিত হোৱা বীৰ্যৰ অভাব পুৰা হবলৈ মুঠেই সময় নালাগে। এইটো সচা যে বীৰ্যপাত হলেও তাৰ দ্বাৰা পুৰুষৰ কোনো ক্ষতি নহয়, আৰু তেওঁৰ শৰীৰলৈ কোনো দুব্বলতা লাহে, বৰঞ্চ সম্ভোগত পোৱা

অপূৰ্ব সুখ আৰু তৃপ্তিয়ে অলপ ক্ষতি হলেও আনন্দেৰে ক্ষতিপূৰন কৰে।

যিকোনো কাৰণত এজন মানুহ নপুংসক হলে তেওঁ মাজেমাজে নিশ্চয় মৈথুন কৰিবলৈ চেষ্টা কৰিব লাগে কাৰণ মনোবলৰ জোৰত তেওঁ একেবাৰে ব্যৰ্থ নিশ্চয় নহব। আনপিনে এবাৰ মৈথুন কৰিবলৈ সক্ষম হলে তেওঁ ৰোগৰ পৰা কিমানখিনি মুক্তি পাইছে জানিব পাৰিব। নপুংসক লোকৰ উচিত তেওঁ নিজৰ হাতৰ আঙুলিৰে লিঙ্গটো ধৰি লাহে লাহে স্ত্ৰীৰ ওপৰত উল্লেখ কৰা যোনিৰ ভগনাশা অৰ্থাৎ আটাইতকৈ স্পৰ্শকাতৰ ঠাই ডোখৰত ঘহি বা খজুৱাই দিব আৰু স্ত্ৰী তৎক্ষনাত উত্তেতি হ'ব আৰু অলপ পিচতে পত্নীৰো স্খলন হ'ব। এই প্ৰক্ৰিয়াৰ দ্বাৰাই নিজৰ সহবাসিনীকতো আনন্দিত কৰিবই তাৰ লগেলগে নিজেও আনন্দিত হৈ উঠিব। ইয়াৰ ফল এইটোৱেই হব যে, তেওঁৰো সম মাত্ৰাত উত্তেজনা অনুভূত হৈ থাকিব। তেতিয়াও ভালদৰে মৈথুন কৰিব পাৰিব।

নপুংসকতাৰ কাৰণে ৰোগীয়ে যদি ভালভাবে মৈথুন কৰিব নোৱাৰে তাৰ বাবে ভয় কৰিবৰ একো নাই। এই ধৰণৰ পৰিস্হিতিত নিজৰ লিঙ্গ স্ত্ৰীৰ যোনিৰ পৰা বাহিৰ কৰি কোনো এখন পৰিকল্পনা ৰুমালেৰে মাছি লৈ স্ত্ৰীৰ ভগনাসাৰ ঠিক কাৰতে ঘঁহা উচিত। এনে কৰিলে তেওঁ সহাসিনীৰ ঠিক সেই ধৰণৰ কাম সুখ অনুভূত হ'ব ঠিক যেনেকৈ মৈথুন ক্ৰিয়া কৰিলে হয়। এবাৰ যদি স্ত্ৰীয়ে আনন্দ পায়, তেনেহলে তেওঁ এইটো পাহৰি যাব যে তেওঁৰ স্বামী নপুংসক।

স্তম্ভন ঃ এইটো এনে এটা প্ৰক্ৰিয়া যাৰ দ্বাৰা সকলোৰে লাভ হয়। ইয়াৰ কাৰণে পুৰুযে নিজৰ মনৰ ওপৰত নিয়ন্ত্ৰণ বজায় ৰাখিব লাগিব। মৈথুনক লৰালৰি কৰাতকৈ নিজকে দূৰত ৰাখিব লাগে। বৰ বেচি উত্তেজিত হৈ উঠিলে লগে লগে নিৰ উত্তেজিত হৈ উঠা লিঙ্গক স্ত্ৰীৰ যোনিৰ ভিতৰত সুমুৱা উচিত নহয়। সম্ভোগ ক্ৰিয়াত প্ৰকাশযুক্ত

স্থানৰ তুলনাত অন্ধকাৰ স্থানত নাইবা অলপ একান্ত পৰিবেশত বেচি আনন্দ পোৱা যায়। পোহৰত শীঘ্ৰ স্খলনতৰ সম্ভাৱনা বৰ বেচি থাকে। মৈথুনৰ ক্ৰিয়া লাহে লাহে আৰু ধৈৰে ধৈৰে যদি কৰা যায়, তেনেহলে মৈথুনত লিপ্ত স্ত্ৰী-পুৰুষ উভয়েই সুখ পাব।

পৰিয়াল যোজনা প্ৰচাৰক সকলে সন্তান নিৰোধৰ অনেক পৰামৰ্শ দিয়ে।- কেতিয়াবা কেতিয়াবা সন্তানক জন্ম নিদিয়াৰ পৰামৰ্শ দি কয় সম্ভোগৰ সময়ত স্ত্ৰী-পুৰুষৰ দ্বাৰা কোনো প্ৰকাৰৰ নিৰোধ কৰা উপকৰণক প্ৰয়োগ কৰা সত্ত্বেও বীৰ্য স্খলনৰ সময় ওচৰা-উচৰি হোৱাৰ পূৰ্ব লিঙ্গক যোনিৰ পৰা বাহিৰ কৰি যোনিৰ বাহিৰত বীৰ্যপাত কৰা উচিত। তেনে কৰিলে যোনিৰ ভিতৰলৈ বীৰ্য নোযোৱাৰ কাৰণে গৰ্ভ ধাৰণ নহ'ব। সন্তান নিৰোধৰ প্ৰসঙ্গত এই কামটো হয়তো লাভজনক হব পাৰে কিন্তু শাৰীৰিক আৰু মানসিক দৃষ্টিত এই বস্তুটো স্ত্ৰী-পুৰুষ দুজনৰ কাৰণেই ক্ষতিৰ হয়। কাৰণ টো হল মৈথুন ক্ৰিয়াত যেতিয়া চৰম আনন্দৰ মূহুৰ্ত্ত আহে তেতিয়া স্ত্ৰী-পুৰুষ দুয়োজনৰে সম্পূৰ্ণ নাড়ী মণ্ডল বীৰ্যপাত আৰু বীৰ্যগ্ৰহণৰ আনন্দৰ লবৰ কাৰণে বিশেষৰূপে লালায়িত হৈ থাকে। এই সময়ত পুৰুষে নিজৰ লিঙ্গক বাহিৰ কৰি নিলে, দুজনলৈই মৈথুন ক্ৰিয়াত অন্তিম মূহুৰ্ত্তত হঠাৎ বাধা আহিলে দয়োৰে মনৰ পৰা আনন্দ আৰু তৃপ্তি হঠাতে গুচি যায়। এনেকুৱা বাৰে বাৰে হলে দুয়োৰে বিশেষকৈ স্ত্ৰীৰদ মানসিক ৰোগ হব পাৰে।

চুম্বন

স্ত্ৰী-পুৰুষৰ পাৰস্পৰিক চুমা বৰ লাভজনক। আনন্দদায়ক হোৱাৰ উপৰিও চুমাই কামোত্তেজনাও সৃষ্টি কৰে নপুংসকতাৰ অবস্থাতো ইয়াৰ যথেষ্ট গুৰুত্ব আছে। পাশ্চাত্য দেশত চুমাক বৰ বেচি গুৰুত্ব দিয়া হয়। এই কাৰণে তাত স্ত্ৰী-পুৰুষ সকলে খোলাখুলিকৈ চুমা খায়। এজন পাশ্চাত্য লেখকে চুমাক প্ৰশংসা কৰি লিখিছিল 'চুমা এটা

অসাধাৰণ কাম। এই কামটো মাত্ৰ এফালৰ হলে নিৰৰ্থক হয় কিন্তু দুয়োফালাৰ পৰা হ'লে পৰমসুখৰ কাৰণ হয়। সৰু সৰু লৰাছোৱালীয়ে সহজেই এই কামটো কৰি পেলায়। যুৱক-যুৱতীয়ে চুৰি কৰি চুমা খায় কিন্তু বৃদ্ধ সকলে ইয়াক কিনিব লাগে। চুমা যুৱতী সকলৰ কাৰণে আস্থা, বিবাহিতা মহিলা সকলৰ কাৰণে আশা আৰু বৃদ্ধা সকলৰ কাৰণে বাধা।'

আন এজনী পাশ্চাত্য যুৱতীয়ে নিজৰ মত দিছে, 'যেতিয়া তেওঁ মোৰ ওঁঠত তেওঁৰ ওঁঠখন লগাই দিলে, যেন অসংখ্য কাম দেৱে সুগন্ধি ফুলেৰে সজাই মোক আনন্দ আৰু তৃপ্তি দিছে।'

মৈথুনৰ ভ্ৰান্তি

সাধাৰণতে মানুহৰ মনত এটা ভুল ধাৰণা সোমাইছে যে মৈথুনৰ পিচত পুৰুষ ক্লান্ত হৈ পৰে। বিশেষকৈ নপুসংক মানুহৰ এই ক্লান্তিয়ে বেচি দুঃখ দিয়ে। মানুহে এইটোকে চিন্তা কৰি থাকে যে মৈথুন কৰোতে শৰীৰৰ পৰা অনেক বীৰ্য বাহিৰ হৈ যায় আৰু তাৰ ফলত পুৰুষ দুৰ্বল হয় আৰু তেওঁৰ মনত শিথিলতাৰ অনুভূতি প্ৰবল হয়।

কিন্তু মানুহৰ এই ধাৰণাটো সম্পূৰ্ণ ভুল। মৈথুনৰ পিচত যি ক্লান্তি আহে সেইটো বীৰ্যক্ষয়ৰ কাৰে নহয়। মৈথুন কৰি থাকোতে, তেওঁ গোটেৱে পৰিশ্ৰম কৰে আৰু সেই কাৰণে তেওঁৰ ৰক্তসঞ্চাৰ অতিপাতকৈ বৃদ্ধি হয়। আৰু যেতিয়া শৰীৰৰ ৰক্ত সঞ্চাৰ বৃদ্ধি হয়, তেতিয়া হৃদ স্পন্দনৰ গতিও অনেক বেচি হয়। ফুচফুচত অতিবেচি দ্ৰুত শ্বাস থাকে আৰু এইভাৱে শৰীৰৰ পূৰ্ণ স্নায়ুমণ্ডল শ্ৰম-সংলগ্ন হৈ পৰে।

মৈথুন ক্ৰিয়াৰ সম্ভাৱনা হলে বীৰ্য সখলনৰ সময়ত গোটেই শৰীৰৰ উত্তেজনাই চৰম সীমাত উপস্থিত হয়। তাৰ পিচত বীৰ্যপাত হোৱা মাত্ৰকে সেই উত্তেজনা শেষ হৈ যায়। গতিকে এইটো স্বাভাৱিক যে উত্তেজনা শেষ হোৱাৰ পিচত অলপ শিথিলতা শৰীৰলৈ আহিবই। এইটো এটা প্ৰাকৃতিক নিয়ম। তাৰ ওপৰত ভিত্তি কৰি মৈথুনৰ পিচত

শৰীৰলৈ শিথিলতা আহে। এইটো স্বাভাবিক, গতিকে তাৰ বাবে চিন্তা কৰিব লগা একো নাই।

এটা কথা ভালদৰে জানি লোৱা উচিত বীৰ্য বাহিৰ হৈ গলে শৰীৰলৈ কোনো শিথিলতা নাহে। এইটো অনেকৰ ভুল ধাৰণা। আমি ইয়াত তেওঁলোকক পৰামৰ্শ দিও যে যি সকলে মৈথুনৰ দৃষ্টিত নিজকে দুৰ্বল বুলি ভাৱে তেওঁলোকে অকাৰণতে নিজকে নপুংসক বুলি ধৰি লয়। গতিকে আমি বাৰে বাৰে কওঁ যে তেওঁলোকে যে সেই ভুল ধাৰণাটো একেবাৰে চিৰ দিনলৈ মনৰ পৰা বাহিৰ কৰি দিয়ে।

নপুংসকতাৰ চিকিৎসা

নপুংসকতাৰ চিকিৎসা সম্ভৱনে এই বিষয়ে পাশ্চাত্য চিকিৎস সকলাৰ মত আমি পিচত দিম। ইয়াত আমি আয়ুবেৰ্দিক মতে কি চিকিৎা কৰিব লগে তাকেই সববিশেযে বৰ্ণনা কৰিম।

প্ৰথমতে আৰ্য়ুবেদিক মতে কি ধৰণৰ নপুসংকতাৰ কোনো চিকিৎসা নাই তেওঁলোক হল ঃ

(1) যি পৰুয জমৰ পৰাই নপুংসক।

(2) যি পুৰুযৰ জননেন্দ্ৰিয় বৰ চুটি আৰু যাৰ শৰীৰত বয়স অনুপাতে লিঙ্গ বৃদ্ধি নহয়।

(3) যি ব্যক্তি পুৰুযও নহয় আৰু স্ত্ৰীও নহয় অৰ্থ্যাৎ যাৰ পুৰুযৰ লিঙ্গ স্ত্ৰীৰ যোনি নাই।

(4) কিবা ৰোগৰ কাৰণে অপাৰেচন কৰি যাৰ লিঙ্গক কটি দিয়া হৈছে।

এই ভাবে উপৰোক্ত চাৰিটা শ্ৰেণীৰ মানুহৰ নপুংসকতাক চিকিৎসাক কৰা অসাধ্য। এই চাৰিটা শ্ৰেণীৰ বাহিৰে যাৰ চিকিৎসা সম্ভৱ তাক তলত উল্লেখ কৰিছো।

(1) হস্তমৈথুনৰ কাৰণে যিবোৰ পুৰুয অস্হায়ী ভাবে নপুংসক হৈছে।

(2) শীঘ্ৰ পতন বা বীৰ্য স্ৰাব হোৱাৰ কাৰণে যি মানুহৰ

(3) যি মানসিক ভয় ভ্ৰমণৰ কাৰণে নিজকে নপুংসক বুলি ভাৱে।

উপৰোক্ত ৰোগীসকলৰ উপৰিও কোনোকোনো এনেকুৱা-ৰোগী আছে যাৰ ৰোগ কষ্টসাধ্য কিন্তু চিকিৎসা কৰাৰ পিছত অনেক কষ্টত এই ৰোগী সকল সুস্থ হ'ব পাৰে তেওঁলোক হল ঃ

(1) যাৰ শৰীৰৰ আভ্যন্তৰীণ অংত কোনো ধৰণৰ বিকৃতি হোৱাৰ ফলত নপুংসকতা আহি গৈছে।

(2) যি সৰু কালৰে পৰা হস্তমৈথুন কৰি আহিছে যাৰ ফলত তেওঁ লোকৰ লিঙ্গ বিকৃত হৈছে বা যাৰ অণ্ডকোষ তললৈ ওলমি পৰিছে। এওঁলোকৰ চিকিৎসা সম্ভৱ কিন্তু বৰ কঠিন।

(3) যি 40-50 বছৰ বয়সৰ পিচত নপুংসক হৈছে আৰু যাৰ।

(4) যি বৰ শকত, এলেহুৱা, যাৰ টোপনি বৰ বেচি।

চিকিৎসা বিধি

এই ধৰণৰৰ ৰোগীৰ চিকিৎসা কাৰণে আগতে ৰোগৰ কাৰণবোৰৰ ওপৰত দৃষ্টি ৰখা নিতান্ত আৱশ্যক আৰু কাৰণ বোৰ জানি সেইবোৰক প্ৰথমেই দূৰ কৰা উচিত। ৰোগী যদি বাৰেবাৰে হস্তমৈথুন কৰাৰ কাৰণে নপুংসক হয় প্ৰথমতে হৈ কাৰণটো দূৰ কৰি ৰোগটোক পিচত চিকিৎসা কৰিব লাগিব। যদি তাকেই কৰে অৰ্থ্যাৎ প্ৰথমতে কাৰণটোক দূৰ নকৰে তেন্তে চিকিৎসকৰ সকলো চেষ্টা ব্যৰ্থ হব।

এটা প্ৰবাদ আছে, 'নষ্ট মূল নৈব শাখা ন পতম'। অৰ্থাৎ গছৰ শিপা [illegible]টি দিলে ডালও নাহে পাত ও নাহে। এই ৰোগটোৰ সেই একে [illegible]। ৰোগৰ কাৰণটোক নষ্ট কৰি দিলে ৰোগৰ হাতৰ পৰা [illegible] মুক্তি পোৱা যাব।

[illegible]সাৰ সময়ত ৰোগীয়ে সন্তুলন আহাৰ খাব লাগিব তেওঁ ব্ৰ[illegible] পালন কৰিব লাগে। এই দিশত চিকিৎসকে ৰোগীৰ প্ৰতি সৰ্বদায় মনোনিবেশ কৰিব লাগিব আৰু চাব লাগিব যে ৰোগীয়ে যেন

তেওঁৰ সকলো নিৰ্দেশ পালন কৰে।

ৰোগীৰ মানসিক সন্তুষ্টি হোৱ একান্ত আবশ্যক। তেওঁৰ মনটো সুদৃঢ় হোৱা উচিত। চিকিৎসকে ৰোগীক একেৰাহে সান্ত্বনা আৰু আশ্বাস দিব লাগিব আৰু তাৰফলত তাৰ অনুকল প্ৰভাৱ ৰোগীৰ নিশ্চয় পৰিব।

ৰোগীক চিকিৎসা কৰাৰ আগতে তেওঁৰ পেট পৰিস্কাৰ কৰিব লাগিব। এনিমা দিও পেট পৰিস্কাৰ কৰিব পাৰি। কোষ্ঠ কাঠিন্য থাকিলে এনিমিয়া দিয়া উচিত।

ৰোগীৰ চাৰিওপিনৰ পৰিবেশ আনন্দদায়ক হোৱা উচিত। চিকিৎসকে ৰোগীক এই পৰামৰ্শ দিব যে ৰোগীয়ে যেন সুমধুৰ সঙ্গীত শুনিবলৈ পায়, সুন্দৰ সাজ-পোছাক পিন্ধে আৰু আনন্দদায়ক নতুন ঠাই পৰিদৰ্শন কৰে। তেওঁ যেন স্বভাৱৰ অনুকূল চলচ্চিত্ৰ দেখে। তেওঁ ইংৰাজী ছৱিও চাব পাৰে। এইবোৰ কৰিলে ৰোগীৰ মনলৈ আনন্দ আহিব আৰু চিকিৎসাই নিশ্চয় কাম দিব।

কোনো সামাজিক সন্মিলন, কোনো পাৰিবাৰিক সন্মিলনত কোনো মহিলা বা যুৱতীয়ে যদি ৰোগীৰ পিনে চায়, তাৰও অনুকূল প্ৰভাৱ ৰোগীৰও পৰত পৰিব। এই প্ৰভাবে ৰোগীৰ সুপ্ত নাড়ীক জগাই তুলিব।

ৰোগীয়ে আনন্দদায়ক কিতাপ উপনাস আদি পঢ়া উচিত। মনোৰঞ্জন তেওঁৰ কাৰেণ অতি আবশ্যক। প্ৰেম কাহিনীয়ে ৰোগীৰ শৰীৰত কম্পন উৎপন্ন কৰে। নপুংসকতাৰ ৰোগীৰ পক্ষে এইটোক সৰ্বোত্তম বুলি ধৰিব পাৰি।

সাধাৰণতে দেখা যায় যে নপুংসকতাৰ ৰোগীৰ প্ৰমেহ নাইা স্বপ্নদোষ ৰোগ নিশ্চয় থাকে। সেই কাৰণে চিকিৎসকৰ উচিত তেওঁ সেই দিশটোৰ প্ৰতি দৃষ্টি দিয়ে। এই ৰোগবোৰ হলে ৰোগীয়ে কোনোমতেই সুস্থ হব নোৱাৰে। প্ৰায়েই নপুংসকতাত পুস্তিকৰ আৰু উত্তেজক

বস্তু ৰোগীক খুৱাব লাগে। আন পিনে প্ৰমেহ আৰু স্বপ্নদোষ ৰোগ আৰু প্ৰমেহ ৰোগৰ চিকিৎসা কৰিব লাগে।

নপুংসকৰোগীৰ হজম শক্তি বৰ দুৰ্বল হয়। এই কাৰণে হজমশক্তিক ঠিক কৰাটো উচিত। এই অৱস্থাত তেওঁক ঔষধ আৰু পুষ্টিকৰ আহাৰ দিয়া উচিত পুষ্টিকৰ আহাৰ খালে তেওঁৰ স্বাস্থ্যৰ দিনে দিনে উন্নতি হব।

কেতিয়াবা কেতিয়াবা দেখা যা যে নপুংসক ৰোগীৰ এই ৰোগৰ বাহিৰেও হৃদয়, মস্তিস্ক, যকৃত ইত্যাদি কোমল অঙ্গৰো কোনো ৰোগ থাকে। গতিকে চিকিৎসকে সকলো পিনে দৃষ্টি ৰাখি নপুংসকতাৰ ৰোগীক চিকিৎসা কৰিব লাগে। এনেকুৱা ভাবে নকৰিলে ৰোগীক সুস্থ কৰাটো সম্ভৱ নহয়।

ঔষধ

ইয়াত আমি কিছুমান প্ৰচলিত ঔষধৰ প্ৰতি সংকেত দিছো। চিকিৎসকৰ পৰামৰ্শ অনুযায়ী এইবোৰ ঔষধ নিশ্চয় খোৱা উচিত। অবশ্যে নিজে নিজৰ চিকিৎসক হোৱাটো লাভৰ ঠাইত ক্ষতি হোৱাৰ সম্ভাৱনা আছে। গতকি সাবধানে চিকিৎসা কৰিব।

মুখ্য ঔষধ ঃ নপুংসকতানাশক বটি, স্তম্ভক বটি, উত্তেজক বটি, আনন্দ বটি, সুপ্তম্ভ বটি, চন্দ্ৰপ্ৰভা বটি, মদমঞ্জৰী বটি, বীৰ্যশোধক বটি, কামেশ্বৰ বটি, অশ্বগন্ধাদি বটি, চন্দ্ৰপ্ৰভা গুটিকা, নিশলাজিতাদি বকটি, বিলাসিনী মৰ্দন বটি, দিব্যবটি, ৰৌপ্য বটি আৰু লৌহ বটি ইত্যাদি।

ইয়াৰ বাহিৰেও আঠ-ন বিধ চূৰ্ণ আৰু বিভিন্ন ৰকমৰ ভস্ম, তেল অবলেহ ইত্যাদিয়েও নপুংসকতা ৰোগত উপকাৰ দিয়। কিছুমান টেবলেট, জবাৰিচ, মাজন, সফুফ, অৰ্ক আৰু তিলা ইত্যাদিকো ব্যৱহাৰ কৰা হয়।

ইউনানী চিকিৎসকে সকলোৰে আগতে ৰোগীৰ কাৰণেও বিশেষ

দৃস্টি দিয়ে। তাৰ পিচত হজম ক্ৰিয়াৰ ওপৰত দৃস্টি দিয়া হয়। ৰোগীৰ অন্যান্য ৰোগ বিলাককো পৰীক্ষা কৰি দেখা হয় আৰু সেই অনুযায়ী ৰোগীৰ চিকিৎসা আৰম্ভ কৰাৰ হয়।

এলোপাথিক চিকিৎসা

ভাৰতবৰ্যত কোনো কোনো মানুহৰ ধাৰণা যে এলোপাথিক চিকিৎসা পদ্ধতি নপুংকসকতা ৰোগৰ কোনো চিকিৎসা নাই। কিন্তু এইটো তেওঁলোকৰ সম্পূৰ্ণ ভুল ধাৰনা। ইয়াৰ ঠিক বিপৰীতে, আধুনিক চিকিৎসক সকালৰ বক্তব্য হল যে দেশীয় চিকিৎসা-পদ্ধতিৰ তুলনাত আধুনিক চিকিৎসক সকলৰ বক্তব্য হল যে দেশীয় চিকিৎসা পদ্ধতিৰ তুলনাত আধুনিক চিকিৎসা পদ্ধতিয়ে অনেক বেশী ৰোগক আৰোগ্য কৰে।

এলোপাথিক চিকিৎসক সকলেও এই বিযয়বোৰৰ প্ৰতি মনোনিবেশ কৰাৰ কথা আগতে কোৱা হৈছে। যেনে ৰোগীৰ হজম ক্ৰিয়া, তেওঁৰ শৰীৰৰ আভ্যন্তৰীন ৰোগ, তেওঁৰ জীৱন প্ৰণালী আৰু পৰিবেশ ইত্যাদি ইত্যাদি। তাৰ পিচতে চিকিৎসা আৰম্ভ কৰা হয়। এলোপাথিক চিকিৎসা পদ্ধতিত সাধাৰণতে নপুসংকতা ৰোগৰ কাৰণে নিম্নলিখিত ঔযধবোৰ আছে।

ওস্ফোৰিন, টেস্টিন, চেৰেবিন, গেস্টীন, মেডুলিন, ৰেচিন, মেস্কুলিন এপিওল, বেলাডোন, গোখৰু কেম্পৰ, চতগিলোয়, চৌবচিনি, ভাং, চিমিচিফ উজা, সেলিচ নিগ্ৰা, স্বাপোমেটো, পিপৰেজাইন, আফিং, ম্যাটিকা, অৰগট চিনকোনো, কোনিয়ন, কুইনাইন, কোকা, কোৰনিন, হমেমলিচ লুপলিন ইত্যাদি।

ইয়াৰ বাহিৰেও এলোপাথিক চিকিৎসা পদ্ধতিত নপুংসকতা ৰোগৰ ঔযধৰ মাজত অনেক পেটেন্ট ঔযধ, টেবলেট, সৰ্বত আদি আছে, যিবোৰ ডাক্তৰৰ পৰামৰ্শত খোৱা উচিত।

হোমিওপাথিক চিকিৎসা

হোপিওপাথিক চিকিৎসকে সকলেও নপুংসকতাৰা কাৰণ হিচাপে অতিবেচি হস্তমৈথুন আৰু অতিবেচি স্ত্ৰী সহবাসকেই মান্যতা দিয়ে আহিছে। তেওঁলোকৰ মতানুযায়ী ৰোগীয়ে যদি নিজৰ চিন্তা ভাৱনাক শুদ্ধ ৰাখে, পুষ্টিকৰ খাদ্য খায়, বিশুদ্ধ বতাহ লয়, নিয়মিতৰূপে ব্যায়াম কৰে আৰু যিমান দিন চিকিৎসা চলে সিমান সংখযমী জীৱন যাপন কৰে আৰু নিজৰ খোবা-বোৱা ঠিক ৰাখে, তেনেহলে ৰোগী সোনকালে ভাল হৈ উঠে।

নপুংসকতাৰোগৰ আৰোগ্যৰ কাৰণে তলত কিছুমান ঔষধ দিয়া হল ঃ

এগ্নচ টেক্টাচ 200 : অতিপাত স্ত্ৰী সহবাসৰ কাৰণে উৎপন্ন হোৱা দুৰ্বলতাৰ কাৰণে স্ত্ৰী সহবাসৰ অনিচ্ছা, নাইবা মৈথুন কৰিবলৈ ইচ্ছা নস্ট হোৱাৰ কাৰণে এই ঔষধটোৱে ভাল ফল দিয়ে।

এনাকডিয়াম 200 : বেশ্যা গমন নাইবা হস্তমৈথুনৰ কাৰণে উৎপন্ন নপুংসকতাত এই ঔষধৰে বৰ ভাল দিয়ে।

কোনায়ম 200 : বেচি বয়স লৈকে অবিবাহিত হৈ থাকিলে আৰু কৰিব নোৱাৰাৰ কাৰণে নপুসংকতাক বাধা দিবৰ কাৰণে এইটো ভাল ঔষধ।

লাইকোপোডিয়াম 200, 1000 : আত্ম ৰিশবসৰ অভাৱ, শীঘ্ৰপতন, আৰু পৰনি ৰোগৰ কাৰণে এটা অতি উপযোগা ঔষধ।

চেবল চেৰলেটখা ক্যু : দুৰ্বলতাৰ কাৰণে মৈথুন কৰি নোৱাৰিলে এই ঔষধে ভাল কাম দিয়ে।

চেলেনিয়াম 200 : ইচ্ছা হোৱা সত্ত্বেও বীৰ্যৰ শীঘ্ৰ পতন আৰু মৈথুনত অযোগ্য হলে এই ঔষধৰ খালে নপুংসকতাৰ পৰা মুক্তি পাব পাৰে।

ষ্টাফেচাগেৰিয়া 200 : প্ৰতি মূহুৰ্ত্তত বিষয় লোপুপ আৰু বিষয়-

কামনাৰ পিনে দৃষ্টি দিয়া আৰু সকলো সময়তে কথা কৈ থকা ৰোগী সকলৰ কাৰণে অতি ভাল ঔষধ।

চাল্কাৰ 30 : ৰোগীৱে যেতিয়া শিথিলতা আৰু দুৰ্বলতা অনুভৱ কৰে, তেওঁৰ স্বভাৱ খিংখিঙীয়া হয় আৰু স্বাস্থ্য দিনেদিনে বেয়া গৈ থাকে। এনে পৰিস্থিতিৰ এই ঔষধে ভাল কাম দিয়ে।

ফচফোৰাচ 30, 200 : যি কোনো সময়ত নিলৰ্জ্জ, কামুক আৰু লম্পট থকাৰ পিচত এতিয়া নপুংসক হৈছে। তেওঁৰ কাৰণে এই ঔষধটো বৰ ভাল।

গ্ৰেফাইটিচ 30, 200 : কোনো অনুভূতি নোহোৱা নপুংসকতা বা বীৰ্যপাত নোহোৱা পৰিস্থিতিত এই ঔষধটোৱে ভাল দিব।

কেলকেৰীয়া কাৰ্ড 30, 200 : জননেন্দ্ৰিয় সম্বন্ধীয় ৰোগ, হস্ত মৈথুনৰ কাৰণে নপুসংকতা হলে এই ঔষধটোছে কাম দিব ৰোগীৰ কামেচ্ছা হয় কিন্তু সহবাসৰ কৰিবলৈ অসমৰ্থ বোধ কৰিলে। এই ঔষধটো খালে নিশ্চয় ভাল ফল পাব।

এই বিষয়ে আমাৰ পৰামৰ্শ হল নিজে নিজৰ চিকিৎসা নকৰি সুযোগ্য চিকিৎসকৰ সহায় লোৱাটো একান্ত বাঞ্চনীয়

ধাতুদৌৰ্বল্য আৰু চিফিলিচ

পৰিচয় ঃ ধাতু অৰ্থাৎ বীৰ্য কম আৰু ক্ষীণ হৈ পৰা বা আংশিক ৰূপে নষ্ট হোৱাক ধাতু দৌৰ্ব্বল্য কোৱা হয়।

কাৰণ ঃ ভয়, চিন্তা, শোক ইত্যাদি মানসিক টনাটনি সৃষ্টি হোৱা পুষ্টিকৰ খাদ্যৰ অভাৱ, অতিবেচি উপবাস, বাৰেবাৰে সম্ভোগ কৰা আৰু বৃদ্ধাৱস্থা ইত্যাদি বিভিন্ন কাৰণত প্ৰথমৰ পৰাই ‘ৰস’ ক্ষীণ হয়। ৰস কম হোৱাৰ কাৰণে তেজও ক্ষীন আৰু পাতল হয়। তেজ পাতল

হোৱাৰ কাৰণে মাংস, মাংসৰ ক্ষীণতাত চৰ্বি, চৰ্বিৰ ক্ষীণতাত অস্থি আৰু অস্থিৰ ক্ষীণতাত মজ্জা ক্ষীণ হৈ পৰে। এই বস্তুটো এনে ভাবে একেৰাহে চলি থাকে।

লক্ষণ

ধাতু দৌৰ্ব্বল্যৰ কাৰণে মানুহ উদাস হৈ থাকে। তেওঁৰ গা কপি থাকে, গাত বিষ হ'ব, অলপ পৰিশ্ৰম কৰিলেই ক্লান্তি অনুভৱ কৰিব, কোলে কাম নকৰিলেও ক্লান্ত হ'ব, ইন্দ্ৰিয় দুৰ্বল হৈ পৰিব, টি বি হব পাৰে, উশাহ লোৱাত কস্ট, আংশিক নপুংসকতা, লিঙ্গ আৰু অণ্ডকোষত যন্ত্ৰণা, মৈথুনত প্ৰবৃত্তি নোহোৱা আৰু শুক্ৰৰ লগত তেজ ওলোৱা আদি বিকাৰ বোৰ হব পাৰে।

পথ্য ঃ

বেচি নিমখ, জাল তেল, টেঙা, গুড়, মদ, অতি বেচি মৈথুন ক্ৰিয়া। ৰাতি নোশোৱা, জুইৰ তাপ বেশী লোৱা, বেচি ৰ'দত ঘূৰি ফুৰা এইৰোগৰ কাৰণে ক্ষতি কাৰক হয়।

সুস্বাদু আৰু পুস্টিকৰ খাদ্য, ভাত, মচুৰী দাইল আৰু মগু মাহ, আলু, পটল, বেঙেনা, কবি, চালগোম, গাজৰ, বদনাম কিচমিচ, পেস্তা, খাজুৰ, আঙ্গুৰ, অমিতা, আম, কঠাল ইত্যাদি আৰু মাংসাহাৰীৰ কাৰণে মাছ, মাংস, কুকুৰা মঙ্গহ, কনী আদি ভাল বস্তু। পুস্টিকৰ খাদ সঠিক মাত্ৰাত খাব লাগে যাতে সহজে হজম হয়। গাখীৰ, দৈ, মাখন আৰু ঘিউ ইত্যাদি বস্তু এই ৰোগৰ কাৰণে লাভ দায়।। এই বস্তুবোৰে হজম ক্ৰিয়াত ও সাহায্য কৰে। এই বস্তু বোৰ খালে শৰীৰ ৰাখ সৃস্টি হয়।

আনুষাঙ্গিক চিকিৎসা

সকলোতকৈ আগতে আমাৰ কুসঙ্গৰ পক্ষ দূৰত ৰাখিব লাগিব। এনেমানুহৰ সংস্পৰ্শত থকা উচিত নহয় যি ব্যভিচাৰ আৰু যৌনাচাক লৈ আলোচনা কৰে। নিয়মিত ব্যায়াম কৰাও এই ৰোগৰ অপৰিহায্য

আবশ্যকতাৰ ভিতৰত পৰে। সকলো সময়ত যি কোনো কামত লাগি থকা উচিত। অশ্লীল কিতাপ পঢ়া আৰু অশ্লীল চলচ্চিত্র চোৱা একেবাৰে বৰ্জ্জিত।

ৰাতি শুবলৈ যাওতে পেট ভৰাই খাব নালাগে। খোৱাৰ আন্তঃ দুঘটনাৰ পিচত শোৱা উচিত। ঠিক সময় খোৱা আৰু ঠিকসময়ত শোৱা নিতান্ত আবশ্যক। ৰাতি শোৱাৰ আগতে হাত ভৰিবোৰ ভালকৈ ধুব।

ধাতু দৌবল্যত এইবোৰ কাৰণৰ বাহিৰেও অন্যান্য কাৰণ আছে আৰু তাৰ বাবে খাবলগীয়া ঔষধ খাই থাকিব লাগে কিন্তু এলোপাথিক ঔষধ কম পৰিমাণে খোৱা উচিত কাৰণ এলোপাঠিক ঔষধ কেবচি খালে শৰীৰৰ ক্ষতি হোৱাৰ সম্ভাৱনা আছে।

বাৰে বাৰে হাতমৈথুন কৰিলেও ধাতু দূৰ্ব্বল হয়। তাত শুক্ৰদোষ উৎপাত হয়, বীৰ্য পাতল হয় যাৰ মালত শীঘ্ৰপতন ৰোগ আৰম্ভ হয়। এই কাৰণেবোৰৰ প্ৰতি বিশেষ মনোনিবেশ কৰা প্ৰয়োজন।

চিকিৎসা ঃ ধাতু দৌধল্য কোনো ৰোগ নহয়। আনকোনো কাৰণত ধাতুৰ অভাৱত শাৰীৰিক দুৰ্বলতা হোব স্বাভাৱিক। গতিকে চিকিৎসকে প্ৰথমতে ৰোগৰ মূলকাৰণটো বিচাৰি তাক দূৰ কৰা উচিত। আৰু যথোচিত কৰা উচিত। ধাতু দৌৰ্বল্য নিজে নজি দূৰ হব পাৰে। অবশ্যে, ইয়াৰ কাৰণে বেলেগ বেলেগ চিকিৎসা পদ্ধতি আছে।

এলোপাথিক চিকিৎসা

আধুনিক চিকিৎসা পদ্ধতিত এইৰোগৰ কাৰণে অনক পেটেন্ট ঔষধ আৰু ইঞ্জেকচনৰ বিধান আছে। সেইবোৰ খালে ধাতুদৌৰ্বল্য দূৰ হোৱাৰ উপৰিও আন ৰোগও আৰোগ্য হয়।

আধুনিক চিকিৎসা পদ্ধতিত ইণ্ডোক্ৰিন কম্পাউণ্ড, স্পীমন ফোট, ওকাচা টেবলটে ইত্যাদি ঔষধবোৰ খাব লাগে। ইয়াৰ বাহিৰেও ইঞ্জেক্চনৰ

দ্বাৰাও ধাতু দৌৰ্বল্য আৰোগ্য হয়।

আয়ুৰ্বেদিক চিকিৎসা

আয়ুৰ্বেদিকত ৰোগৰ মূল কাৰণটো জনা উচিত। সাধাৰণতে, এই প্ৰক্ৰিয়াটো সকলো চিকিৎসা পদ্ধতিত অনুসৰণ কৰা হয়। আধুনিক চিকিৎসা পদ্ধতিত 'কীটানু পদ্ধতি'ৰ প্ৰচলন হোৱাত ৰোগৰ কাৰণৰ ওপৰত বিশেষ দৃষ্টি দিয়া নহয়। কিন্তু আনবোৰ চিকিৎসা পদ্ধতিত 'ত্ৰিদোষ আৰু ত্ৰিধাতু' সিদ্ধান্তক অনুসৰণ কৰা হয়।

আয়ুৰ্বেদিক চিকিৎসা পদ্ধতিত এই ৰোগৰ কাৰণে 'শিলাজ ইত্যাদি বটি' প্ৰমুখ প্ৰায় 25 টা দ্ৰব্যৰ মিশ্ৰণত তৈয়াৰ কৰা থাকে। ইয়াৰ বাহিৰেও আৰু অনেক ঔষধ এই ৰোগৰ কাৰণে আছে।

ইউনানী চিকিৎসা

আয়ুৰ্বেদৰ নিচিনা ইউনানী চিকিৎসা পদ্ধতিতো 'ত্ৰিদোষ আৰু ত্ৰিধাতু' সিদ্ধান্ত পালন কৰা হয়। ইউনানী চিকিৎসা পদ্ধতিত এই ৰোগৰ কাৰণে অনেক যোগৰ উল্লেখ আছে।

চিফিলিচ

পৰিচয়

চিফিলিচক এটা ভয়ংকৰ সংক্ৰামক ৰোগ হিচাপে মানি লোৱা হয়। চিফিলিচ ৰোগীৰ লগত যি মৈথুন কৰে, তেওঁৰো এই ৰোগটো হয়। সহবাসৰ কাৰণেও এই ৰোগটো এজনৰ শৰীৰৰপৰাআনজনৰ শৰীৰত সোমায় পৰে। মূলতঃ এই ৰোগটো সংক্ৰামক ৰোগ। তদুপৰি মাক বাপেক ৰোগৰ কাৰে তেওঁলোকৰ সন্তান বিলাকৰো এই ৰোগটো হয়।

এইৰোগৰ উৎপতি 'ফিৰগ কুণ্ডলালু' নামৰ কীটাণুৰ পৰা হয় বুলি মানি লোৱা হৈছে।

কাৰণ ঃ এই ৰোগৰ জন্মদাতা 'স্পাডৰোকিটা পালিডা' নামক বীজাণু। সৰলভাষাত ইয়াক 'ফিৰং কুণ্ডলানা' নামতো জনা যায়। এইটো ধৰি লোৱা হৈছে যে এই ৰোগৰ বীজাণু চাৰিৰ পৰা বৈধ্য মাইক্ৰোন পৰ্য্যন্ত দীঘল হয়। মৈথুনত ইয়াৰ প্ৰসাৰণ ওপৰৰ পিনে হয়। কেতিয়াবা বাহী বাচন পাত্ৰটো এই ৰোগে এটা পাত্ৰত পানী খালে সেই পাত্ৰটোৰ পৰা আন কোনোৱে পানী খালে তেওঁৰো চিফিলিচ হ'ব পাৰে। এই ৰোগটো বংশগতও হয়।

যদি কোনো সুস্থ মানুহে আন কোনো চিফিলিচ থকা মানুহৰ লগত সহবাস কৰে তেওঁ তেওঁৰো চিফিলিচ হব।

কিছুমান মানুহে এটা হোকাত ধপাত খালে বা চিফিলিচ হোৱা মানুহে খোৱা চিগাৰেটটো খালে তেওঁতো হৈ ৰোগটো হ'ব পাৰে।

ব্যভিচাৰী মানুহক এই ৰোগটো যোৱাৰ পিচতো চিনি পোৱা টান। লিঙ্গৰ মূৰটো যদি ৰঙা পৰে আৰু খজুৱায় তেন্তে সেই মানুহজনৰ বিভিলিচ হৈছে বুলি ধৰি ল'ব লাগিব। লিঙ্গৰ বাহিনীৰে অণ্ড কোযত তেনে ধৰলে ৰঙা পৰি খজুৱাতি হলে সেই মানুহতো চিফিলিচ হৈছে বুলি ধৰি ল'ব লাগিব।

লক্ষণ

এই ৰোগটোক তিনিটা অবস্থাত ভাগ কৰিব পাৰি।

প্ৰথম অৱস্হা হ'ল-লিঙ্গৰ আগভাগটো খৰ হোৱাৰছালছিলে। ছাল ছিগিলেই ঘা হয় আৰু সেই ঘাৰ পৰা পূঁজ বাহিৰ হয়।

দ্বিতীয় অৱস্হা হল ৰোগীৰ জ্বৰ হয়। তেওঁৰ হাড়বোৰত বিষ হয় আৰু ৰোগী দুৰ্বল হৈ পৰে। মূৰৰচুলি সৰিবলৈ ধৰে। শৰীৰৰ আন ঠাইটো আপোনা আপুনি ঘৰ হয়।

তৃতীয় অবস্হা হল – ৰোগৰ বিষ গেটেই গাটোত বিয়পিত পৰে। গাৰ ছালত মাজে মাজে উখহে আৰু ঘা হয়। এই ৰোগটোৰ চতুৰ্থ অবস্হাতও আছে। এই অবস্হা হল চাপখোৱা চিফিলিচ। পৌঢ় অবস্হা

বা বৃদ্ধ অৱস্হাত এই ৰোগ হলে–আংশিক পক্ষাঘাত মেদ-মজ্জাৰ ক্ষয়, স্নায়বিক দুৰ্বলতা, মৃগী ৰোগ, কেন্সাৰ আদি হয়। অনেকৰ মত ৰোগটো চতুৰ্থ অৱস্হালৈ অহা পিছত চিকিৎসা অসাধ্য।

কিন্তু এতিয়া পৰিস্হিতি বদলি হৈছে। সঠিক চিকিৎসা হলে এই ৰোগক সম্পূৰ্ণ ৰূপে আৰোগ্য কৰিব পাৰি।

পথ্য ঃ টেঙা, জাল, গুড়, তেল, নহৰু, পিয়াজ, বেঙেনা, মচুৰী দাইল, আলু আদি বস্তুবোৰ খোৱা নিষেধ।

ভিন্দা, লাও, ভেন্দি সেউজীয়া শাক খোৱা উচিত। নিমখ আৰু মচলাহীন তৰকাৰী আটাইতক উত্তম। তেল নিদিয়াকৈ সিজোৱা চব্জী আৰু অৰহৰ দাইল এইৰোগৰ কাৰণে বৰ উপযোগী। মাংসাহাৰী মানুহৰ কাৰণে ছাগলীৰ মাংস খোৱা লাভজনক। নিমখ নোহোৱা বুটমাহৰ গুৰিৰে বনোৱা ৰুটি উপকাৰী। ৰুটিত ঘিউ সানিব পাৰে।

চিকিৎসা ঃ আৰ্য়ুবেদিক চিকিৎসাত প্ৰথমতে ৰোগীৰ ঘা আৰু ফোঁহাক ত্ৰিফলাৰ পানীৰে ভালকৈ ধোৱা উচিত। ঔষধ প্ৰয়োগ কৰাৰ আগতে পেটটোকো ভালদৰে পৰিস্কাৰ কৰি লোৱা উচিত। চিফিলিচৰ নাশ কৰা ঔষধৰ লগত ৰক্ত শোধা ঔষধকো প্ৰয়োগ কৰিব লাগে। তেল, জাল, টেঙা আৰু গৰম পদাৰ্থ পৰিত্যাগ কৰা উচিত।

ত্ৰিফলাৰ পানীৰে ক্ষত স্হানক ধোৱাৰ পিচত কৰ্পূৰক এশবাৰ শুদ্ধ ঘিউত মিহলি কৰি ঘাৰ ওপৰ লগাব লাগে। এনেধৰণৰ আৰু আন ব্যৱস্হা আয়ুৰ্বেদৰ কিতাপত লিখা আছে।

ঘত লগোৱা ঔষধৰ বাহিৰেও খোৱাৰ ঔষধ হল কৰ্পূৰৰ ৰস, পুৰণি গুড়, সৰু ইলাচি, গৰুৰ ঘিউ ইত্যাদি। ৰোগীৰ চিকিৎসা নিজে নকৰিদ ডাক্তৰৰ পৰামৰ্শ নিশ্চয় লব লাগিব।

আয়ুৰ্বেদৰ নিচিনাকৈ ইউনানী চিকিৎসা পদ্ধতিটো এই ৰোগৰ কাৰেণ অনেক মলমৰ বিধান আছে।

এলোপাঠিক ঔষধঅও অনেক আছে যিবোৰ ঔষধ মাত্ৰ ডাক্তৰৰ

পৰামৰ্শ লৈ ব্যৱহাৰ কৰিব পৰামৰ্শ নলৈ নিজে ঔষধ ব্যৱহাৰ কৰিলে ক্ষতি নিশ্চয় হব।

হোমিওপাথিক ঔষধ হল 'চিফিলিয়ান 200' সপ্তাদহত দুবাৰকৈ এমাহধৰি খাব লাগে। এমাহ খোৱাৰ পিচত পোন্ধৰ দিনত এবাৰকৈ খাব লাগে।

লিঙ্গৰ আনভাগটো উখহিনো 'গুআবেযকম-6' নাইবা তাৰ মূল অৰ্ক প্ৰয়োগ কাৰণে লাভ হব-

মমৰ নিচিনা স্ৰাৱ, দুৰ্গন্ধ, ৰাতি-যন্ত্ৰণা, কঠিন ঘা, পূঁ লৈালে 'মৰ্ক প্ৰেটা আয়োদাইড' উপযোগী। তাৰ বাহিৰে 'থুজা-30', 'নাইট্ৰিক এচিড-ড' 'অৰ্টেম 30,' 'কালৰি আযোদাউত 3', 'ফাইটো লাক্কা 6', 'মৰ্ক কোল-3' ইত্যাদি ঔযধবোৰৰ প্ৰয়োগ কৰিব লাগে।

গণেৰিয়া

পৰিচয়

দূষিত মৈথুনৰ কাৰণে এটা জননেন্দ্ৰিয়ৰ পা আন জানেন্দ্ৰিয়ত গণোৰিয়াৰ বীজাণু প্ৰবেশ কৰে। ইয়াৰ পৰিণাম। এইটো হয় যে পুৰুষৰ মূত্ৰনলী আৰু স্ত্ৰীৰ যোনিত পোৰণিৰ পৰা আৰম্ভ হয়। ৰোগৰ ঠাইৰ পৰা পূঁজৰ নিচিনা পানীয়া বস্ত্ত বাহিৰ হয়।

স্ত্ৰীৰ এই ৰোগটো হলেই পুৰুযতকৈও আৰু বেযচি ভয়ংকৰ ৰূপ ধাৰণ কৰে। কাৰণ হল স্ত্ৰীৰ গুপ্তাঙ্গ পুৰুষৰ গুপ্তাঙ্গতকৈ আৰু বেচি ভিতৰত থাকে। এই গভীৰ গপ্তাঙ্গত যেতিয়া এবাৰ ৰোগৰ বীজাণু সোমায় তেতিয়া চিকিৎসা কৰা বৰ কঠিন হয়।

কাৰণ ঃ চিফিলিচৰ নিচিনাকৈ গণোৰিয়াতো ৰোগী বা ৰোগিনীৰ লগত সহবাস কৰিলে এই ৰোগ এজনৰ পৰা আনজনকৈ বাগৰি যায়, ইয়াৰ জন্মদাতা বীজাণুক 'পুখমেহানু' কোৱা হয়। ইংৰাজীত ইয়াক

'গোনোকোকচ' কোৱা হয়। পুৰুষৰ মূত্ৰনলীৰ এক ইঞ্চিৰ পিচত এটা গাঁত থাকে। এই গাঁতটোৰ পৰা আৰম্ভ কৰি এই ৰোগ লাহে লাহে মূত্ৰালী বা মূত্ৰাশয় আৰু তাৰ পিচত অণ্ডকোষ পৰ্য্যন্ত বিয়পি পৰে। স্ত্ৰী সকলৰ ক্ষেত্ৰত তেওঁলোকৰ যোনিৰ ওচৰ অঙ্গ আৰু মূত্ৰনলী, মূত্ৰাশয়, জৰায়ু ইত্যাদি ঠাইডোখৰ প্ৰথমতে ৰোগাক্ৰান্ত হৈ পৰে, কিন্তু স্ত্ৰী সকলৰ মূত্ৰ পথ অতি সৰু হোৱাৰ কাৰণে পুৰুষতকৈ তেওঁলোকৰ কস্ট কম হয়। এনেৰে ৰোগটো পুৰুষ আৰু স্ত্ৰীৰ দুয়োৰে হয়। তাৰ পৰা ওলোৱা পূঁজ শৰীৰত যি কোনো স্হানৰ শ্লৈষ্মিক পৰ্দাত লাগি সেইঠাইডোখৰকো ৰোগ গ্ৰস্ত কৰে। এই ৰোগত মত্ৰনলীত পূঁজৰ নিচিনা স্ৰাব হয়।

লক্ষণ ঃ এই ৰোগৰ কস্ট ৰাতি পুৱাৰ পৰা বেলি বহালৈকে অৰ্থাৎ দিনৰ বেলাত বেচি হয়।

এই ৰোগৰ প্ৰথম লক্ষণ হল–গণোৰিয়াৰ আক্ৰান্তত পুৰুষ বা স্ত্ৰীয়ে সম্ভোগ কৰাৰ পিচত বিপৰীত লিঙ্গৰ ব্যক্তিৰ প্ৰস্ৰাৱত পোৰণি অনুভৱ কৰে, খজুৱতিও হয়। আৰু তাৰ পিচত ক্ৰমশঃ মূত্ৰপতে পোৰণি হয় আৰু পূঁজৰ নিচিনা স্ৰাৱ বাহিৰ হয়। প্ৰস্ৰাৱ কৰাৰ সময়ত বিষ বেচি হয়। প্ৰসাৱ ভাল দৰে কৰিব নোৱাৰে, এটোপ দুটোপকৈ প্ৰস্ৰাৱ বাহিৰ হয়।

এইবোৰ লক্ষণৰ বাহিৰেও ৰোগীৰ জ্বৰ জ্বৰ ভাৱ হয়। কেতিয়াবা জাৰ জাৰ বা কঁপানিও হব পাৰে। মূৰত বিষ হয়। ৰাতি লিঙ্গত বেচি টান ভাব হোৱাৰ কাৰণে ভাল টোপনি আহে।

এই ৰোগৰ নিদ্ধাৰিত সময় বেচি হলে ইয়াৰ প্ৰবল লক্ষণবোৰ আৰু পোৰণি কম হবলৈ ধৰে কিন্তু পূঁজ ওলোৱা বেচি হবলৈ ধৰে। আৰু পূঁজৰ ৰং ৰখা হয়। পূজৰ এই অবস্হাক 'লালাচেহ' বা 'প্লীট' কোৱা হয়।

পৰিণাম ঃ গণোৰিয়াক তাৰ সূত্ৰপাততেই চিকিৎসা কৰা আবশ্যক।

প্ৰায়েই দেখা যায় এই ৰোগ এসপ্তাহতে ঠিক হয়। ৰোগ যদি পুৰণি হয়, তেনেহলে তাৰ প্ৰকোপ চকুৰ ওপৰত পৰিলে চকু নস্ট হৈ যাব। গৰ্ভৱতী স্ত্ৰীৰ গণোৰিয়া হলে প্ৰসৱৰ সময়ত তাৰ বিয শিশুৰ চকুত লাগিলে শিশু অন্ধ হৈ পৰিব- ঠিক এই ধৰনে অন্যান্য ৰোগৰ নিচিনা এই ৰোগও কস্টকৰ হোৱাৰ লগে লগে ভয়ংকৰও হয়।

পন্য ঃ চিফিলিচ ৰোগৰ কাৰণে যিবোৰ বৰ্জিত বস্ত্ত বৰ্ণনা কৰা হৈছে এই ৰেগতো সেই একেবোৰ বস্ত্ত বৰ্জিত। মানুহৰ শুদ্ধ আচৰণে এইৰোগৰ পৰা ৰোগীক বচাব পাৰে।

চিকিৎসা ঃ ঔষধৰ প্ৰয়োগৰ আগতে চাবোনেৰে জননেন্দ্ৰিয়ক ভালকৈ ধুই তাৰ পিচত পটাচিলাম পাৰমেগনেটৰ মিশ্ৰণেৰে ভালকৈ চাফা কৰি নিয়া উচিত। চাল্লাডায়োজিনকো ব্যৱহাৰ কৰিব পাৰিং। ইয়াৰ বাহিৰেও চাৰি কিঃ লোঃ বিশুদ্ধ পানীত এক কিঃলেঃ কেচা গাখীৰ মিহলি কৰি ৰোগীক দিনৰ ভিতাৰত বাৰে বাৰে খাবলৈ দিব লাগে। তেতিয়া ভালভাবে প্ৰস্ৰাৱ হব আৰ মূত্ৰনলীওঁে একেৰাহে পৰিস্কাৰ হৈ থাকিব।

আয়ুৰ্বেদিক ঔষধ

এই ৰোগত আয়ুৰ্বেদিক চিকিৎসক সকলে সাধাৰণতে উষ্ণ বাতাৰি বটি, চন্দনাদি টি, শীতল চেনি ইত্যাদি প্ৰয়োগ কৰি থাকে।

জামৰ চূৰ্ণ এই ৰোগৰ কাৰণে উপকাৰী। জবাজাৰ আৰু চনায়ৰ পাতও প্ৰয়োগ কৰিব পাৰি। চন্দনাদি বধ্বিতো অনেক যোগৰ সংমিশ্ৰণত তৈয়াৰ কৰা হয়।

এই ৰোগত মূত্ৰ সংস্হান আৰু মূত্ৰ নলীক ভাল ভাবে পৰিস্কাৰ থকা নিতান্ত আবশ্যক।। অবশ্যে ঔষধৰ প্ৰয়োগ চিকিৎসকৰ পৰামৰ্শ অনুযায়ী কৰা উচিত। নিজেই চিকিৎসক হৈ চিকিৎসা কৰাটো ক্ষতিকৰ হব।

ইউনানী চিকিৎসা ঃ ইউনানী চিকিৎসা পদ্ধতিৰ লগত আয়ুৰ্বেদিক

চিকিৎসাৰ বিশেষ পাৰ্থক্য নাই। সাধাৰণতে মোগল ৰাজত্ব সময়ত এই ৰোগৰ প্ৰকোপ বৰ বেচি আছিল। ইয়াৰ চিকিৎসাও সেই কাৰণে বিস্তৃত। মোগলৰ দিনত অন্যান্য যৌন ৰোগও অধিক পৰিমাণে হৈছিল।

গন্ধক আৰু কলাপী চোৰ ইউনানী পদ্ধতি কৰা হয়। হব্বে সুজাক অৰ্থাৎ গণোৰিয়া নাশক বয়ি প্ৰসিদ্ধ ঔষধ ইয়াত বংশলোচন, কলমী শোৰা ইত্যাদি আঠটা দ্ৰব্যৰ মিশ্ৰণ থাকে।

ৰোগন সুজাক, ৰাল, কাবাব চেনি, চন্দন তেল, লচাম, বহৰোজা ইত্যাদিৰ সংমিশ্ৰত তৈয়াৰী। ইউনানী চিকিৎসা পদ্ধতি এই ৰোগৰ আৰু বেচি ঔষধৰ পোৱা যায়।

হোমিওপাথিক চিকিৎসা

গণোৰিয়াৰ মুখ্য কাৰণ হেমিওপাথিক চিকিৎসা পদ্ধতিত ইউনানী আৰু আয়ুৰ্বেদিক পদ্ধতিৰ লগত সিমান বেচি তফাত নাই। একেটা ৰোগতে আক্ৰান্ত দুই নৰ-নাৰীৰ পাৰস্পৰিক সম্ভোগ নাইবা সহবাস কৰা ইত্যাদিয়ে এই ৰোগক বিস্তাৰিত কৰে।

কোনাইট 1 এক্স 30 ঃ ৰোগৰ প্ৰাথমিক অৱস্থাত জননেন্দ্ৰিয়ত উখহাভাগ পৰিলক্ষিত হলে আৰু ৰোগীৰ জ্বৰ হলে এই ঔষধৰ প্ৰয়োগ লাভজনক হয়।

কোপাইবা ট ঃ ৰোগৰ আৰম্ভনিতে স্ৰাব পাতল হলে আৰু তাৰ ৰং অলপ গাখীৰৰ নিচিনা হলে, এই ঔষধে ভাল কাম দিয়ে।

ক্লেমেটিচ 1,30 ঃ গণোৰিয়া ৰোগৰ কাৰণে মূত্ৰনলী সংকুচিত হলে ইয়াৰ পৰা উপকাৰ পোৱা যায়।

থুজা 30 ঃ হালধীয়া পূঁজ বাহিৰ হলে এই ঔষধটোৰ প্ৰয়োগ অতি লাভজনক হয়। অভিজ্ঞ চিকিৎসক সকলৰা মত হল যে এই ঔষধটোক একেৰাহে প্ৰয়োগ কৰিলে গণোৰিয়াৰ বিষ নষ্ট হয় আৰু ৰোগী সম্পূৰ্ণৰূপে নীৰোগী হয়।

প্ৰঃ- মই 23 বছৰীয়া যুৱক। এবছৰ ধৰি মোৰ মাহেকত 5-7 বাৰ স্বপ্নদোষ হৈ আছে। ইয়াৰ কাৰণ কি আৰু চিকিৎসা কি?

উঃ- টোপনিত নিজৰ ইচ্ছাৰ বিৰুদ্ধে বীৰ্যপাত হোৱাক 'স্বপ্নদোষ' কয়। বাস্তবিকতে এইটো কোনো ৰোগ নহয়। অবিবাহিত যুৱকৰ এমাহত 2/3 বাৰ স্বপ্নদোষৰ হোৱাটো নিতান্ত স্বাভাৱিক। ইয়াৰ বাবে চিন্তাৰ কাৰণ নাই। অৱশ্যে, যদি 'স্বপ্নদোষ' মাহটো বেচি হৈ থাকে, তাৰ এটা চিকিৎসা কৰাৰ দৰকাৰ।-

স্বপ্নদোষ কিয় হয়? এই প্ৰশ্নটোৰ উত্তৰ এইটোৱেই যে আমাৰ শৰীৰত যি বীৰ্য তৈয়াৰ হয়, সেই বীৰ্য শুক্ৰাশয়ত জমা হৈ থাকে। যেতিয়া শুক্ৰাশয় বীৰ্যেৰে ভৰপুৰ হয় তেতিয়া স্নায়বিক টনাটনি বা মানসিক অৱস্থা আৰু সানকোনো কাৰণত সুস্থ-নীৰোগী যুৱকতো স্বপ্নদোষ হব পাৰে। অৱশ্যে মাহটোত বেচি হলে তলত দিয়া নিৰ্দেশবোৰ পালন কৰা উচিত।

গোটেই পেটটো ভৰাই আহাৰ নাখাব, কাৰণ তাৰ ফলত কোষ্ঠকাঠিন্য হব পাৰে আৰু শৰীৰত তামসিকতা, এলাহ আৰু স্নায়বিক টনাটনিও বৃদ্ধি হয়। এইবোৰ কাৰণত ও স্বপ্নদোষ হ'ব পাৰে। পাতল আৰু সংকুলিত আহাৰ খালে শৰীৰ সুস্থ আৰু মূৰ্ত্তিনয় থাকে আৰ. স্বপ্নদোষ কম হয়। ইয়াৰ বাহিৰেও কামোত্তেজক কিতাপ পঢ়িলে বা অশ্লীল চলচিত্ৰ দেখিলেও বাসনাপূৰ্ণ চিন্তাবোৰ মনলৈ আহে আৰু তাৰ প্ৰতিক্ৰিয়া স্বপ্নত ৰূপায়িত হোৱাটো সম্ভৱ। গতিকে ওপৰত কোৱা কথা কেইটাক পালন কৰিবলৈ চেষ্টা কৰিব।

ৰাতি শুবলৈ যোৱাৰ অন্ততঃ এঘণ্টাৰ আগতে আহাৰ খাব। পেটটো পৰিস্কাৰ ৰাখিব। বিছনাত বাগৰ দিয়াৰ আগতে প্ৰস্ৰাৱ কৰি ল'ব। ভৰি দুটা ঠাণ্ডা পানীৰে ধুই লব। ছিনাত শুই টোপনি যোৱাৰ আগতে কোনো ধৰ্ম সম্বন্ধীয় কিতাপ পঢ়িব আৰু মনলৈ কোনো বাসনাত্মক চিন্তা আহিবলৈ নিদিব। ৰাতি গাখীৰ একেবাৰে নাখাব।

প্ৰঃ- পাঁচ ছৰ হল মোৰ বিয়া হৈছে কিন্তু এতিয়ালৈকে আমাৰ কোনো সন্তান হোৱা নাই। মোৰ সন্দেহ হৈছে হয়তো মোৰ বীৰ্যত কিবা অভাৱ আছে। এই বিষয়ে সঠিককৈ জানিব পাৰোনে?

উঃ- কোনো পুৰুষৰ বীৰ্যত সন্তানক জন্ম দিব পৰা ক্ষমতা আছেনে নাই তাক জানিলৈ বীৰ্য পৰীক্ষা কৰাৰ পৰা জানিব পাৰি। ইয়াৰ বাবে আপোনাৰ তেজ, থুই, কফ আৰু বীৰ্যক পৰীক্ষা কৰা হয়। তাৰ বাবে আপুনি কোনো ক্লিনিকে গৈ অনুসন্ধান কৰিব লাগিব। তাত আপোনাক পৰীক্ষা কৰি আপোনাৰ বীযত সন্তান জন্ম দিব পৰা ক্ষমতা আছেনে নাই সঠিক জনাব পাৰিব।

প্ৰঃ- এজন সুস্থ পুৰুষৰ সম্ভোগ ক্ৰিয়া সম্পন্ন কৰিবলৈ কিমান সময় লগা উচিত যাৰ দ্বাৰা তেওঁ নিজৰ পত্নীক পূৰ্ণ যৌন সন্তুষ্টি দিব পাৰিব?

উঃ- আপোনাৰ এই প্ৰশ্ন উত্তৰ জানিবৰ কাৰণে 'ডিকিন্সে' নিজৰ ৰোগী সকলৰ 300 ৰ অধিক মহিলাৰ পৰা তথ্য সংগ্ৰহ কৰিছিল। তেওঁ উত্তৰ পাইছিল যে এন সাধাৰণ পুৰুষৰ লিঙ্গ 5 ৰ পৰা 10 মিনিট পৰ্য্যন্ত উত্থিত অৱস্থাত থাকিব পাৰে। যদি পতি-পত্নীয়ে যৌন সম্ভোগৰ সঠিক টেকনিক বোৰ জানে আৰু স্বামী-স্ত্ৰী দুয়ো নিজৰ নিজৰ ভূমিকা যথোচিত ভাবে পালন কৰিব পাৰে। তেন্তে এজন সুস্থ পুৰুষে 8-10 মিনিট পৰ্য্যন্ত লিঙ্গক উত্থিত অৱস্থাত ৰাখিব পাৰে কিন্তু পৰ্যাপ্ত কাম-ক্ৰিয়াৰা ওপৰত একে ৰাহে লিঙ্গটোক ঘনে ঘনে ঘৰ্ষণ কৰে তেন্তে তেওঁৰ লিঙ্গ স্খলিত হবলৈ মাত্ৰ 2-3 মিনিটহে লাগিব। যদি মৈথুন অৰ্থাৎ লিঙ্গৰ ঘৰ্ষণ ক্ৰিয়া লাহে লাহে ৰৈ ৰৈ কৰে তেন্তে 8-10 মিনিট পৰ্য্যন্ত তেওঁ মৈথুন কৰি থাকিব পাৰে।

উপৰোক্ত বিষয়ত অনুসন্ধান কৰি জানি পৰা গৈছে যে প্ৰায় 8 ৰ পৰা 10শতাংশ পুৰুষ এনেকুৱা যাৰ সম্ভোগ কাল সম্ভোগ কৰিবলৈ আৰম্ভ কৰাৰ লগেলগে মোৰ হৈ যায়। 17 শতাংশ পুৰুষ সম্ভোগত

2-3 মিনিট বীৰ্যপাতক আটক কৰি ৰাখিব পাৰে। 80 শতাংশ 3 মিনিট, 47 শতাংশই 10-15 মিনিট আৰু 17 শতাংশ পুৰুষে 15 মিনিট সম্ভোগ কৰাৰ ক্ষমতা ৰাখিব পাৰে।

প্ৰঃ- বীৰ্যক গাঢ় কৰি তোলাৰ কিবা উপায় আছেনে? মই শুনিছো যিসকল পুৰুষৰ বীৰ্য পাতল হয়, তেওঁলোক অতি শীঘ্ৰে স্খলিত হয়। কথাটো সঁচানে?

উঃ- আপোনাৰ উত্তৰ জনাৰ আগতে আপুনি জানি লাগিব বীৰ্য বস্তুটো কি? আৰু কেনেকৈ ইয়াক নিৰ্মাণ কৰে? স্খলনৰ ফলস্বৰূপে যে বীৰ্য বাহিৰলৈ ওলাই আহে সেইটোৰ ৰং বগা, শুকাই গলে কাপোৰত বগা দাগ বৈ যায়। আচলতে বীৰ্য শৰীৰৰ কোনো অংশ বিশেষৰ দ্বাৰা নিৰ্মিত পদাৰ্থ নহয়। এইটো শুক্ৰ প্ৰণালী, অণ্ড গ্ৰন্থি, শুক্ৰাশয় আৰু পৌৰুষ গ্ৰন্থি ইত্যাদি বিভিন্ন অঙ্গ দ্বাৰা নিৰ্মিত বেলেগ বেলেগ পদাৰ্থৰ মিশ্ৰণ (ইয়াৰ ভিতৰত প্ৰায় 80 শতাংশ জলি অংশ, বাকীমাত্ৰাত প্ৰোটিন, শুক্ৰাণু উৎপন্ন হয় সি শুক্ৰ প্ৰণালী বাটেদি শুক্ৰাশৰলৈ যায়, য'ত তাৰ লগত এবিধ ডাঠ হালধীয়া স্ৰাব আহি মিহলি হয়। বীৰ্যত দেখিবলৈ যিটো সৰু সৰু গুটিয়েন লাগে সেইটো এই স্ৰাবৰ নিচিনাই লাগে।

স্খলনৰ ফলস্বৰূপে যি বীৰ্য ওলায় সি উপৰোক্ত স্ৰাবৰ সংমিশ্ৰণ। পৌৰুষ গ্ৰন্থিৰ পৰা ওলাই অহা স্ৰাৱ এটা বিশেষ গন্ধযুক্ত, পাতল আৰু বগা ৰঙৰ বস্তু। এইটো শুক্ৰাশয়ৰ পৰা অহা শ্ৰাবৰ লগত সেই সময়ত মিহলি হয় যৃত স্খলন হয়।

উপৰোক্ত তথ্যৰ মূল সাৰবস্তু হল বাস্তবিকতে বীৰ্য ভিন্ন ভিন্ন সামূহিক সংমিশ্ৰণৰ দ্বাৰা তৈয়াৰ হোৱা। গতিকে ইয়াৰ গাঢ় বা পাতল হোৱাটো স্ৰাবৰ অনুপাতৰ ওপৰত নিৰ্ভৰ কৰে যাৰ সংমিশ্ৰণত ইয়াৰ ৰচনা হয়। যেতিয়া ইয়াৰ মাজত শুক্ৰাশয়ৰ পৰা বাহিৰ হোৱা শ্ৰাবৰ তুলনাত পৌৰুষ গ্ৰন্থিৰ পৰা বাহিৰ হোৱা স্ৰাক মাত্ৰা বেছি হয়,

যেতিয়া এইটো আপেক্ষাকৃত কম গাঢ় হয়। যেতিয়া বীৰ্যত পৌৰুষ গ্রন্দিহৰ পৰা অহা স্রাব কম হয়, তেতিয়া বীৰ্য গাঢ় হয়।

এইবাৰ আপুনি নিশ্চয় বুজিব পাৰিছে যে বীৰ্যৰ পাতল বা ডাঠ হোবাটো কিহৰ ওপৰত নিৰ্ভৰ কৰে। ইয়াৰ বাহিৰেও মানুহৰ মনত এটা ভুল ধাৰণা ৰৈ গৈছে যে বীৰ্যৰ পাতল হোৱাৰ ওপৰত সম্ভোগ শক্তি নিৰ্ভৰ কৰে, গতিকে বুদ্ধিমানৰ কাম হব এইটো যে আপুনি সম্ভোগৰ সময়ত সেই বোৰ উপায়ৰ কথা মনত ৰাখিব যাৰ দ্বাৰ আপুনি আপোনাৰ পত্নীক পূৰ্ণ যৌৱন-সন্তুষ্টি দিবলৈ সক্ষম হব পাৰিব।

প্রঃ- মই আৰু পত্নীয়ে সপ্তাহত চাৰিৰ পৰা সাতবাৰ সম্ভোগ কৰো। কিন্তু পত্নীৰ মাহেকীয়াৰ সময়ত সম্ভোগ নকৰো। কিন্তু এই দিন কেইটাক সম্ভোগ নকৰি কটাবলৈ নিবিচাৰে। মোৰ পত্নীয়ে কয় মাহেকীয়াত অনেক লেতেৰাতেজ থাকে। সেই কাৰণে এই সময়ত সম্ভোগ কৰিলে যৌবন ৰোগ হোৱাৰ সম্ভাবনা আদেশ মই এই বিষয়ে আপোনাৰ অমূল্য মতামত জানিব

উঃ- এইটো সম্পূৰ্ণ ভুল ধাৰণা যে মাহেকয়াৰ সময়ত সম্ভোগ কৰিলে ক্ষতি হ'ব পাৰে। বাস্তবিকতে মাহেকীয়াৰ সময়ত যি তেজ ওলায় সেইটো হৈছে সেই তেজ যাক প্রকৃতিয়ে কেচুৱাই খাবৰ কাৰণে প্রতিমাহত গভাশয়ত জমা কৰি থয়। যদি গৰ্ভধাৰণ নহয়, সেই তেজৰ প্রযোজন নহয় আৰু এনেয়ে বাহিৰ হৈ যায়। গতিকে এইটো সতত্য যে সেই তেজ লেতেৰাতেজ নহয়।

মাহেকীয়াৰ সময়ত শৰীৰৰ পৰা যি তে ওলায় তাৰ পৰিমাণ হল 80 মিঃ লিঃ কৈ অল্প বেচি। তাত আন একো পদাৰ্থ নাথাকে। ইয়াৰ ভিতৰত যিদিনা অধিক মাত্রাত্র তেজ ওলায় সেই দিনৰ তেজৰ মাত্রা আধাতকৈ বেচি।

কিন্তু এইটোও সময়ত ৰাখিব লাগিব যে প্রাকৃতিক ৰূপত এইদিনবোৰত

সম্ভোগৰ ইচ্ছা সমূলি নহয়। সেইসময়ত স্ত্ৰীয়ে অসুখ অসুখ অনুভৱ কৰে। গতিকে মাহেকীয়াৰ সময়ত সম্ভোগ নকৰাই ভাল।

প্ৰঃ- পত্নীৰ লগত কি গৰ্ভাৱস্থাৰ দিনবোৰতো যৌন সম্পৰ্ক ৰখাটো উচিত যে ? যদি উচিত নহয় তেনেহলে হৈ সময়ত যৌন সম্পৰ্ক বজায় ৰখাৰ সময়ত কিকি বিষয়ত বেচিকৈ গুৰুত্ব দিয়া উচিত ? যাতে গৰ্ভস্থ শিশুৰ কোনো ক্ষনি নহয় ?

উঃ- এই বিষয়ত চিকিৎসা বিশেষজ্ঞ সকলৰ মতামত হল যে গৰ্ভাৱস্ৰ দিন কেইাত সম্ভোগ বৰ্জিভত কৰাৰ কোনো প্ৰয়োজন নাই। অৱশ্যে, যদি তাৰ আগতে স্ত্ৰীৰ বাৰে বাৰে গৰ্ভপাত হৈ থাকে আৰু ডাক্তৰে তেওঁক গৰ্ভাৱস্থায় সম্ভোগ নকৰিবলৈ পৰামৰ্শ দিয়ে তেন্তে সম্ভোগ বৰ্জিত কৰা উচিত। এই বিষয়ে বিশেষজ্ঞ সকলে এইটোও কয় যে প্ৰসবৰ পাচ সপ্তাহ আগলৈকে বিনা কোনো আশংকাত সম্ভোগ কৰিব পাৰে।

যদি এই সময়ত কৰা সম্ভোগত স্ত্ৰী চৰমোৎকৰ্ষ লাভ কৰে, তেন্তে কেনো ক্ষতি নহয়। এইটো ঠিক যে যিমানেই প্ৰসবৰ দিন আগ বাঢ়ি আহে, তেনেভাবেই যে সম্ভোগ কৰাৰ সময়ত পুৰুযে বেচি জোৰ নলগায়। বেচি জোৰে হেচিলে স্ত্ৰীৰ পেটত চাপ পৰিব পাৰে। যি আসনত সম্ভোগ কৰিলে স্ত্ৰীৰ পেটত হেঁচা নপৰে আৰু লিঙ্গ যোনিৰ বেচি ভিতৰওল নাযায়, সেই আসনত সম্ভোগ কৰা উচিত। দম্পতিৰ পক্ষে পক্ষে এইটো মনত ৰখা উচিত যে গভাৱস্থাৰ দিন বোৰত তেওঁলোকে যেন সেই আসনত মৈথুন নকৰে যি আসনত তেওঁলোকে অন্যান্য সাধাৰণ দিনত মৈথুন কৰে।

যদি গৰ্ভৱতী স্ত্ৰীয়ে শুই থকা স্বামীৰ ওপৰত বহি সঙ্গম কৰে তেনহলে এই আসনত তেওঁৰ বাঢ়ি অহা পেটত স্বামীৰ ভাৰ নপৰিব আৰু স্ত্ৰীয়ে এই আসনত নিজকে নিয়ন্ত্ৰণ কৰিব পাৰিব যেন তেওঁৰ যোনিত স্বামীৰ লিঙ্গ বেচি গভীৰলৈ নাযায়।

গৰ্ভাৱস্থায় পঞ্চম মাহৰ পৰা এই আসনত সম্ভোগ কৰা উচিত যে আসনত পতি-পত্নী এনেভাৱে শুই থাকে যাতে পত্নীৰ পিঠিটো স্বামীৰ পিনে থাকে আৰু স্বামীয়ে পত্নীৰ পিৰ ফালৰ পৰা যোনিত লিঙ্গ সুমুৱায়। এই আসনত পত্নীৰ তপিনাটো স্বামীৰ কৰঙনৰ লগত লাগি থাকে। যিহেতু অন্য আসনত পত্নীৰ তপিনাটোৰ লগত পুৰুষ শৰীৰৰ তেনেকুৱা সম্পৰ্ক নহয়, সেই কাৰণে এই আসনত সম্ভোগ কৰাটোৱে নতুনত্ব আৰু আনন্দদায়ক অনুভূতি আনি দিয়ে। এই আসনত স্বামীৰ কামতুষ্টিও হয় আৰু ইয়াত গৰ্ভৱতী পত্নীৰ পেটতো হেচা নপৰে। এই আসনত পতিৰ লিঙ্গ পত্নীৰ যোনিত বৰ ভিতৰলৈ নোসোমোৱাৰ কাৰণে পত্নীৰ কোনো কষ্ঠ বা অসুবিধা নহয়।

প্ৰঃ- এজন যুবকৰ বিয়া হৈছিল আৰু ফুলশয্যাৰ ৰাতি তেওঁ যেতিয়া নিজৰ বিবাহিতা পত্নীৰ লগত মৈথুনত লিপ্ত আছিল, তেতিয়া আকস্মিক ভাৱে তেওঁৰ মৃত্যু হয়। ময়ো এজন ক্ষীন পাতল যুবক আৰু সোনকালে মোৰও বিয়া হব। আপুনি দয়া কৰি মোকএই পৰামৰ্শ দিয়ক যেন মৈথুনৰ সময়ত মই কিকি সাৱধানটো অবলম্বন কৰিব লাগিব যাতে মোৰ লগত উপৰোক্ত কোনো ঘটনাৰ পুনৰাবৃত্তি নহয়।

উঃ- চিকিৎসা বিজ্ঞানৰ ইতিহাসত এনে ঘটনা অতি বিৰল য'ত নৱযুবক স্বামীৰ সম্ভোগৰ কাৰণত মৃত্যু হৈছে। প্ৰায়েই এনে ধৰণৰ উৰাবাতৰি ওলায় কিন্তু এনেধৰণৰ ঘটনা ঘটাটো অসম্ভৱও নহয়। এইটো আপুনি নিশ্চয় জানে যে সম্ভোগৰ সময়ত সকলো শাৰীৰিক ক্ৰিয়াৰ দ্ৰুততা আহি যায়। উশাহ-নিশাহৰ গতি দ্ৰুত হয় আৰু ৰক্তচাপও বৃদ্ধি হয়। যদি কোনো পুৰুষৰ লৰালি কালৰ এনেকুৱা কিবাৰোগ থাকে যি কাৰণত তেওঁ দুৰ্বল হৈ পৰিছে নাইবা তেওঁৰ যদি বিয়াৰ সময়ত টি বি আন কোনো গুৰুতৰ ৰোগ হৈ থাকে যি কাৰণত তেওঁৰ হৃদযন্ত্ৰ বিফল হব পাৰে বা বৃদ্ধি হোৱা ৰক্তচাপৰ কাৰণে তেওঁৰ

ধমন ফাটি যাব পাৰে।

আপোনাৰ নিচিনা লাখ লাখ যুৱক শাৰীৰিক দৃষ্টিত ক্ষীণ আৰু পাতল হয় কিন্তু সম্ভোগত তেওঁলোকৰ কোনো ক্ষতি নহয় সচা কথাটো হল এই যে বিয়াৰ পিচত অনেক যুৱকৰ ওজন বাঢ়ি যায় আৰু শাৰীৰিক আকৰ্ষণ বৃদ্ধি হয়। গতিকে আপুনি নিশ্চিত হৈ বিয়াৰ পীৰাত বহক। আপোনাৰ এই বয়সত মৈথনুৰ সময়ত কোনো সতৰ্কতা অবলম্বন কৰাৰ প্ৰয়োজন নাই।

সম্ভোগৰ বিষয়ত এটা নিয়ম সকলোৱে মানি চলিব লাগেত যে পেট ভৰাই খাই সম্ভোগ কৰা উচিত নহয়। যেতিয়া খোৱা পেটৰ ভিতৰলৈ যায় তেতিয়া তাক হজম কৰিবলৈ ৰক্ত প্ৰবাহ হজম কৰাৰ কমত ব্যস্ত হৈ থাকে। যদি এই সময়ত সম্ভোগ কৰা হয়, তেন্তে তেজ জননাঙ্গৰ পিনে দৌৰি যায়। তাৰ ফলত হজমৰ কাৰণে তেজ ব্যস্ত হৈ থকাৰকাৰণে হজম ক্ৰিয়াৰ গণ্ডগোল হয়। সেই কাৰণে সম্ভোগ কৰাৰ সময়ত পেটত ভৰপুৰ খাদ্য থকা উচিত নহয়, নাইবা খাদ্যখোৱাৰ তিনি চাৰি ঘন্টাৰ পিচত কৰা উচিত। যিমান সম্ভৱ মদ খাই সম্ভোগ নকৰিব।

প্ৰঃ- মোৰ লিঙ্গটো উত্থিত হোৱাৰ সময়ত বাওঁফালে বেকা হৈ যায়। মই লৰালিকালত বৰ বেচি হস্তমৈথুন কৰিছিলো। হয়তো এইটো তাৰেই পৰিণাম। মই অনেক বৈদ্য আৰু হাকিমৰ লগত পৰামৰ্শ কৰিছো। কিন্তু মোৰ লিঙ্গটো পোন হোৱা নাই। মই এতিয়াও অবিবাহিত।

উঃ- আমি আপোনাক ইমানেই পৰামৰ্শ দিও যে আপুনি চিন্তা নকৰি শান্ত হৈ বহি থাকক। লিঙ্গৰ পিনে নাচাব আৰু চিকিৎসাও নকৰিব- আপানাৰ লিঙ্গ হস্তমৈথুনৰ কাৰণে বেঁকা হোৱা নাই। নানা প্ৰাকৃতিক- কাৰণতো লিঙ্গ বেকা হয়। মই কওঁ যে শতকৰা () ভাগ মানুহৰ লিঙ্গা বেকা থাকে। মনত ৰাখিব লিঙ্গ বেকা হলে তাৰ প্ৰভাৱ

কোনো পুৰুষৰ শক্তিৰ ওপৰত নপৰে।

প্ৰঃ- আজি মোৰ বিয়াৰ পঞ্চম দিন। এই পাঁচদিনত মই 10-11 বাৰ সম্ভোগ কৰিবলৈ চেস্টা কৰিছো, কিন্তু মোৰ লিঙ্গৰ উত্তেজনা নাই কিয়া হয়। এই পৰিস্হিতিত মই কি উচিত ? যাতে মোৰ পত্নীৰ যন্ত্ৰণা নহয় আৰু মই সহজভাবে সম্ভোগ কৰিব পাবো।

উঃ- আপুনি কোনো ঔষধৰ দোকানৰ পৰা জাইলোকেন বা 'নুপাৰ কেনেল মলম' কিনি লওক। এই মলম শৰীৰৰ যি কোনো অংশত লগোৱা হয়, লগালে সেই ঠাইডোখৰ স্পৰ্শ শূন্য হয়। গতিকে অৰ্শ, খজুৰতি, একজিমা ইত্যাদি ৰোগ গ্ৰস্ত স্হানত এই মলম লগালে। পোৰনি কম হয়। শীঘ্ৰ পতনতো এই মলম অতি উপকাৰী। আপুনি নিজৰ আঙুলিত অলপ মলম লগাই সম্ভোগ কৰাৰ 10-20 মিনিট আগতে পত্নীৰ যোগিৰ অলপ ভিতৰ পিনে লগাই দিব। ইয়াৰ দ্বাৰা যোনিঢ স্পৰ্শ শূন্য হ'ব আৰু লিঙ্গ যোনিত সোমাত্ততে পত্নীয়ে কোনো যন্ত্ৰণা নাপাব। আপুনি নিজে লগাই দিব আৰু ভালকৈ ঘহি দিব। লাজ কৰিলে একো নাই, মনত ৰাখিব সম্ভোগত ভদ্ৰতাৰ কোনো স্হান নাই।

আমাৰ ধাৰণা আপুনি যেতিয়া পত্নীৰ যোনিত লিঙ্গটো সুমুৱাবলৈ প্ৰস্তুত হয় তেতিয়া আপোনাৰ পত্নীয়ে সম্ভাৱিত যন্ত্ৰণাৰ আশংকা কৰি তেওঁৰ যোনিৰ মাংসপেশীক কোচখুৱাই লয় আৰু তাৰ ফলত যোনিৰ পথ বৰ সৰু হৈ যায়। তাৰ ফলত যোনিত লিঙ্গ সুমুৱা কঠিন হৈ পৰে। এইটো এটা ভাবনাত্মক ৰোগ যাক 'ভেজানিজম' কয়। তেওঁৰ এই ভয়ক দূৰ কৰিবলৈ আপুনি সম্ভোগৰ কাৰণে তৈয়াৰী হোৱাৰ এঘন্টামানৰ আগতে ডাক্তৰৰ পৰামৰ্শ মতে 5 মিঃ গ্ৰাঃ টেবলেটৰ আধা বা এটা কম্পোজ টেবলেট তেওঁক পানীৰ লগত খুৱাই দিব। এই টেবলেট খালে আপোনাৰ পত্নী ভয় ভাগি যাব আৰু আপোনাৰ পক্ষে সম্ভোগ কৰা সহজ হব। হয়তো কলে অপ্ৰাসঙ্গিক

হব যে সম্ভোগৰ আগতে কিছুমান সময় স্ত্ৰীৰ শৰীৰত, বিশেষকৈ পিয়াহ, কৰঙ্গন, যোনিত হাত বুলালে, চুমাখালে আৰু অন্যান্য প্ৰেমপূৰ্ণ কথা কলে স্ত্ৰীৰ সম্ভোগৰ কাৰণে প্ৰস্তুত হৈ উঠিব আৰু লিঙ্গ যোনিত সোমালে কোনো যন্ত্ৰণা অনুভৱ নকৰিব।

প্ৰঃ- মই যেতিয়া কিয়া কৰিছিলো তেতিয়া মোৰ বয়স 25বছৰ আছিল। তেতিয়ালৈকে মোৰ স্ত্ৰীসমাগমৰ কোনো অভিজ্ঞতা নাছিল। যেতিয়া মই স্ত্ৰী সম্ভোগ কৰিবলৈ চেষ্টা কৰো, তেতিয়া মই অনুভৱ কৰো যে মই মৈথুনৰ কাৰণে একেবাৰে উপযুক্ত নহওঁ। তাৰ ফলছ, আমি দুয়ো সদায় দূৰত থাকো। এতিয়া মই আন কোনো ছোৱালীৰ লগত প্ৰেম কৰো। কিন্তু মোৰ ভয় লাগিছে মোৰ লগত আকৌ সেই ধৰণৰ ঘটনাৰ পুনৰাবৃত্তি নহয় যি ধৰণৰ ঘটনাবোৰ প্ৰথম বিয়াত হৈছিল। দয়া কৰি মোক সঠিক পৰামৰ্শ দিয়ক।

উঃ- আপোনাৰ নিচিনা অনেক নবযুৱক আছে যি সকল বিয়াৰ পিচত প্ৰথম ৰতিত পত্নীৰ লগত সম্ভোগ কৰিবলৈ গৈ অসফল হৈছে। তাৰ মুখ্য কাৰণ হল ভয়, অতিবেচি উত্তেজনা আৰু এই ধৰণৰ আৰু অনেক কাৰণ। যদি ভয় আৰু চিন্তাৰ কাৰণে এনেকুৱা হয়, তেনহলে তেওঁৰ মনত প্ৰথমবাৰৰ ব্যৰ্থতা আৰু তেওঁৰ মনত ভয় আৰু চিন্তা ইমান গভীৰ ভাবে আছে যে, পিচৰ বাৰ যেতিয়া তেওঁ সম্ভোগ কৰে তেতিয়া মনত বৰ ভয় আৰু আশংকা থাকে। তাৰ পৰিণাম এইটো হয় যে দ্বিতীয় বাৰো সাফল্যেৰে সম্ভোগ কৰিব নোৱাৰিব। দ্বিতীয়বাৰৰ ব্যৰ্থতাৰ পিচত মনত সকলো সময়ত ভয় সোমাই গল আৰু পৰইতবাৰই সম্ভোগ ব্যৰ্থ হয়।

এই ধৰণৰ পৰিস্থিতি কোনোকোনো মানুহে এইটো ধৰি লয় যে তেওঁ নপুংসক হৈ পৰিছে, যদিও আচলতে তেওঁ নপুংসকত নহয়, মাত্ৰ ভয়ৰ বলিহে হৈ পৰিছে।

যদি কোনো মনোবৈজ্ঞানিক সকলৰ পৰা সঠিক পৰামৰ্শ লৈ তাক

প্ৰয়োগ কৰা যায়, তেনেহ'লে এই ধৰণৰ অসুবিধাৰ পৰা খুব সহজেই মুক্তি পোৱা যাব পাৰে।

প্ৰঃ- বিয়াৰ পিচত ফুল শয্যাৰ ৰাতি মই মোৰ পত্নীৰ যোনিৰ পিনে চাই দেখিলো তেওঁৰ লঘু ভগোষ্ঠটো বেচ বাহিৰ হৈ আছে আৰু যোনিক দেখি মোৰ ঘৃণা লাগিছিল। মোৰ দৃঢ় বিশ্বাস যে বিয়াৰ আগতে মোৰ পত্নী নিশ্চয় সম্ভোগত লিপ্ত আছিল। দয়া কৰি আপুনি মোক জনাওক যে মোৰ পত্নী কি সচাকৈয়ে কুমাৰী ? তেওঁ যে কুমাৰী তাক কেনেকৈ পৰীক্ষা কৰিব পাৰি ? মই আপোনক কওঁ যে এতিয়লৈকে মই পত্নীৰ লগত সম্ভোগ কৰা নাই।

উঃ আপোনাৰ চিঠি পঢ়ি জানিব পাৰিছো আপোনাৰমানৰ দেহৰ বিষয়ে কোনো ধাৰণা নাই। যেই কাৰণেই আপনি নিজকে সমস্যাত পেলাইছে। আমি আপোনাক জনাওঁ যে প্ৰতিজন মানুহৰ মুখ, পাক কান ইত্যাদি বেলেগ বেলেগ ধৰনৰ হয় তেনেকৈয়ে প্ৰতিজন ব্যক্তিৰ জনন অঙ্গৰ ৰচনাও ভিন্ন ভিন্ন ধৰণৰ হয়।

ইয়াত এইটো লিখাও অপ্ৰাসঙ্গিক নহ'ব যে যোনি দেখিবলৈ সুন্দৰ নহয়, দেখিলে ঘৃণাহে লাগে। বাস্তৱিকতে কোনো পুৰুযে বিয়াৰ আগতে স্ত্ৰীৰ যোনিক ওচৰৰ পৰা দেখাৰ সুযোগ কোনেও নাপায়। গতিকে, প্ৰথমবাৰ যেতিয়া তেওঁ স্ত্ৰীৰ যোনিক ওচৰৰ পৰা দেখে তেওঁৰ ওচৰত যোনি অদ্ভূত লাগে।

বাহিৰলৈ ওলাইই থকা লঘূ ভগোষ্ঠৰ বিষয়ে কওঁ, আপুনি স্পষ্ট ভাবে জানি লওক যে লঘূ ভগোষ্ঠ সম্ভোগ কৰাৰ কাৰণে বাহিৰলৈ ওলাই নাহে। আনকি তেওঁ সন্তানক জন্ম দিয়াৰ পিচতো লঘূ ভগোষ্ঠ বাহিৰ হৈ নাহে। বাস্তবিকততে কোনো কোনো স্ত্ৰীৰ লঘূ ভগোষ্ঠ তেওঁলোকৰ জন্মৰ পৰাই ডাঙৰ হয় আৰু এই বস্তুটো বংশগত অৰ্থাৎ যি স্ত্ৰীৰ লঘূ ভগোষ্ঠ ডাঙৰ হয় তেওঁৰ জীকেৰ লঘূ গোষ্ঠও ডাঙৰ হ'ব। অনেক স্ত্ৰীৰ লঘূ ভগোষ্ঠ ডাঙৰ হয় আৰু সেইটো

বাহিৰৰ পিনে বাহিৰ হৈ থাকে।

আমি আপোনাক পৰামর্শ দিও যে আপুনি আপোনাৰ পত্নীৰ যোনিৰ পিনে কেৰাহিকৈ চোৱা বন্ধ কৰি দিয়ক। যদি পত্নীৰ ডাঙৰ ভগোস্ঠই আপোনাক মানসিক কস্ট দিয়ে তেনেহলে কোনো স্ত্ৰী ৰোগ বিশেষজ্ঞৰ ওচৰলৈ পত্নীক লৈগে তেওঁৰ লঘূ ভগোস্ঠৰ যিটো অংশ বাহিৰলৈ ওলাই আহিছে অপাৰেচন কৰি কাটি পেলাওক। সেইটো এটা সৰু অপাৰেচন হ'ব।

প্ৰঃ- ফুলশয্যাৰ ৰাতি সম্ভোগ কৰাৰ সময়ত যেতিয়া পত্নীৰ সতীচ্ছদ কাটি যায়। তেতিয়াও সম্ভোগ কৰি থকা উচিত নে বা তৎক্ষনাত সম্ভোগ বন্ধ কৰি দিয়া উচিত? সতীচ্ছদ ফটাৰ পিচতা সম্ভোগ চলাই থাকিলে স্ত্ৰীৰ যত্ৰণা বা কোনো ধৰণৰ ক্ষতি হব পাৰেনে? এই ক্ষত স্হানক আৰোগ্য কৰিবলৈ কিমান সময় লাগে?

উঃ- যেতিয়া কোনো স্ত্ৰীৰৰ লগত প্ৰথমবাৰ সম্ভোগ কৰা হয় তেতিয়া তেওঁৰ সতীচ্ছদ ফাটি যায়, নহলে বিয়পি পৰে যদি সতীচ্ছদ ফাটি যায় তেন্তে তাৰ পৰা তেজ ওলাই থাকিব। এই তেজৰ পৰিমাণ এক বা দুই চামোচ মান থয়া। কিন্তু যদি তেজ ওলায়েই থাকে, আৰু তেজৰ মাত্ৰাটোও বেচি হয় তেন্তে পত্নীৰ ভয় পাব লগা একো নাই। তেওঁ এইটো দেখা উচিত যে যেনিৰ কোন ঠাইৰ পৰা তেজ বাহিৰ হৈছে আৰু য'ৰ পৰা তেজ ওলাই আহিছে তাত এডোখৰ কাপোৰ থৈ আঙুলিৰে হেঁচামাৰি ধৰি থাকিব লাগে। তেতিা তেজ ওলোৱা বন্ধ হৈ যাব। কাপোৰৰ টুকুৰাটোক প্ৰায় 12 ঘন্টালৈকে তাত ৰখা উচিত। পিচদিনা দাম্পতিয়ে আকৌ সম্ভোগ কৰা। উচিত, তাৰ আগে কাপোৰৰ টুকৰাটো বাহিৰ কৰি লেৱা উচিত। যদি সেই দিনাও তেজ ওলায় তেন্তে আকৌ কাপোৰৰ টুকুৰা ৰখা উচিত।

যদি যোনিত পুৰুষ লিঙ্গ সোমাওতে স্ত্ৰীৰ যত্ৰণা হয়, বা পত্নীয়ে বৰ বেচিকৈ ভয় খায়। তেনেহলে সম্ভোগ কৰাৰ ময়ত গোটেই লিঙ্গটো

সুমুওৱা চিত নহয়। কিন্তু অভিজ্ঞ বিদ্বানসকলে কয় যে সম্ভোগৰ কাৰণে বৰ বেচি সময় প্ৰতীক্ষা কৰাও উচিত নহয়। বহুদিন ধৰি সম্ভোগ নকৰিলে পত্নীৰ মনত চিন্তা আৰু পুৰুষৰ মনত নিৰাশা উৎপন্ন হবলৈ আৰম্ভ কৰে।

প্ৰঃ- বীৰ্যত নৰ-হৰমোন থাকেনেকি সৰু লৰাৰ তুলনাত বয়সস্থ পুৰুষৰ বীৰ্যত নৰ-হৰমোন বেচি থাকেনেকি ?

উঃ- বীৰ্যত সম্ভৱতঃ কোনো নৰহৰমোন (টেস্টোস্টিৰোন) নেথাকে। এটা অণ্ডকোষৰ দ্বাৰা পোন পোনো ৰক্ত প্ৰবাহ হয়। অণ্ডকোষৰ দুটা কাম থাকে। প্ৰথমটো হল শুক্ৰাণু উৎপন্ন কৰা আৰু দ্বিতীয়টো হল নৰ-হৰমোন উৎপন্ন কৰা। অণ্ডকোষত এনেকুৱা দুটা বেলেগ বেলেগ অঙ্গ হয় যি ভিন্ন ভিন্ন বস্তু উৎপন্ন কৰে।

ইয়াত কোনো সন্দেহ নাই যে এজন লৰাৰ তুলনত এজন বয়সীয়া মানুহৰ অণ্ডকোষযে বৰ বেচি মাত্ৰাত নৰ যৌন হৰমোন উৎপন্ন কৰে কাৰণ যৌৱন অহাৰ আগতে অণ্ডকোযে সমুচিত মাত্ৰাত হৰমোন উৎপন্ন কৰিব নোৱাৰে।

প্ৰঃ- মই এজন বিবাহিত পুৰুষ আৰু নিজৰ পত্নীক বৰ ভাল পাওঁ। তথাপি মই কোনো সুন্দৰী যুৱতীক দেখিলে তেওঁৰ প্ৰতি আকৃস্ট হওঁ। যোৱা পাঁচ বছৰ ধৰি মই কেইবা গৰাকী স্ত্ৰীৰ লগত যৌন সম্পৰ্ক স্হাপন কৰিবলৈ চেস্টা কৰিছো। কিন্তু তেওঁলোকৰ ওচৰত নিজকে এজন নপুংসক হিচাপে আবিস্কাৰ কৰিছো। তেবা পৰিস্হিতিত মই বিষয় অৱস্হাত পৰি যাওঁ। দায় কৰি মোকা জনাওক ইয়াৰ কাৰণ কি ?

উঃ- এনেকুৱা অনেক পুৰুষ আছে যি নিজৰ পত্নীৰ লগত সাফল্যেৰে সম্ভোগ কৰে কিন্তু তেওঁলোকে যেতিয়া নিজৰ পত্নীৰ বাহিৰে আন স্ত্ৰীৰ লগত সম্ভোগ কৰিবলৈ যায় তেতিয়া নিজৰ নপুসংকতা অনুভৱ কৰে। ইয়াৰ কাৰণ হল তেওঁলোকৰ অৱচেতন

মনত এই চিন্তাটো থাকে যে মই যি কৰিছে সেই টো পাপ কাম। তদুপৰি লুকাই লুকাই সম্ভোগ কৰি থাকাতে মনল চিন্তা আহে যদি হঠাতে আনে দেখা পায় মোৰ আৰু ব্যাভিচাৰিনী স্ত্ৰী জনীৰ কি অৱস্হা হ'ব। মই এই সম্বন্ধে আপোনাক কি কম? ইমানেই নিজৰ বৰ ভাল পোৱা স্ত্ৰীক এৰি আন স্ত্ৰীৰ ওচৰলৈ যোৱা পশু প্ৰবৃত্তি এৰি দিয়ক, নিজকে পশুৰ শাৰীৰ পৰা মানুহৰ শাৰীলৈ লৈ আহক।

প্ৰঃ- মই শাৰীৰিক ভাবে সম্পূৰ্ণ সুস্হ কিন্তু মোৰ লিঙ্গটো অলপ সৰু। মই জানো অন্যান্য যুবক সকলৰ লিঙ্গ বেচি দীঘল আপোনাৰ মতে লিঙ্গৰ আকাৰ কিমান হোৱা উচিত? এইটো সম্ভবনে যে বৈজ্ঞানিক উপায়ে, বিশেষ ধৰণৰ আহাৰ গ্ৰহণ কৰিলে লিঙ্গৰ দীঘল হবনে?

উঃ- সাধাৰণতে প্ৰত্যেক পুৰুষৰ লিঙ্গ স্বাভাৱিক আকাৰৰ হয়, নাইবা তাৰ আকাৰ স্বাভাৱিকৰ ওচৰা উচৰি হয়। তেওঁ যদি কোনো বিদুষী আৰু বুদ্ধিমতী স্ত্ৰীক বিয়া কৰে তেন্তে তেওঁ দাম্পত্য জীৱনত সুখীয়েই হব অসুখী হব নোৱাৰে।

পুৰুষৰ লিঙ্গৰ আকাৰৰ কোনো নিৰ্দিষ্ট মাপদণ্ড নাই। ভিন্ন ভিন্ন পুৰুষৰ লিঙ্গৰ আকাৰ ভিন্ন ভিন্ন হয়। অনেক পুৰুষৰ লিঙ্গ উত্তেজিত অবস্হাত পাঁচৰ পৰা দু ইঞ্চিৰ হয়। কিন্তু পুৰুষ সকলৰ লিঙ্গৰ দৈৰ্ঘ্য কম-বেচিও হ'ব পাৰে কিন্তু তেওঁলোকৰ লিঙ্গক অসাধাৰণ কব নোৱাৰি। শৰীৰ বিজ্ঞানৰ বিশেযজ্ঞ সকলে কয় লিঙ্গৰ দৈৰ্ঘ্য সাধাৰণতে পুৰুষৰ পৈত্ৰিক অৱদান।

যদি কোনো পুৰুষৰ মাজত পুৰুষত্ব থাকে আৰু বিনা বাধাত পূৰ্ণৰূপত সন্তোষজনক ভাৱে মৈথুন কৰিব পাৰে। যাৰ শৰীৰ সুস্হ আৰু সবল, তেওঁলোকৰ লিঙ্গৰ আকাৰ ওল ওপৰত কোনো গুৰুত্ব নিদি বিয়া কৰা উচিত কিয়নো তেনে কৰিলে তেওঁ সুখৰ দাম্পত্য জীৱন অতিবাহিত কৰিব পাৰিব। তাৰ কাৰণ হল স্বাভাবিক চিন্তাধাৰাৰ

পত্নী সকলে স্বামীৰ সকলাৰ লগত বুজাবুজি কৰাৰ অদ্ভূত ক্ষমতা থাকে আৰু এনেকুৱা কমস্ত্রী থাকে যাৰ মনত স্বামীৰ লিঙ্গ ডাঙৰনে সৰু প্রশ্নটো কেতিয়াও উদ্ভৱ নহয়। লিঙ্গক শকত আৰু দীঘল কৰাৰ বিষয়ে জ্ঞাপনত মাজে মাজে যিবোৰ কথা প্রকাশিত হয় সেইবোৰ দিকভ্রস্ট কৰা টকাখো ধুর্ত্ত মানুহৰ কাম।

বাস্তবিকতে এনেকুৱা কোনো বৈজ্ঞানিক পদ্ধতি নাই যাৰ দ্বাৰা লিঙ্গ দীঘল কৰা যায়। লিঙ্গ যিমানেই সৰু নহওক কিয় তাৰ ভিতৰত সন্তোষজনক ভাবে সম্ভোগ কৰাৰ ক্ষমতা থাকে যদি আন কোনো ৰোগ (যেনে নপুংসকতা ধাতু দৌর্বল্য) নাথাকে। যদি পুৰুষে অসৎভাৱে মৈথু নকৰি বিপথে নাযায়, চুটি লিঙ্গ থাকিলেও এটা সুখৰ দাম্পত্য জীৱন যাপন কৰিব পাৰে অবশ্যে তেওঁলোকে হীন ভাবনা মনলৈ নানি চুটি লিঙ্গৰ সম্ভোগ কৰাৰ কৌশল বোৰ আগতে শিকি লব লাগে।

আৰু এটা কথাৰ প্রতি মনোনিবেশ কৰাৰ উচিত যে লিঙ্গ শিথিল অৱস্হাত চুটি থাকে আৰু উত্তেজিত হলে তাৰ তিনিগুণমান দীঘল হয়।

প্রঃ- মোৰ বিয়া হোৱা চাৰি বছৰ হল। সম্ভোগ কৰাৰ সময়ত যেতিয়াই মোৰ পত্নী চৰমোৎকর্ষত উপনীত হয়। তেওঁ অজ্ঞান হৈ পৰে। এইটো তেওঁৰ কাৰণে ক্ষতি কাৰক নহয় জানো?

উঃ- যি স্ত্রীৰলগত যোৱা চাৰি বছৰ ধৰি একেৰহে সম্ভোগ কৰি আহিছে আৰু পৰতিবাৰ সম্ভোগৰ সময়ত অজ্ঞান হোৱাৰ পিচত এতিয়াও জীয়াই আছে। তেওঁৰ বিপদ হোৱাৰ কোনো সম্ভাৱনা নাই যদিও সাধাৰণতে এনেকুৱা খুব উদাহৰণ আছে, আপোনাৰ স্ত্রীৰ কোনো ক্ষতি নহব।

প্রঃ- কেতিয়াবা কেতিয়াবা মই আৰু পত্নীয়ে মাজে মাজে কেইটামান বাদ দি একেৰাতিতে দুবাৰ সম্ভোগ কৰো। প্রথমবাৰ সম্ভোগৰ সময়ত মই 'নিৰোধ' ব্যৱহাৰ কৰো কিন্তু দ্বিতীয় বাৰ সম্ভোগত

'নিৰোধ' ব্যৱহাৰ নকৰো। কাৰণ মই শুনিছো যে দ্বিতীয়বাৰ স্খলনতকৈ প্ৰথমবাৰ স্খলনৰ মৰত স্খলিত বীৰ্যহি ডিম্বক উৰ্ব্বৰ কৰিব নোৱাৰে। এই কথাৰ সকালে ?

উঃ- এইটো সচা যে প্ৰথমবাৰ স্খলতকৈ দ্বিতীয় বাৰ স্খলনত শুক্ৰাণুৰ সংখ্যা কম হয়। কিন্তু ইমান কম নহয় যি ডিম্বক উৰ্বৰ কৰিব নোৱাৰে। মনত ৰাখিব এই বিষয়টোত কোনো নিশ্চয়তা যে নাই যে দ্বিতীয়বাৰ সম্ভোগ কৰিলে জন্মনিয়ন্ত্ৰণ হব পাৰে।

প্ৰঃ- মোৰ পত্নী যেতিয়াই গৰ্ভৱতী হয়, সাত মাহৰ পিচৰ পৰা পিয়াহৰ পৰা গাখীৰ বাহিৰ হবলৈ আৰম্ভ কৰে আৰু তেওঁ মোক সেই গাখীৰ খাবলৈ কয় আৰু মই গাখীৰ খালে তেওঁৰ পিয়াহ দুটা পাতল হয়, আৰু তাৰ ফলত তেওঁ আৰাম পায়। পত্নীৰ পিয়াহৰ গাখীৰ খালে মোৰবা পত্নীৰ স্বাস্থ্যৰ কোনো ক্ষতি হব পাৰেনে ?

উঃ- যদি আপুনি পত্নীৰ পিয়াহৰ গাখীৰ খালে তেওঁ আৰাম পায় আপুনি নিশ্চয় তেওঁৰ গাখীৰ খাব। তাৰ দ্বাৰা আপোনাৰ দুয়োৰে কোনো ক্ষতি নহয়।

প্ৰঃ- ৰাতিপুৱা শুই উঠি যেতিয়া মই প্ৰস্ৰাৱ কৰো প্ৰস্ৰাৱৰ বৰ দুগৰ্ন্ধ। ইয়াৰ কাৰেণ কি ?

উঃ- আপোনাৰ প্ৰস্ৰাৱ দুৰ্গন্ধি হোৱাৰ কাৰণ আপোনাৰ প্ৰস্ৰাৱ বৰ ডাঠ্য আপোনাৰ পিয়াহ লাগক বা নালাগক দিনটোত আপুনি অতি কমেও আঠাৰ পৰা দহ গিলাচ পানী খাব। এই সৰল উপায়ৰ দ্বাৰা আপোনাৰ সমস্যাৰ সমাধান হ'ব পাৰে।

প্ৰঃ- মোৰ লিঙ্গ বৰ চটি। মোৰ বয়স 20 বছৰ। আপুনি কৰণে কেনেকৈ মোৰ লিঙ্গটো দীঘল হব। মই অবিবাহিত।

উঃ- যদি আপুনি ভাবে যে আপোনাৰ লিঙ্গ চুটি তেন্তে আপুনি সোনকালেই এটা কাম কৰিব। আপোনাৰ লিঙ্গৰ আকাৰ বৃদ্ধি হোৱাৰ বয়স এতিয়া সময় হোৱা নাই। পুৰুষৰ বঢ়াৰ বয়স 20-21 বছৰ

পৰ্য্যন্ত থাকে। যদি পুৰুষৰ অণ্ডকোষে পৰ্যাপ্ত মাত্ৰাত টেষ্টিস্টেৰোন হৰমোন উৎপাদন কৰিব নোৱাৰে, তেন্তে পুৰুষৰ লিঙ্গ চুটি হয়। যদি এই কাৰণত পুৰুষৰ লিঙ্গ চুটি হয় আৰু শৰীৰৰ অঙ্গ বাঢ়ি উঠাৰ বয়স শেষ হ'বৰ আগতেই চৰি-পাঁচ মাহ-টেষ্টিষ্টিৰোন হৰমোন ইঞ্জেকচনৰ মাধ্যমত চিকিৎসা কৰা যায় তেনেহলে লিঙ্গৰআৰু অলপ বৃদ্ধি হোৱাৰ সম্ভাৱনা আছে। সেই ইঞ্জেকচন ললে কেবল লিঙ্গই বৃদ্ধি নহ'ব, শাৰীৰিক ভাবে স্বাস্থ্যৰও উন্নতি হব।

কিন্তু বৃদ্ধি হবাৰ বয়স পাৰ হৈ গ'লে। এই চিকিসাই পিচত কোনো কাম নকৰিব।

প্ৰঃ- মোৰ বয়স 35 আৰু কিছুমানদিন হল মই 33 বছৰ বসয়ীা এজনী শিক্ষয়ত্ৰীক বিয়া কৰিছো। এওঁ মোৰ দ্বিতীয় পত্নী, প্ৰথম পত্নী কেইবছৰদিনৰ আগতে কৈছিল যে তেওঁ এতিয়াও কুমাৰী। কিন্তু তেওঁৰ পেটটো বেচডাঙ আৰু যোনিও বেচ শিথিল যাৰ কাৰণে মোৰ সন্দেহ হয় যে তেওঁ বহুদিন ধৰি সম্ভোগ কৰিছিল আৰু হয়চেতা তেওঁৰ কোবাটও সন্তানো হৈছিল। তেওঁ কুমাৰী আছিল যে নাই এইটো কেনেকৈ পৰীক্ষা কৰা যায়?

উঃ- আমাৰ অনুমান প্ৰথম বিয়াৰ সময়ত আনোৰবয়স 25 বছৰৰ ওচাৰা উচৰি আৰু প্ৰথম পত্নীৰ বয়স 20 বছৰৰ ওচৰা উচ আছিল। বিশ বছৰত ছোৱালী যুবতী হয়। তেতিয়া তেওঁৰ যোনি টান হৈ থাকে ককালটোও সৰু হৈ থাকে। এতিয়া আপুনি এজনী 33 বছৰীয়া স্ত্ৰীক বিয়া কৰাইছে যাৰ যৌৱন অস্তাবলগীবী। তেওঁ সম্ভোগ কৰক কা নকৰক যৌৱন শেষ হৈ আহিলে যোনি শিলি হয় আৰু ককালটোও ডাঙৰ হয়। গতিকে আপোনাৰ স্ত্ৰীৰও সেই একে অবস্থাৰ।

আপোনাৰ পত্নীয়ে হৈছে তেওঁৰ বিয়াৰ সময়ত তেওঁ কুমাৰী আছিল। গতকি আপুনি পৰীক্ষা-নিৰীক্ষা কৰা জঞ্জালত নপৰি তেওঁৰ কথা বিশ্বাস কৰি লোৱাই উচিত। প্ৰেম আৰু বিশ্বাসই হল দাম্পত্য

জীৱনক সফল কৰি তোলাৰ মূলমন্ত্ৰ।

প্ৰঃ- মদ খাই সম্ভোগ কৰিলে পুৰুষে বহু সময় পৰ্য্যন্ত সম্ভোগ কৰিব পাৰে বুলি বহুত মানুহে বিশ্বাস কৰে। মদ খাই সম্ভোগ কৰিলে স্ত্ৰী-পুৰুষৰ কিকি ক্ষতি হ'ব পাৰে?

উঃ- মদ খাই পুৰুষে সম্ভোগ কৰিলে স্ত্ৰীৰ মানসিক আৰু শাৰীৰিক ক্ষতিহোৱা বৰ বেচি সম্ভাৱনা থাকে। আৰম্ভনিতে মদখাই সম্ভোগ কৰিলে কোনো কোনো পুৰুষে শৰীৰত অধিক কামোত্তেজনা, অধিক মৈথুন শক্তি অনুভৱ কৰে কিন্তু সম্ভোগৰ পিচতেই নিজকে বৰ দুৰ্ব্বল অনুভৱ কৰে।

মদখোৱাৰ উত্তেজনাত শৰীৰত ৰক্ত প্ৰবাহ তীব্ৰ গতিত যায় আৰু তাৰ ফলত শাৰীৰিক উত্তেজনা বৃদ্ধি হয়। কিন্তু যেতিয় এলকোহলৰ প্ৰভাৱে তেজক শান্ত কৰে তেতিয়া শাৰীৰিক শক্তি ইমান শিথিল হয়।

স্বপ্নদোষ

(1) শুকান ধনীয়া পিহি তাৰলগত সমানমাত্ৰাৰ চেনি মিহলি কৰি প্ৰত্যেক ৰাতিপুৱা পানীৰ লগত মিহলি কৰি খালে স্বপ্নদোষ দূৰ হব।

(2) মোচৰম, কমৰ কম, পোস্ট আৰু মাখানা 10-0 গ্ৰাম লওক। 5 গ্ৰাম আজোৱাইন পিহি চিচাত ভৰাই থওক। দৈনিক অলপ হাতৰ তালুত লৈ এপোৱা (250 গ্ৰাম) গাখীৰৰ লগত খাওক।

(3) শীতল চেনি (মিচিৰী) 3-4 গ্ৰাম লৈ এপোৱা (250 গ্ৰাম) গাখীৰৰ লগত ৰাতি শোৱাৰ আগতে খাওক।

শীঘ্ৰ পতন (বীৰ্যপাত)

যিবোৰ মানুহৰ বীৰ্য সহবাসৰ সময়ত সোনকালে পৰে। তেওঁলোকৰ কাৰণে তলত দিয়া ঔষধবোৰ উপকাৰীঃ

(1) ঘিউ 10 গ্ৰাম, মৌজোল 5 গ্ৰাম, মূলহটি 10 গ্ৰাম মিহলি কৰি চামোচেৰে সহবাসৰ পিচত খাওক।

(2) গঁছৰ আঠা, বাবুল গছৰ ছাল, কলা মুচলি, বগা মুচলী শিমলু

গছৰ ছাল, ৰঙা বহেমন–এই বস্তুবোৰৰ 1-1 গ্ৰাম লওক। আটাইকেইটা বস্তুৰ ওজনৰ মিছিৰি লৈ মিহলি কৰিৰাতিপুৰা গাখীৰৰ লগত খাওক এসপ্তাহৰ ভিতৰত ভাল ফল পাব।

(3) শুকান ধনীয়া পিহি লওক আৰু প্ৰতিদিন হাতৰ তলুৱাত লৈ যাই ঠাণ্ডা পানী খাওক।

(4) লজ্জাৱতী গছৰ গুটি তিনিটা ল তাৰ ওজনৰ মিচিৰীৰ লগত পিহি প্ৰত্যেক পুৱা 6 গ্ৰাম কৰি গাখীৰৰ লগত খাওক।

(5) তুলসীৰ গুটি 50 গ্ৰাম লৈ সমান ওজনৰ চেনিৰ লগত মিহল কৰি পিহি লওক। প্ৰতিদিন ৰাতিপুৱা 6 গ্ৰাম কৰি গাখীৰৰ লওক খাওক।

স্ত্ৰী যৌনৰোগৰ ঘৰুৱা চিকিৎসা

পুৰুষ ৰোগৰ বিষয়ে আমি কিছুমান ঘৰুৱা চিকিৎসাৰ কথা উল্লেখ কৰিছো। আচলতে ঘৰুৱা চিকিৎসাৰ সূত্ৰপাত মহিলা সকালৰ পিনৰ পৰাই হয়। এনেকুৱা এখন ঘৰ নাই য'ত গৃহিনীয়ে সকলো ধৰণৰ ঘৰুৱা চিকিৎসাৰ বস্তু একেলগে গোটেই থয় প্ৰত্যেক খন ঘৰতে আদা নহৰু পিয়াজ জালক, পিপলী, কৰ্পূৰ, লং, দালচেনি, হিং, মৌ জোল আদি বস্তুবোৰ মজুত থাকে। এইবোৰৰ অনেক বস্তু আমাৰ পাকঘৰত মছলা হিচাপে ব্যৱহাৰ কৰা হয়। এই কাৰণত পাশ্চাত্য ব্যক্তি সকালৰ তুলনাত ভাৰতীয় ৰেখাৰ প্ৰকোপত কমেই পৰে।

ভাৰতীয় গৃহিনী সকল স্বভাৱৰ পিনৰ পৰা পূৰা চিকিৎসক নহলেত অৰ্দ্ধ চিকিৎসকলে যে নিশ্চয় তাত অলপো সন্দেহ নাই। এই বিদ্যা তেওঁ লোকে নিজৰ ঘৰ বৃদ্ধা সকলক চাই চাই গ্ৰহণ কৰে। এইবোৰ শিবিৰ কাৰণে তেওঁলোকে কোনো স্কুল কলেজলৈ যাব নালাগে।

মাহেকীয়া ধৰ্ম বিকাৰ

স্ত্ৰী সকলৰ মাহেকীয়া এনেকুৱা এটা প্ৰক্ৰিয়া যি বস্তুটো পুৰুষৰ ভিতৰত নহয়। ইয়াৰ কাৰণ হল এইএটাৰেইনে পুৰুষৰ শাৰীৰিক গঠন সম্পূৰ্ণ বেলেগ। নাৰীৰ ভিতৰত মাতৃত্ব শক্তি হোৱাৰ কাৰণে তেওঁ লোকৰ শৰীৰৰ ৰচনাও ঠিক সেই মতেই কৰিছে। এই কাৰণে স্ত্ৰীৰ অনেক ৰোগ আৰু ব্যাধি পুৰুযতকৈ ভিন্ন।-

মাহেকীয়া ধৰ্ম সম্বন্ধীয় বিকাৰ, আজিকালিৰ আধুনিক যুগত 40 ৰ পৰা 90 শতাংশ স্ত্ৰৰ মাজত দেখা যায়। ইয়াৰ মখ্য কাৰণ তেওঁ

লোকৰ বৰ্ত্তমান জীৱন প্ৰণালী। প্ৰচীন যুগত ভাৰতবৰ্যত স্ত্ৰী আৰু পুৰুষ সকলোৰে জীৱ প্ৰণালী এনেকুৱা আছিল যে তেওঁলোকৰ ৰোহীব্যাধি অতি কম হৈছিল। কিন্তু বৰ্ত্তমান অবস্হাৰ সম্পূৰ্ণ পৰিবৰ্ত্তন ঘটিছে।

মাহেকীয়া ধৰ্মৰ বিকাৰত সাধাৰণতে মূৰৰ যন্ত্ৰণা, টোপনি নহা, বুকু ধৰফৰ কৰ, স্বভাৱ খিংখিঙীয়া হোৱা, দুৰ্বলতা , কোনো কাম কৰাৰ ক্ষমা নথকা, যি কোনো কামৰ কাৰণে উৎসাহৰ অভাৱ, আনকি কেতিয়াবা কথা পাতিবলৈকো ইচ্ছা নকৰা ইত্যাদি ইত্যাদি।

মাহেকীয়া ধৰ্মৰ অনিয়ম নাইবা বিকৃতিৰ কাৰণে সঠিক সময়ৰ আগতেই ৰাজোদৰ্শন হোৱা, যৌৱনাৱস্হা অহা সত্ত্বেও মাহেকী স্ৰাৱ কম অহা নাইবা একেবাৰেই নহয়, অনিয়মিত মাহেকীয়া চক্ৰ ৰক্তস্ৰাৱ কম হেৱা, ৰক্তস্ৰাৱ বেশী হোৱা, বেচি দিনা পৰ্যন্ত ৰক্তস্ৰাব হোৱা, মাহেকীয়াৰ সময়ত যন্ত্ৰণা হোৱা, মাহেকীয়া আৰম্ভ হোৱাৰ আগতে পেটত যন্ত্ৰণা, ইত্যাদি ৰেগবোৰ হৈ থাকে।

ইয়াত কিছুমান চিকিৎসাক উল্লেখ কৰা হৈছে ঃ

ইয়ত কিছুমান চিকিৎসাক উল্লেখ কৰা হৈছে ঃ

(1) যদি অধিক পৰিমানে মাহেকীয়া হৈ থাকে তেন্তে চিকিৎসা কাৰণে ডাঙৰ ডাঙৰ গল গছৰ ছাঁছত শুকান কৰি লওক। যেতিয়া সেইটো ভালদৰে শুকাই যাব, তেতিয়া তাক মিহি কৰি পিহি লওক, পিহাৰ পিচত তাৰ লগত চেনি মিহলি কৰক। এই চূৰ্ণৰ 6 মাশাক পুৱা আৰু গধূলি খাটি গৰুৰ গাখীৰৰ লগত খাব। এই চূৰ্ণ খোৱাৰ পিচত অধিক মাত্ৰাত ৰক্তস্ৰাৱ বন্ধ হৈ যায়ক াৰু শৰীৰত ইমান দুৰ্বলতা নাথাকিব।

(2) দ্বিতীয় ঘৰুৱা ঔষধ লোধ পাঠানী। গেৰু আৰু মাজু এই তিনিটা বস্তুক সমনা মাত্ৰাত মিহিল কৰি পিহি কাপোৰেৰে ছাকি ল'ব। ইয়াৰ চাৰি চাৰি চামুচ ৰাতিপুৱা আৰু গধূলি গৰুৰ গাখীৰৰ লগত মিহলি কৰি খাব। ইয়াক খালে মাহেকীয়াত ওলোৱা তেজৰ

পৰিমান কম হব আৰু আন বিকৃতি দূৰ হব। তেজ ওলোৱা হঠাৎ বন্ধ হেবাটোও ক্ষতিকাৰক, সেই কাৰণে ঔষধ নিয়মতে খাব লাগিব।

(3) অশোক গছৰ ছাল দু তোলা লওকং অলপ কাটি 20 গ্ৰাম গাখীৰ আৰু 250 গ্ৰাম পানীত গৰম কৰক। পানী উতলিবলৈ ধৰাৰ পিচত পাত্ৰটো জুইৰ পৰা নমাই জলীয় বস্তুখিনি ছাকি আৰু চেনি দি মিঠা কৰি খাওক। কিছুদিন খোৱাৰ পিচত মাহেকীয়াত হোৱা অতি বেচি ৰক্ত স্ৰাৱ বন্ধ হব।

(4) ৰসৌত আৰু লাখক াতৰ এমুঠিত যিমান আহে সেই পৰিমানৰ লৈ একেলগে পিহি পেলাও আৰু দু-পালিকৈ ঔষধ দুই-তিনি খালেই অধিক ৰক্তস্ৰাৱ বন্ধ হৈ যাব।

(5) মূলতানী মাটি এতোলা লওক। তাক ভালদৰে কুটিকুটি কাটি ৰাতটো 250 গ্ৰাম পানীত ডুবাই থ'ব আৰু ৰাতিপুৱা সেই পানীখিনি খাব আৰু মাহেকীয়া বেচিকৈ তেজ ওলোৱা বন্ধ হৈ যাব।

মাহেকীয়া বন্ধ হলে

(1) এতোলা গাজৰৰ গুটি আৰু দুতোলা গুড় লওক। আধা সেৰ পানীত থৈ পানীখিনি গৰম কৰক। গৰম কৰোতে উতলি উতলি গৰম কৰিবলৈ দিা পানীৰ পৰিমানৰ তিনি ভাগৰ এভাগ হলে জুইৰ পৰা নমাই ছেকি পানী খিনি খাওক। কিছুদিন খালে মাহেকীয়া আকৌ আৰম্ভ হব।

(2) এতোলা ক'লা তিল আৰু এতোলা গখৰু লৈ দুয়োটা বস্তুক 250 গ্ৰাম পানীত তিয়াই ৰাক। ৰাতপুৱা পানীত এটা শোবাদ বস্তু দি খাওক। কেইদিনমান একেৰাহে খালে বন্ধহোৱা মাহেকীয়া আকৌ আৰম্ভ হব।

(3) 6 চামুচ ৰয় বিগড়, তিনি চামচ সোঁঠ আৰু দুতোলা গুড় লওক। এইবোৰ বস্তুক আধা সেৰ পানীত গৰম কৰক। পানী উতলি তিনি ভাগৰ হলে জুইৰ পৰা নমাই খাওক। কিছুদিন খোৱাৰ পিচত

বন্ধহোৱা মাহেকীয়া আকৌ আৰম্ভ হব।

শ্বেত-পদৰ (লুকোৰিয়া)

(1) শুকান আমলখি আৰু মূলহটিক সমান ওজনত লওক। তাৰ পিচত মিহি কৰি পিহি তিনিগুণ মৌজোলৰা লগত মিহলি কৰি প্ৰত্যেকদিন ৰাতিপুৱা গাখীৰৰ লগত খাওক। এই বস্তুটো শ্বেত প্ৰদৰ ৰোগৰ কাৰণে উপকাৰী।

(2) মৌলসৰীৰ ছাল শুকাৱাই গুৰি কৰক। মান ওজনৰ খাণ্ড মিহল কৰি প্ৰতিদিন ৰাতিপুৱা খাওক। এই বস্তুটো প্ৰদৰ ৰোগীক আৰোগ্য কৰে।

(3) মুচলী শিমলুক আবশ্যক মতে লৈ গুৰি কৰক আৰু তাত খাণ্ড মিলাই প্ৰতিদিন ৰাতিপুৱা 250 গ্ৰাম গাখীৰৰ লগত খাওক। এই গুৰিয়ে প্ৰদৰ ৰোগত ভাল কাম দিয়ে।

(4) যদি গভাশয়ত ঘা হয়, তেন্তে পাঁচ তোলানিমপাত, ছচামুচ কমিলা, তিনি চামুচ মুহগাক এসেৰ পানীত গৰম কৰক। পানী খিনি উতলি উতলি ধআধা হলেই জুইৰ পৰা নমাই থৈ পিচকাৰিৰে হৈ ঘা ডোখৰ ধুব।

(5) তিনি তোলা চেলখড়ি, দুতোলা ভজা বুট, এতোনা মাজুনক কাটি পিহি সমান ওজৰ খণ্ডৰ লগত মিহলি কৰি প্ৰতিদিন ৰাতিপুৱা 6 মাশা কৰি খাওলক আৰু তাৰ পিচত 250 গ্ৰাম গাখৰত খাওক। এই ঔষধ প্ৰদৰ ৰোগৰ কাৰণে অত্যন্ত উপযোগী সন্তান্ত নোহোৱাক কধ্যাত্ব কোৱা হয়। কনো নাৰী যদি কধ্যা হয় তলত দিয়া ঔষধবোৰ প্ৰয়োগ কৰিলেনাৰী গৰ্ভৱতী হব পাৰে।

(1) নাগোৰী অসগন্ধক মিহি কৰি পিহি ছেকি লওক। মাহেকীয়াৰ পৰা নিবৃত্তি হোৱাৰ পিচত 6 মাশা গুৰিক 250 গ্ৰাম গাখীৰত গৰম কৰি উতলাই তাত চেনি মিহলি কৰি খাওক। 5-6 দিন এই ঔষধটো খালে গৰ্ভধাৰণ হোৱাৰ সম্ভাৱনা আছে।

(2) শিৱলিঙ্গিক মিহলি কৰি পিজি প্ৰতিদিন পুৱা গৰুৰ গাখৰৰ লগত খালে গৰ্ভ ধাৰণ হব।

(3) সৰু দুধীক ছাঁত শুকুৱাই লওক আৰু পিহি আৰু ছেকি সমান ওজনৰ খাণ্ড মিহলি কৰক। মাহেকীয়া শেষ হোৱাৰ পিচত চাৰি-পাঁচ দিন পুৱা এই গুৰি গাখীৰৰ লগত খাওক। ভাল ফল পাব।

(4) আহত গছৰ কোমল পাত বোৰ লৈ ছাঁত শুকুৱাৰ আৰু তাৰ পিচত পিহি ছেকি ল'ব। মাহেকীয়া শেষ হোৱাৰ পিচত ৰাতি এতোলা সন্দেহৰ লগত মিহলি কৰি খাওক। ইচ্ছা হলে কালাকাদও খাব পাৰে। ইয়াৰ বাহিৰে আৰু একো নাখাব। এইভাবে দুই-তিনি কৰক গৰ্ভধাৰণ নিশ্চয় হ'ব। যদি প্ৰথম মাহত সফলতা পোৱা নহয়, তেনেহলে দ্বিতীয় আৰু তৃতীয় মাহত তাৰে পুনৰাবৃত্তি কৰক।

(5) নাগ কেশৰ আৰু তামোল দুয়োটা বস্তুক সমান মাপত লৈ কাটি, পিহি গুৰি কৰক। মাহেকীয়া শেষ হোৱাৰ পিচত ৰাতিপুৱা বিছনাৰ পৰা উঠিলেই চাহ খোৱাৰ আগতে তিনি চামুচ গুৰি গাখীৰৰ লগত যাব। কেবাদিনো তাৰ পুনৰাবৃত্তি কৰিলে সফল হব।

গৰ্ভৱতী স্ত্ৰীৰ ৰোগ

মূৰৰ বিষ ঃ গৰ্ভৱতী স্ত্ৰীৰ মূৰৰ বিষ সাধাৰণতে কোষ্ঠ কাঠিন্যৰ কাৰণে হয়। সেই কাৰণে কোষ্ঠকাঠিন্য দূৰকৰিবৰ কাৰেণ এটা হৰড়ৰ মুৰ্চা বা দুতোলা গুলকন্দ খাওক। কোষ্ঠ কাঠিন্য দূৰ হলে মূৰৰ বিষও নাই কিয়া হব। যদি কেতিয়াবা মূৰৰ বিষ হয়, ধান পিহি মূৰত লগাওক।

অতি বেচি থুই বাহিৰ হোৱা ঃ গৰ্ভধাৰণৰ আৰম্ভনিৰ দিন বোৰত স্ত্ৰীৰ মুখত অতি বেচি থুই থাকে। এই থুইক দূৰ কৰিবলৈ নাচ পাল (পোস্ত বদাম) নাইবা কীকৰৰ ছাল দুতোলাআধা সেৰ পানীত গৰম কৰি সেই গৰম পানীৰে মুখ খনক বাৰে বাৰে কুলকুলি কৰক। খাদ খোৱাৰ আগতে তিনি চামুচ জিৰা মিহি কৰি পিহি মেজোলৰা

লগত মিহলি কৰি ৰাতিপুৱা, দুপৰীয়া আৰু সন্ধ্যাত মৌজোলৰ লগত মিহলি কৰি খাওক।

কাহ ঃ গৰ্ভৱতী স্ত্ৰীৰ শেষৰ দিন কেইটাত কাহ আৰম্ভ হয় আৰু কাহত বৰ কষ্ট পায়। এই কাহৰ কাৰণে মূলহটি, ভজা মুংগা এক এক তোলা কীকৰৰ আঠা ক মিহলি কৰি পিহি পুৱা এ দুপৰীয়া আৰু গধূলি চাৰি চাৰি ৰাতি ঔষধ মৌ জোলৰ লগত মিহলি কৰি খাব। যদি কাহ গৰ্ভৰ শেষ দিনবোৰত হয় তেন্তে চিকিৎসাৰ কোনো প্ৰয়োজন নাই, কাৰণ এই সময়ত গৰ্ভৰ ওপৰত হেঁচা পৰা বন্ধ হৈ যোৱাৰ লগে লগে নিজে নিজে দূৰ হৈ যাব।

প্ৰস্ৰাৱ বন্ধ হৈ যোৱা ঃ কেতিয়াবা কেতিয়াবা গৰ্ভকালত প্ৰস্ৰাবৰ নলীৰ ওপৰত হেঁচা পৰা ফলত প্ৰস্ৰাব অহা বন্ধ হৈ যায়। এই পৰিস্থিতিত গাখীৰ ভাত খুৱালে বা গাখৰত পানী মিহলি কৰি খালে প্ৰস্ৰাব স্বাভাৱিক হব।

জ্বৰ ঃ যদি গৰ্ভৱতী স্ত্ৰীৰ জ্বৰ হয়, তেনেহলে জ্বৰক দূৰ কৰিবৰ কাৰণে তীব্ৰ ঔষধ দিয়া উচিত নহয়। জ্বৰৰ চিকিৎসাৰ আগতে কোষ্ঠ কাঠিন্য দূৰ কৰিবলৈ গুলচন্দ চাৰি তোলা লৈ পানীৰ লগত মিহলি কৰি খুৱাওক। যদি কৰাৰ ফলত কোষ্ঠকাঠিন্য ভাল নহয়, তেনেহলে তিনি তোলা আৰম্ভৰ তেল গীখৰৰ লগত মিহলি কৰি লব। হজম ঠিক কৰিবলৈ সমুচিত আহাৰৰ ব্যৱস্থা কৰক। সাধাৰণতে, জ্বৰ আপোনা আপুনি ভাল হৈ যাব।

গৰ্ভপাত ঃ কোনো কোনো স্ত্ৰীৰ ঘনে ঘনে গৰ্ভপাত হয়। তেওঁলোকে বাৰে বাৰে গৰ্ভধাৰণ কৰে কিন্তু তৃতীয় বা চতুৰ্থ মাহত গৰ্ভপাত হয়। কোনো কোনো স্ত্ৰীৰ দুৰ্ঘটনা বশতঃ যেনে, পেটত আঘাত পালে, বেচি ভাৰী বস্তু উঠা-নমা কৰাতো গৰ্ভপাত হয়। কেতিয়াবা কেতিয়াবা মনত বৰ দুঃখ পালে আৰু ভয়খালেও গৰ্ভপাত হয়।

গৰ্ভপাত যি কাৰণতেই নহওক যথা সময়ত সন্তানক জন্ম দিয়াতকৈবেচি

কষ্টকৰ হয়। গৰ্ভপাত হলে অতি বেচি ৰক্তস্ৰাৱ হয়। তাৰ ফলত গৰ্ভবতী স্ত্ৰী দুৰ্বল হৈ পৰে।

গৰ্ভপাতৰ পৰা হাত সাৰিবলৈ গৰ্ভপাতৰ সময় কায চাপি আহাৰ লগে লগে সকলো কাম-বন, ঘূৰা ফিৰা বন্ধ কৰি আৰামেৰে বিছনাত শুই থকা উচিত। কোষ্ঠ কাঠিন্য হবলৈ দিব নালাগে আৰু তাক দূৰ কৰিবলৈ মোৰব্বা আৰু গুলকন্দখোৱা উচিত। এনে খাদ্য খাব লাগে যেন সোনকাে হজম হয়। প্ৰধান খাদ্যৰ বাহিৰেও গাখীৰৰ আৰু তেজা ফল খাব লাগে। গৰ্ভপাতক বন্ধ কৰিবলৈ কম্বুল জোৰক ভালদৰে পিহি মোৰাব্বাৰ লগত মিলাইপ্ৰতি মাহত 12 নিদ খোৱা উচিত। কিন্তু এই উপায়ত আশা কৰা ফল নাপালে আৰু প্ৰসৱ যন্ত্ৰণা হৈ থাকিলে, গৰ্ভপাত নিশ্চিত হলে গৰ্ভবতী স্ত্ৰীয়া তাৰ বাবে সকলো পিনৰ পৰা সাহায্য কৰা উচিত।

গৰ্ভপাত হৈ গলে মল পৰিস্কাৰ কৰিবলৈ পোস্ত, অমলতাস, ভোদা কপাহ, 2 তোল আৰু পাঁচ তেছালা পুৰণি গুড় লৈ পাচ সেৰপানীত গৰম কৰক। যেতিয়া পানী গৰম হৈ চাৰিভাগৰ এভাগ হব তেতিয়া খোৱা পানীৰ পৰিবৰ্ত্তে খিচুৰী বা মণ্ড দাইলৰ ৰুটি খাবলৈ দিব।

যি সকল স্ত্ৰীৰ বাৰে বাৰে গৰ্ভপাত হয় তেওঁলোকে আকৌ সোনকালে গৰ্ভবতী হয়। গৰ্ভপাত হোৱাৰ পিচত দুই তিনিমাহ পাৰহৈ যোৱাৰ আগতে সেই স্ত্ৰী আকৌ গৰ্ভৱতী হৈ পৰে। এই সমস্যাৰ পৰা হাত সাৰিবৰ কাৰণে এবাৰ গৰ্ভপাত হোৱাৰ পিচত কম পক্ষে এটা বছৰ স্বামীৰ লগত একে বিছনাত শোৱা বন্ধ কৰাই দিব। এই এটা বছৰ গৰ্ভাশয়ৰ দুৰ্বলতা দূৰ কৰাৰ কাৰণে কোনো অভিজ্ঞ চিকিৎসকৰ লগত পৰামৰ্শ কৰি গৰ্ভাশয়ক শক্তিশালী কৰা ঔষধ খোৱা উচিত নাইবা গৰ্ভাশয়ৰ কোনো বিকাৰ থাকিলে তাক দূৰ কৰা উচিত। তাৰ পিচত যি গৰ্ভ-ধাৰণ হব সেইটো সুৰক্ষিত থাকিব। আৰু নিৰ্দিষ্ট

সময়ত এটা সুন্দৰ, স্বাস্থ্যবান সন্তানৰ জন্ম হব।

প্ৰসৱ

(1) যদি সন্তানৰ জন্ম দিওতে কোনো প্ৰকাৰৰ কাঠিন্যৰ সন্মুখীন হব লগা হব তেন্তে পাচ তোলা অৰ্ক আৰু দুই মাসা কেশৰক মিহলি কৰি পিহি খাব। এনে কৰিলে প্ৰসৱ সহজ আৰু স্বাভাৱিক হব।

(2) অমলতাচৰ বাকলি গুচাই এক তোলা কপাহৰ ডোঙা, এক তোলা গুড় দুই তোলা পানীত গৰম কৰি খালে শিশুৰ প্ৰসৱ ভাল ভাৱে হব।

(3) যদি গৰ্ভৰ ভিতৰতে সন্তানৰ মৃত্যু হয় তেনে লে সাপৰ কেঁচুলিৰ ধোঁৱা জনন স্থানত দিব। মৃত সন্তান সহজে বাহিৰ হৈ আহিব।

হিষ্টিৰিয়া

লক্ষণ ঃ এই ৰোগ যুৱ অবস্থাত প্ৰায় সেই মহিলাসকলৰ হয় যি সকল মনোকামনা কেনো কাৰণ বশতঃ পূৰ্ণ নহয় আৰু যি সকলৰ মনত সদায় অতৃপ্তি আৰু কুণ্ঠবোধ থাকে।

এই অৱস্থাত যি কোনো সময়ত স্ত্ৰী হঠাৎ অজ্ঞান হৈ পৰে আৰু হাত ভৰি জঠৰ হব, মুখ বিকৃত হয়, আৰু মুখৰ পৰা কেন বাহিৰ হয়। মূৰ ঘূৰে আৰু ভুল কথা বাকিবলৈ ৰে আৰু পোহৰৰ পিনে চাব নোৱাৰে। কেতিয়াবা কেতিয়াবা উশাহ লবলৈ কস্ট হয় আৰু পেট আৰু ডিডিত বিষ হয়।

চিকিৎসা ঃ (1) যদি হিষ্টিৰিয়া বা মানসিক আঘাতত ৰোগী অজ্ঞান হয়, তেনে হলে পিয়াঁজ কাটি শুঙিবলৈ দিলেলগে লগে জ্ঞান ঘূৰি আহিব।-যদি তেতিয়াও জ্ঞান নাহে তেনেহলে নিজৰ হাতৰ আঙুলিৰ নখক ওলোটা কৰি তেওঁৰ আঙুলিৰ নখৰ ভিতৰত হেচি দিব আৰু তেওঁৰ আঙুলিৰ নখৰ ভিতৰত হেচি দিব আৰু তেওঁৰ আঙুলিটো আপোনাৰ নখেৰে ফুটিলে দুঃখ পাই জ্ঞান আহিব।

(2) ব্ৰাহ্মী, জটা মাংসী, শংখ পুস্পী, অসগন্ধ আৰু বচ এই

বস্তুবোৰক সমান মাত্ৰাত লৈ পিহি গুৰি বোৰ জ্বৰ চামুচ এখনেৰে দিনটোত দুবাৰ গাখীৰৰ লগত মিহিলি কৰি খাবলৈ দিব।

(3) ব্ৰাহ্মী বটি আৰু অমৰ সুন্দৰৰ বটিৰ একোটাকৈ টেবলেট ৰাতিপুৱা আৰু ৰাতি শুৱৰ সময়ত গাখীৰৰ লগত খালে ভাল ফল পাব।

বুকু ধৰফৰ কৰা ঃ গৰ্ভাৱস্হাত বুকু ধৰফৰ কৰি থাকে। এই সময়ত গৰ্ভবতী স্ত্ৰীয়ে আৰামকৰি স্তব লাগে তেওঁ কোস্ঠ কাঠিন্য থাকে, তাকো দূৰ কৰা উচিত।

পেটব্যথা ঃ যদি গৰ্ভবতী স্ত্ৰীৰ পেতত বিষ হয় আৰু সেই কাৰণ হজম ক্ৰিয়াৰ গন্দগোল হয় তেনেহলে জিৰা এতোলা, শোঁথ একমাসা, বীট নিমখ তিনি মাশা খুৱাব।

বমি ঃ অনেক গৰ্ভবতী মহিলাৰ টোপনি ভগাৰ লগেলগে বমি আৰম্ভ হয়। যদি এই বমিটো অস্বাভাৱিক নহয়। তেনেহলে গৰ্ভৱতী স্ত্ৰী যেতিয়া ৰাতিপুৱা শুই উঠিব তেওঁ হাত মুখ ধুই মুখেৰে কুলকুলি কৰাৰপিচত পাতললৈ কিবা এটা খাবলৈ দিয়া উচিত আৰু তেওঁক আৰমা কৰি শুই থাকিবলৈ দিয়া উচিত। যদি একো লাভ নহয়, বমি হৈ থাকে, তেনে গুলকুদ আৰু মাখন এক-এক তোলা মিহলি কৰি দিনটোত তিনিবাৰ খাবলৈ দিব। তাৰ বাহিৰেও ডালিম আৰু কমলাটোঙা খাবলৈ দিব।

মাটি, কমলা আদি খোৱাৰ ইচ্ছা

গৰ্ভৱতী স্ত্ৰীয়ে মাটি, কমলা আদি খাবলৈ ইচ্ছা কৰে। যদি খায় তাৰ দ্বাৰা সন্তান আৰু মাক দুয়োৰে স্বাস্থ্যৰ ক্ষতি হয়। গৰ্ভবতী স্ত্ৰীয়ে খোৱাৰ ইচ্ছানুটোকনিজে দমন কৰাৰ বাহিৰে আন কোনো উপায় নাই। তেওঁক যদি অৰুদৰ তেল দুতোলা খুৱায় তেওঁৰ মাটি আৰু কবলাখোলা অভ্যাসটো গুচি যাব। যদি নাযাী, বংশলোচন নাইবা ভজা বুট চোবাই খাবলৈ দিব আৰু খালে সেই বদ অভ্যাসটো আপোনা

আপুনি বন্ধ হব।

পাতল শৌচ ঃ কিছুমান গৰ্ভৱতী মহিলাই বদহমৰ কাণে পাতল শৌচে কৰে। কোনো ঔষধ নোখোৱাকৈ তেওঁ যদি দিনটোত এ সাজ লঘোনে থাকে পাতল শৌচে বন্ধ হৈ যায়। কি- পাতল শৌচ হোৱাৰ কাৰণে তেওঁ নিশ্চয় বন্ধ হৈ যব। গতিকে সেই দুৰ্ব্বলতা দূৰ কৰিবলৈ তেওঁ দৈ আৰু খিচুৰী খাবলৈ দিব। দৈ নাথকিলে লাচিছ খাবলৈ দিব। যদি বন্ধ নহয় শুকান আমলখি সৰু সৰু কাটি গুৰি কৰি পানীৰ সৈতে খুৱাওক।

মাহেকীয়া ধৰ্ম

মাহেকীয়া ধৰ্ম বা মাহেকীয়াক স্ত্ৰী সকলৰ জীৱনলৈ যৌৱনৰ আগমন চিহ্ন হিচাপে মানি লোৱা হয়। গাঁৱত 'শান্তি' হোৱা বুলি কয়। বাৰ বছৰৰ পৰা পঞ্চাশ বছৰৰ স্ত্ৰী সকলৰ যোনি পথেদি গভাশয়ৰ পৰা এক প্ৰকাৰ বিকৃত তেজ নিয়মিত সময়ত বাহিৰ হৈ থাকে। সাধাৰণতে এই তেজ নিয়মিত সময়ত বাহিৰ হৈ থাকে। সাধাৰণতে এই তেজ ওলোবাটো 28 দিনৰ পিচে পিচে হয় যাক মাহেকীয়া কোৱা হয়। অবশ্যে ইয়াৰ অলপ ব্যাতিক্ৰমও হয়, অৰ্থাৎ কিছুমনৰ 25 দিনৰ পিচে পিচে, কিছুমানৰ 32 দিনৰ পিচে পিচে হয়। যদি দুটা মাহেকীয়ৰ ভিতৰত 21 দিনৰ কম আৰু 35 দিনৰ বেচি তফাত হয় তেন্তে তাক অসুখ বুলি ধৰা হয়।

মাহেকীয়াৰ ওপৰত স্ত্ৰীৰ খোৱা-বোৱা, থকা, মানসিক উত্তেজনা আৰু অতৃপ্ত কাম বাসনাৰ গতীৰ প্ৰভাৱ পৰে। ছোৱালীৰ যেতিয়া প্ৰথম শান্তি হয়। সিহতৰ শৰীৰত আকস্মিক পৰিবৰ্ত্তন ঘটে সিহত হঠাৎ ওখ হবলৈ আৰম্ভ কৰে আৰু যোনিৰ ওচৰত আৰু কাযলতিত

চলি গজে তপিনা আৰু পিয়াহ ডাঙৰ আৰু ভাৰী হয়। এই সময়ত সিহতৰ স্নায়ুমণ্ডলৰ পৰিবৰ্ত্তন হবলৈ আৰম্ভ কৰে আৰু মনোবৃত্তিৰো পৰিবৰ্ত্তন হয়। এই সময়ত গভাশয় আৰু বীজকোযও বাঢ়িবলৈ আৰম্ভ কৰে। প্ৰকৃতিতে গৰ্ভাশয় আৰু কোষ বৃদ্ধি হোৱাৰ কাৰণে মাহেকীয়া বা ঋতুস্ৰাব হবলৈ আৰম্ভ কৰে।

প্ৰায় দেখিবলৈ পোৱা যায়। যে মাহেকীয়া আৰম্ভ হোৱাৰ সময়ত বিশেষকৈ ছোৱালী বিলাকৰ স্বাস্থ্য বেয়া হয়, হঠাৎ তেজ ওলোৱা দেখি সিহতে ভয় খায়। অবশ্যে যিবোৰ ছোৱালী আগতে মাক বা বায়েক হতে কৈ থয় সিহঁতে ভয় নাখাব। কিন্তু ভাৰতৰ অধিকাংশ ছোৱালীৰ এই বিষয়ত অভিজ্ঞতা নাই। অবশ্যে শিক্ষাৰ উন্নতি হোৱাৰ লগেলগে সেই ভয় মনৰ পৰা আতৰি গৈছে কাৰণ শিক্ষাৰ বাহিনীয়ে সিহতে বান্ধৱীবোৰৰ পৰা অনেক কথা জানি লয়।

ছোৱালী শান্তি হোৱাৰ বয়সটো অনেক কথাৰ ওপৰত নিৰ্ভৰ কৰে। গৰম দেশৰ ছোৱালীবোৰ দহবছৰ বয়সতে শান্তি হয়। বাৰ বছৰ বয়স হোৱাৰ লগেলাগে সকলো ছোৱালী শান্তি হয়। শীত প্ৰধান দেশবোৰত ছোৱালীৰ 15 ৰ পৰা 18 বছৰ বয়সত শান্তি হয়। সাগৰৰ পাৰৰ দেশবোৰৰ ছোৱালীবোৰৰ পাৰ্ব্বত্য অঞ্চলত থকা ছোৱালীতকৈ আগতে শান্তি হয়।

কেবলমাত্ৰ 20 শতাংশ ছোৱালীৰ মাহেকীয়াৰ সময়ত কস্ট নহয়। নহলে মাহেকীয়াৰ সময়ত সকলো ছোৱালীৰ কস্ট হয়। বাৰে বাৰে প্ৰসাৱ কৰিবলৈ ইচ্ছা হয়, অলপমান কামোদ্দীপলও বৃদ্ধি, হয়, শৰীৰলৈ ক্লান্তি আহে, পিয়াহ দুটাত বিষ অনুভৱ কৰে, শৰীৰৰত ক্লান্তিৰ লগেলগে যন্ত্ৰণাও হয়, ককালত বিষয় হয়, খিংখিঙীয়া ভাৱ হয়, খাবলৈ মন নাযায় আৰু ভালদৰে টোপনি নাহে।

মাহেকীয়া আৰম্ভ হওঁতে তেজ কম ওলায় আৰু ৰংটো ৰঙা নহয়। তাৰ পৰা এটা গোন্ধ ও ওলায়। দ্বিতীয় আৰু তৃতীয় দিন

তেজৰ মাত্ৰা বেচি হয় আৰু পঞ্চম দিনা কম হয়। মোটামোটি এই দিন কেইটাত দুই ছটাকৰ তেজ বাহিৰ হয় কিন্তু দৌয়ৰিলে, কামোত্তেজিত হৈ উঠিলে। মাদক বস্তু খালে তেজৰ মাত্ৰা বাঢ়ি যায় আৰু চিন্তাত ডুবি থাকিলে তেজৰ মাত্ৰা কম হয়।

মাহেকীয়া সাধাৰণতে চাৰি-পাচদিন হয়। 24 ঘণ্টাৰ কম আৰু 8 দিনৰ বেচি তেজ ওলাই থাকিলে তাক বিকৃত বুলি ধৰিলৈ চিকিৎসা কৰিব লাগে।

মাহেকীয়াৰ সময়ত মহিলা সকল চিন্তাত ডুবি থাকে যে তেওঁলোকৰ শৰীৰৰ পৰা ইমান খিনি তেজ বাহিৰ হৈ গল। কিন্তু বৈজ্ঞানিক সকাৰ মতে এই তেজ বিশুদ্ধ তেজ নহয়। এই তেজ হৈছে এটা মল আৰু ৰংটো স্বাভাৱিক তেজৰ ৰং নহয়। এনেকুৱা এটা ৰণা আছে যে ঋতুমতী স্ত্ৰীয়ে ফুল এটা ছোৱে সেই ফুল শুকাই যাব, ঋতুমতী স্ত্ৰীৰ স্পৰ্শত খোৱা বস্তু দূষিত হয়। সেই কাৰণে বিদ্বান সকলে পৰামৰ্শ দিছে ঋতুমতী স্ত্ৰী সকলবৰ সাৱধানে থকা উচিত আৰু শাৰীৰিক আৰু মানসিক পৰিশ্ৰম বৰ কম কৰা উচিত। তেওঁলোকে সন্তুলিত আহাৰ খাব লাগে, শৰীৰৰ বিশেষকৈ যোনি আৰু অন্যান্য গুপ্তাংক পৰিস্কাৰ পৰিচ্ছন্ন ৰখা উচিত।

আচলতে 80 শতাংশ মহিলাৰ মাহেকীয়া সময়ত কষ্ট হয়। এই কষ্ট কোনো ৰোগৰ লক্ষণ নহয়। মাহেকীয়াৰ সময়ত শৰীৰক চাফা ৰখা উচিত। এনেকুৱা ধাৰণা প্ৰচলিত আছে যে মাহেকীয়া দিন কেইটাত পৰিস্কাৰ-পৰিচ্ছন্ন থকাৰ কোনো প্ৰয়োজন নাই। কিন্তু বৈজ্ঞানিক দৃষ্টিত এই ধাৰণা সম্পূৰ্ণ ভুল যোনি মাৰ্গত যি কাপোৰ লগোৱা হয় সেই কাপোৰ অত্যন্ত পৰিস্কাৰ হোৱা উচিত। সেই কাপোৰ পৰিস্কাৰ অত্যন্ত পৰিস্কাৰ হোৱা উচিত। সেই কাপোৰ পৰিস্কাৰ নহলে তাৰ পৰা বীজাণু যোনি মাৰ্গেদি গৰ্ভাশয় পৰ্য্যন্ত যাব পাৰে আৰু তাৰ ফলত অনেক ৰোগ হব পাৰো।

যোনি মাৰ্গৰ পৰা প্ৰাকৃতিক ভাবে যি স্ৰাৱ বাহিৰ হয় সেই স্ৰাৱ ৰ টেং হোৱাৰ কাৰণে বীজাননাশক হয়। মাহেকীয়াত তেজ ওলাই থকাৰ কাৰণে এই ৰস কম হয়। এইটো হৈছে প্ৰাকৃতিক সুৰক্ষা। গতিকে এইটো অত্যন্ত জৰুৰী যে মাহেকীয়াৰ সময়ত যোনিক পৰিস্কাৰ ৰখা নিতান্ত উচিত যাতে প্ৰাকৃতিক টেঙা তেজ বাহৰ হৈ থাকে।

প্ৰতিদিন যোনিক দুবাৰ কুসুমীয়া গৰমৰ পানীৰে ধোৱা শচিত। পানীত কোনো কীটানু নাশক বস্তু মিহলি কৰা উচিত নহয়। চহৰত দোকানত চেনিটেৰী টাৱেল পোৱা যায়। যিবোৰ ঠাইত এই চেনিটেৰীটাৱেল পোৱা যায় তাক কিনি ব্যবহাৰ কৰা উচিত। নহলে পৰিস্কাৰ তুলাৰে কাম চলাই নিব পাৰে।

গৰ্ভ নিৰোধৰ কাৰণে যোনি-মাৰ্গত 'চেক-পাচৰি' লগালে মাহেকীয়াৰ সময়ত তাক বাহিৰ কৰি মাহেকীয়াৰ পিচত আকৌ লগাব পাৰে। যিবোৰ ঠাইত পিচকাৰীৰে যোনি পৰিস্কাৰ কৰাৰ সুবিধা আছে তাত পিচকাৰী ব্যৱহাৰ কৰা উচিত। মাহেকীয় দিন কেইটাত নৈত গাধোৱা উচিত নহয়। যদি কোস্ঠ কাঠিন্য থাকে, তাৰ দূৰ কৰা উচিত। মাহেকীয় সময়ত সকলো ঔষধ বন্ধ কৰা উচিত, বিশেষকৈ যিবোৰ ঔষধত লোহাৰ মিশ্ৰণ থাকে।

মাহেকীয়াৰ সময়ত স্ত্ৰীৰ বীজকোষ আৰু গভাশয়ত এক প্ৰকাৰৰ বিকাৰ আৰম্ভ হয়। ইয়াৰ চক্ৰটো আঠাইশ দিনত সম্পূৰ্ণ হয়। যদি এই আঠাইশ দিনত গৰ্ভধাৰণ হয় তেনে হলে প্ৰসৱ কালা পৰ্য্যন্ত এই চক্ৰ বন্ধহৈ যায়। এত্ৰিট ধৰি লোৱা হয় যে যেতিয়ালৈকে নৱজাত শিশুৱে মাকৰ পিয়াহৰ গাখীৰৰ ওপৰত নিৰ্ভৰ কৰে সিমান দিনৰমাকৰ মাহেকীয়া আৰম্ভ নহয়।

বীজকোষৰ পৰা দুই প্ৰকাৰৰ অন্তঃস্ৰাৱ হয় যি তেজৰ লগত মিহলি হৈ কাম বাসনা উৎপন্ন কৰে। বীজকোষৰ লগত বাঢি উঠা ৰজোগোল মাহেকীয়া আৰম্ভ হোৱাৰ প্ৰথমদিনৰ পৰা আৰম্ভ হৈ তেৰ বা চৈধ্য

দিন পৰ্য্যন্ত যিকোনো দিন বীজ কোষৰ পৰ্দা ফালি বীজকোষ নলীৰ বাটেদি পায়গৈ। গৰ্ভাশয়ত যদি আগৰ পৰাই বীৰ্য কীট নাথাকে বা ই তাত উপস্থিত হৈ তাৰ লগত বীৰ্যৰ সঙ্গম নহয় তেনে হলে সেইটো ঘূৰি যায়।

ৰজোগোল যেতিয়া বীজকোষৰ পৰা ওলায় তেতিয়া তাৰ ওপৰৰ খোলটো কিছুমান দিনলৈ তেনেকৈয়ে থাকে। গৰ্ভ ধাৰণ নহলে খোলটো শুকাই যায় আৰু অন্যস্ৰাৱ লাহে লাহে কম হৈ বন্ধ হৈ যায়।

গৰ্ভধাৰণ হলে এই খেলটোও 9 মাহ পৰ্য্যন্ত থাকে আৰু তাৰ স্ৰাৱও জাৰী থাকে। কিন্তু প্ৰথম স্ৰাৱ শক্তিশালী হলে প্ৰসৱ হয়। এই ধৰণে বীজকোষৰ পৰা হোৱা স্ৰাৱ স্ত্ৰীৰ জননেন্দ্ৰিয়ৰ কাৰণে লাভদায়ক হয় আৰু দ্বিতীয় স্ৰাৱ গৰ্ভধাৰণ কৰাৰ কাৰণে উপযোগী হয়।

এই দুটা স্ৰাৱ পৰস্পৰ বিৰোধী। সেই কাৰণে, বীজ কোষৰ স্ৰাৱ প্ৰবল হলে গৰ্ভধাৰণ নহ'ব। গৰ্ভধাৰণ হলে বীজকোষৰ স্ৰাৱৰ ইঞ্জেকচন দিলে গৰ্ভ নস্ট হব আৰু বীজক কাটি বাহিৰ কৰি দিলে আৰু বীজকোষৰ কাম বন্ধ হৈ গলে যোনিমাৰ্গ, গভাশয় আৰু স্তন শুকাই যাব। যদি অন্তস্ৰাৱৰ ইঞ্জেকচন আকৌ দিয়া হয় তেনেহলে মহিলা আকৌ নিজৰ আগৰ ঠাইলৈ ঘূৰি আহিব।